© Verlag Zabert Sandmann, München
1. Auflage 2009
ISBN 978-3-89883-232-8

Grafische Gestaltung	Georg Feigl, Kuniko Taguchi
Rezeptfotos	Michael Wissing (siehe auch Bildnachweis)
Foodstyling	Andreas Neubauer
Porträtfotos	Alexander Haselhoff
Redaktion	Eva-Maria Hege, Alexandra Schlinz, Kathrin Ullerich
Herstellung	Karin Mayer, Peter Karg-Cordes
Lithografie	Christine Rühmer
Druck & Bindung	Mohn media Mohndruck GmbH, Gütersloh

 Beim Druck dieses Buchs wurde durch den innovativen Einsatz der Kraft-Wärme-Kopplung im Vergleich zum herkömmlichen Energieeinsatz bis zu 52% weniger CO_2 emittiert.   *Dr. Schorb, ifeu.Institut*

Besuchen Sie uns auch im Internet unter www.zsverlag.de

Johann Lafer
MEINE BESTEN REZEPTE

INHALT

6	**VORWORT**
8	**KALTE VORSPEISEN & SNACKS**
70	**SUPPEN**
98	**WARME VORSPEISEN**
152	**HAUPTGERICHTE MIT KARTOFFELN, REIS, NUDELN & GEMÜSE**
200	**HAUPTGERICHTE MIT FISCH & MEERESFRÜCHTEN**
268	**HAUPTGERICHTE MIT GEFLÜGEL**
312	**HAUPTGERICHTE MIT FLEISCH**
370	**SÜSSES & DESSERTS**
440	**REGISTER**

VORWORT

Wer genießt, hat mehr vom Leben

Wenn ich auf meine über 35-jährige Erfahrung als Profikoch zurückblicke, freue ich mich, dass die Zahl derer, die gutes Essen zu schätzen wissen, stetig steigt. Dies ist eigentlich nicht verwunderlich, denn wer genießt, hat mehr vom Leben. Deshalb ist es eine der größten Herausforderungen für Köche, andere mit immer neuen Rezeptkreationen glücklich zu machen. Tagtäglich ist es mein oberstes Ziel, aus guten Zutaten das Optimum herauszuholen – mit Kreativität, dem nötigen Fingerspitzengefühl und viel Liebe zum Produkt. Diese Herausforderung war einer der Hauptgründe, warum ich damals die berufliche Laufbahn als Koch eingeschlagen habe. Deshalb freue ich mich, Ihnen in diesem Buch eine Quintessenz meines Schaffens präsentieren zu können: Hier finden Sie über 250 Rezepte – von meinem ersten Kochbuch an bis heute –, von denen man mit Fug und Recht behaupten kann, dass sie für jeden Anlass, jeden Geschmack und nicht zuletzt auch für jeden Geldbeutel etwas Passendes bieten – ganz gleich, ob Sie ein schnelles »Alltagsgericht« für den Familientisch suchen oder Ihre Gäste mit ausgefallenen Köstlichkeiten verwöhnen möchten. Wer Spezialitäten aus anderen Ländern probieren will, wird in diesem Buch ebenso fündig wie derjenige, der auf die Klassiker der traditionellen heimischen Küche schwört. Ob Tafelspitz, Thunfisch mit Couscous oder Geflügelsaté: Hier ist alles geboten.

Qualität ist das A und O

An dieser Stelle möchte ich mich bei all meinen Lesern, Zuschauern, Fans und Freunden für ihre Treue und ihre Anregungen, aber auch für ihre Kritik bedanken. Bei der Arbeit in meinen Restaurants, in meiner Kochschule und im Fernsehen hat mir das immer sehr geholfen, um nicht die »Bodenhaftung« zu verlieren. So ist mir stets bewusst, welche Ansprüche und Erwartungen andere an meine Rezepte stellen. Dabei bleibe ich immer meiner Kochphilosophie treu, denn ich bin ein überzeugter Verfechter der natürlichen Küche. Deshalb appelliere ich mit Nachdruck an alle, die gern kochen, sich die Mühe zu machen, frische und keine vorverarbeiteten Produkte zu verwenden. Nur qualitativ hochwertige, naturbelassene Produkte (möglichst aus der Saison) und ein sorgfältiger Umgang mit diesen Lebensmitteln bei der Zubereitung bringen ein gelungenes kulinarisches Ergebnis. Ebenso glaube ich, dass jedes Gericht nicht nur exzellent schmecken, sondern gleichzeitig auch überraschen sollte – sei es durch ein bestimmtes Gewürz, eine gelungene Würzkomposition oder durch die harmonische Kombination aus verschiedensten Zutaten. In diesem Buch halte ich eine große und bunte Auswahl an solchen Rezepten für Sie bereit.

Immer locker bleiben

Und noch eines möchte ich Ihnen mit auf den Weg geben: Neben hochwertigen Produkten und gutem Handwerkszeug ist vor allem die eigene Verfassung beim Kochen sehr wichtig. Nur wer entspannt und gut gelaunt ist, kann seine positive Energie beim Kochen in exzellente Gerichte umwandeln. Auch mir gelingt nicht alles an jedem Tag gleich gut. Deshalb mein Rat: Auch wenn es mal schnell gehen soll, arbeiten Sie mit Hingabe und meiden Sie Hektik. Freuen Sie sich schon bei der Zubereitung auf das fertige Gericht – das beflügelt und regt die eigene Kreativität an! Ich wünsche Ihnen nun viel Freude beim Nachkochen meiner Rezepte. Lassen Sie sich von meinen Ideen inspirieren.

Ihr

Johann Lafer

Kalte Vorspeisen & Snacks

Salat von Zuckerschoten
mit gebratenen Garnelen

Für 4 Personen	*Zubereitungszeit: ca. 30 Min.*
200 g Zuckerschoten	putzen, waschen und in reichlich kochendem
Salzwasser	3 bis 4 Minuten bissfest blanchieren. Kalt abschrecken und gut abtropfen lassen. Für die Vinaigrette
1 Schalotte	schälen und in feine Würfel schneiden.
3 EL Aceto balsamico,	
5 EL Geflügelfond,	
Salz und Pfeffer	verrühren. Nach und nach
80 ml Walnussöl	unterschlagen. Die Schalottenwürfel und die Zuckerschoten dazugeben und alles gut mischen.
Einige Blätter Friséesalat und Lollo rossa	putzen, waschen und trocken schleudern.
1 Tomate	über Kreuz einritzen, kurz überbrühen, kalt abschrecken und enthäuten. Anschließend vierteln, entkernen und in kleine Würfel schneiden.
Je 2 Schalotten und Knoblauchzehen	schälen und in feine Würfel schneiden.
2–3 EL Walnusskernhälften	grob hacken.
16 küchenfertige Garnelen (bis auf das Schwanzstück geschält, ohne Kopf)	waschen und trocken tupfen.
3 EL Walnussöl	in einer Pfanne erhitzen und die Garnelen darin ca. 2 Minuten braten. Schalotten, Knoblauch und Walnüsse dazugeben und kurz mitbraten. Die Tomatenwürfel sowie
1 TL Thymianblättchen	untermischen, alles mit
Salz und Pfeffer	würzen und gut mischen. Die Salatblätter auf Teller legen, die Zuckerschoten mit der Vinaigrette und die Garnelenmischung darauf anrichten. Den Salat mit
Kerbelblättchen	garniert servieren.

Mein Tipp:
Den Zuckerschotensalat können Sie in aller Ruhe vorbereiten, bevor Ihre Gäste kommen. Kurz vor dem Servieren müssen Sie dann nur noch alle Zutaten in der Vinaigrette wenden, die Garnelen anbraten und alles auf Tellern anrichten.

KALTE VORSPEISEN & SNACKS

Mango-Frühlingszwiebel-Salat
mit Riesengarnelen

Für 4 Personen	*Zubereitungszeit: ca. 25 Min.*
1 Mango	mit einem Sparschäler schälen. Das Fruchtfleisch rechts und links senkrecht vom flachen Stein abschneiden und in mundgerechte Streifen schneiden.
70 g Frühlingszwiebeln	putzen, waschen und in feine Ringe schneiden. Für das Dressing von
1/2 roten Chilischote	die Kernchen mit einem spitzen Messer entfernen, die Schote waschen und fein hacken.
1 Knoblauchzehe und 20 g Ingwerwurzel	schälen und in feine Würfel schneiden.
2 EL Weißweinessig, 1 EL Sesamöl, 1 EL Olivenöl mit Limone und 1 EL Zuckersirup (Läuterzucker)	zu einer Vinaigrette verrühren.
1 EL gehacktes Koriandergrün	mit den Chili-, den Knoblauch- und den Ingwerwürfeln unterrühren. Die Vinaigrette mit
Salz, Pfeffer und Zucker	abschmecken und die Mangostreifen sowie die Frühlingszwiebeln damit gut mischen.
12 küchenfertige Riesengarnelen (bis auf das Schwanzstück geschält)	waschen und sorgfältig trocken tupfen.
3 EL Olivenöl	in einer Pfanne erhitzen und die Garnelen darin anbraten.
2 ungeschälte Knoblauchzehen	mit dem Messerrücken leicht zerdrücken.
1 Thymianzweig	waschen, trocken schütteln, mit den Knoblauchzehen zu den Garnelen geben und kurz mitbraten. Die Knoblauchzehen und den Thymianzweig wieder entfernen. Die Garnelen mit
Salz und Pfeffer	würzen und
1 TL gehackte Petersilie	untermischen.
1 EL eiskalte Butter	in kleine Würfel schneiden und zum Glasieren unter die Garnelen mischen. Den Salat mit den Garnelen auf Tellern anrichten und mit
Petersilienblättchen	garnieren.

Mein Tipp:
Mangos werden bei uns in vielen verschiedenen Farben, Formen und Sorten angeboten. Egal welche Sie nehmen, sie müssen absolut reif sein. Reife Mangos erkennt man daran, dass sie angenehm duften und ihr Fruchtfleisch auf leichten Daumendruck nachgibt. Sollten Sie einmal nur unreife Früchte bekommen, können Sie diese 1 Woche – in Zeitungspapier eingewickelt – bei Zimmertemperatur nachreifen lassen. Gerade für Salate, bei denen die Form der Mangoscheiben für die Optik entscheidend ist, bevorzuge ich die sehr kleine, intensiv schmeckende Pataya-Mango aus Thailand.

KALTE VORSPEISEN & SNACKS

Mediterraner Gemüsesalat
mit geröstetem Ciabatta

Für 4 Personen	*Zubereitungszeit: ca. 50 Min.*
½ TL Salz	mit
50 ml Aceto balsamico	verrühren, bis sich das Salz aufgelöst hat.
100 ml Olivenöl	darunterschlagen und
Pfeffer, 1 EL gehackte Petersilie sowie ca. 15 klein gezupfte Basilikumblättchen	unterrühren. Die Vinaigrette beiseitestellen.
Je 2 rote und gelbe Paprikaschoten	längs halbieren, entkernen, waschen, mit einem Sparschäler schälen und in mundgerechte Stücke schneiden. In
2 EL Olivenöl	braten, bis sie leicht Farbe annehmen.
2 ungeschälte Schalotten	halbieren.
3 ungeschälte Knoblauchzehen	mit dem Messerrücken leicht zerdrücken.
Je 1 Zucchino und Aubergine	putzen, waschen, in ca. 4 mm dicke Scheiben schneiden und in
3 EL Olivenöl	portionsweise goldgelb braten. Dabei nach und nach immer wieder etwas Olivenöl hinzufügen.
Je 2 Thymian- und Rosmarinzweige	sowie die Schalottenhälften und den Knoblauch dazugeben, kurz mitbraten und alles mit
Salz und Pfeffer	würzen. Die Kräuterzweige, die Schalottenhälften und den Knoblauch entfernen und das gebratene Gemüse mit den Paprikaschoten in eine Schüssel geben.
Je 2 Schalotten und Knoblauchzehen	schälen, in feine Würfel schneiden, in
1 EL Olivenöl	glasig dünsten und zum Gemüse geben. Die vorbereitete Vinaigrette über das noch warme Gemüse gießen und alles vorsichtig mischen. Für das geröstete Ciabatta
1 Knoblauchzehe	schälen und fein hacken.
4 EL Olivenöl	in einer Pfanne erhitzen und
4 Scheiben Ciabattabrot	darin von beiden Seiten goldgelb rösten.
1 TL Thymianblättchen	mit dem Knoblauch ins Öl geben und die Brotscheiben unter Wenden kurz weiterrösten, damit sie Aroma bekommen. Den noch lauwarmen Salat mit den Ciabattascheiben auf Tellern anrichten.

Mein Tipp:

Das mediterrane Aroma dieses Salats kommt besonders gut zur Geltung, wenn Sie ihn noch lauwarm bzw. mit Zimmertemperatur servieren. Im Kühlschrank geht sein vollmundiger Geschmack fast verloren.

Die gerösteten Ciabattascheiben passen auch hervorragend zu anderen mediterranen Salaten. Zur Abwechslung können Sie sie nach dem Rösten dünn mit schwarzer Olivenpaste (aus der Feinkostabteilung) bestreichen.

KALTE VORSPEISEN & SNACKS

Tomaten-Ananas-Brotsalat
mit Poulardenbruststreifen

Für 4 Personen	*Zubereitungszeit: ca. 40 Min.*
1 Ananas	schälen, längs vierteln, den holzigen Strunk herausschneiden und das Fruchtfleisch in mundgerechte Stücke schneiden.
20 Cocktailtomaten	waschen und halbieren.
2 rote Zwiebeln	schälen und in Streifen schneiden.
1 Bund Basilikum	waschen und trocken schütteln, die Blättchen von den Stielen zupfen und fein hacken. Alle Zutaten in eine große Schüssel geben.
200 g Ciabattabrot	in mundgerechte Stücke schneiden.
2 Knoblauchzehen	schälen und in feine Würfel schneiden.
5 EL Olivenöl	in einer Pfanne erhitzen und das Brot darin mit dem Knoblauch und
je 1 Rosmarin- und Thymianzweig	goldbraun rösten. Die Kräuter entfernen und das geröstete Brot zu den anderen Zutaten in die Schüssel geben.
2 Poulardenbrüste (à 150 g)	waschen, trocken tupfen und in Streifen schneiden. In
3 EL Olivenöl	kurz anbraten.
2 angedrückte, ungeschälte Knoblauchzehen	und
je 1 Rosmarin- und Thymianzweig Salz und Pfeffer	dazugeben und die Poulardenstreifen 3 bis 5 Minuten fertig braten. Mit würzen und die Kräuter und den Knoblauch entfernen. Die Poulardenstreifen zu den restlichen Zutaten in die Schüssel geben.
8 EL Olivenöl mit Limone	mit
4 EL Balsamico bianco	verrühren, das Dressing mit
Salz, Pfeffer und Zucker	abschmecken und über den Salat gießen. Alle Zutaten vor dem Servieren gut durchmischen.

Mein Tipp:
Statt Ciabattabrot können Sie für diesen Salat auch Brote oder Brötchen vom Vortag verwenden. Achten Sie darauf, dass die Brotstücke rundum gut geröstet sind, damit sie durch das Dressing nicht aufweichen.

KALTE VORSPEISEN & SNACKS

Gegrillte Calamari
auf Melonensalat mit Joghurt-Minze-Dressing

Für 4 Personen — Zubereitungszeit: ca. 50 Min.

½ Bund Pfefferminze waschen, trocken schütteln und die Blättchen von den Stielen zupfen. Zwei Drittel der Blättchen fein hacken, den Rest beiseitelegen.

150 g Naturjoghurt und den Saft und die abgeriebene Schale von 2 unbehandelten Limetten, Salz und Pfeffer mit der Minze verrühren. Das Dressing mit würzen und beiseitestellen.

12 küchenfertige Calamari (Tintenfischtuben) waschen, trocken tupfen und in eine flache Schüssel geben.

1 Knoblauchzehe schälen und in feine Würfel schneiden.

1 rote Chilischote längs halbieren, die Kernchen mit einem spitzen Messer entfernen, die Schote waschen und in sehr feine Würfel schneiden. Die Knoblauch- und Chiliwürfel mit

4 EL Olivenöl, 1 EL Honig, 1–2 EL gehacktem Thymian, Salz und Pfeffer zu einer Marinade verrühren und über die Tintenfischtuben gießen. Die Tintenfischtuben ca. 10 Minuten ziehen lassen. Den Backofengrill einschalten. In der Zwischenzeit

1 reife orangefleischige Honigmelone (z. B. Charentais) und 1 reife grünfleischige Honigmelone (z. B. Galia) halbieren und die Kerne mit einem Löffel entfernen. Die Melonenhälften schälen und das Fruchtfleisch in dünne Scheiben schneiden.

¼ Wassermelone (ca. 550 g) ebenfalls entkernen und schälen, das Fruchtfleisch in mundgerechte Stücke schneiden. Die Calamari aus der Marinade nehmen und abtropfen lassen, die Marinade beiseitestellen. Die Calamari auf ein Backblech legen und unter dem Grill von jeder Seite ca. 2 Minuten garen. Danach nach Belieben nochmals mit

Salz und Pfeffer würzen. Die Melonenscheiben und -stücke mit den Calamari und dem Joghurt-Minze-Dressing auf Tellern anrichten, mit einigen Tropfen Marinade beträufeln und mit den beiseitegelegten Minzeblättchen garnieren.

Mein Tipp:
Durch das Garen unter dem Grill bekommen die Calamari genau die richtige Hitze. Ersatzweise können Sie zwar auch eine Pfanne (oder besser noch eine Grillpfanne) nehmen, aber unter dem Grill gelingen die Tintenfischtuben einfach am besten.
Honigmelonen schmecken nur, wenn sie wirklich reif sind. Das erkennen Sie beim Einkauf daran, dass die Früchte süßlich duften und die Schale auf Fingerdruck ganz leicht nachgibt.

KALTE VORSPEISEN & SNACKS

19

Lachstatar
auf Schwarzwurzelrösti

Für 4 Personen	Zubereitungszeit: ca. 45 Min.
150 g sehr frisches Lachsfilet (ohne Haut und Gräten)	waschen, trocken tupfen und mit
150 g Räucherlachs	in sehr feine Würfel schneiden.
1 Schalotte	schälen und in feine Würfel schneiden. Die Fischwürfel und die Schalottenwürfel mit
2 EL gehacktem Dill und 3 EL Olivenöl mit Limone	mischen und das Tatar mit
Salz und Pfeffer	abschmecken.
400 g Schwarzwurzeln	unter fließendem kaltem Wasser gründlich abbürsten. Dann putzen, schälen und fein raspeln. Die Schwarzwurzelraspel mit
1 Eigelb und 2 TL Speisestärke	gründlich mischen und mit
Salz und Pfeffer	würzen.
50 g Butterschmalz	portionsweise in einer Pfanne erhitzen und aus der Schwarzwurzelmischung darin nach und nach 12 kleine goldbraune und knusprige Rösti backen. Einen kleinen Metallring ca. drei Viertel hoch mit Lachstatar füllen. Von insgesamt
100 g Crème fraîche	je 1 Klecks daraufgeben, glatt streichen und den Ring entfernen. Auf diese Weise 11 weitere »Türmchen« herstellen. Je 1 Lachstatar-Türmchen auf eine Rösti setzen.
Einige Kresseblättchen, gemischte Kräuterblätter (z. B. Dill, Kerbel, Estragon) und Salatspitzen etwas Öl und einigen Spritzern Zitronensaft	waschen und trocken schütteln. Mit marinieren und das Lachstatar auf Schwarzwurzelrösti mit dem Salat garnieren.

Mein Tipp:
Natürlich können Sie das Lachstatar auch ganz klassisch mit Kartoffelrösti oder Kartoffelpuffer servieren. Falls Sie kein Olivenöl mit Limone bekommen, lässt sich das Tatar genauso gut mit Olivenöl und 1 Spritzer Limettensaft zubereiten.

Thunfischtatar auf Rucolasalat
mit glasierten Shiitakepilzen

Für 4 Personen	*Zubereitungszeit: ca. 45 Min.*
1 Schalotte	schälen, in feine Würfel schneiden und in eine große Schüssel geben.
300 g sehr frisches Baby-Thunfischfilet (ohne Haut und Gräten)	waschen, trocken tupfen, mit einem scharfen Messer in sehr kleine Würfel schneiden und zu den Schalottenwürfeln geben.
½ TL gemahlenen Koriander, 1 EL gehackte Petersilie, 4–6 EL Olivenöl mit Limone und 1 EL helle Sojasauce	untermischen. Zuletzt
die abgeriebene Schale und den Saft von 1 unbehandelten Limette	unterrühren. Das Tatar mit
Salz und Pfeffer	würzen und kühl stellen.
400 g Shiitakepilze	mit einem feuchten Tuch oder einem Pinsel von Erdresten befreien und putzen.
2 Schalotten und 1 Knoblauchzehe	schälen und in feine Würfel schneiden.
4 EL Olivenöl	in einer Pfanne erhitzen und die Shiitakepilze darin anbraten. Die Knoblauch- und Schalottenwürfel dazugeben und kurz mitbraten. Die Pilze mit
Salz und Pfeffer	würzen und
2 EL Butter und je 1 EL gehackte Petersilie und Balsamico bianco mit Basilikum	untermischen.
200 g Rucola	putzen, waschen und trocken schleudern.
12 Cocktailtomaten	waschen, halbieren und mit dem Rucola mischen. Den Salat mit
2 EL Olivenöl mit Limone	beträufeln, mit
Salz	würzen und mit
Balsamico bianco mit Basilikum	beträufeln. Das Thunfischtatar mithilfe von 2 Esslöffeln zu Nocken formen, mit dem Rucolasalat und den glasierten Pilzen anrichten. Mit
Dillspitzen	garniert servieren.

Mein Tipp:
Das Olivenöl mit Limone und der Balsamico bianco mit Basilikum geben diesem Gericht den besonderen Pfiff. Sie erhalten beides mittlerweile in jedem gut sortierten Lebensmittelgeschäft. Wenn Sie für Ihren Salat – wie in diesem Rezept – nur einen Hauch Essig benötigen, empfiehlt es sich, einen Zerstäuber zu verwenden. Mit ihm lässt sich der Essig in feinsten Tröpfchen auf dem Salat verteilen.
Statt Thunfisch können Sie für das Tatar auch einmal Lachs nehmen.

KALTE VORSPEISEN & SNACKS

Pikanter Obstsalat
mit Maispoulardenbrust

Für 4 Personen	*Zubereitungszeit: ca. 50 Min.*
4 Maispoulardenbrustfilets	waschen, trocken tupfen und in feine Streifen schneiden.
2 Knoblauchzehen	schälen und in feine Würfel schneiden.
6 EL Sesamöl	in einer Pfanne erhitzen und die Maispoulardenstreifen darin kurz anbraten. Den Knoblauch dazugeben und kurz mitbraten. Das Fleisch mit
Salz und Pfeffer	würzen, mit dem verbliebenen Bratöl in eine große Schüssel geben und abkühlen lassen.
	Inzwischen für den Obstsalat
100 g Erdbeeren	waschen, trocken tupfen, putzen und halbieren.
1 Mango	mit dem Sparschäler schälen, das Fruchtfleisch zunächst vom Stein schneiden und dann in 2 cm große Würfel schneiden. Die Kerne von
½ Papaya	mit einem Esslöffel entfernen, die Papaya schälen und das Fruchtfleisch ebenfalls in 2 cm große Würfel schneiden.
2 kleine Charentais-Melonen	vierteln und die Kerne mit einem Esslöffel entfernen. Die Melonenviertel schälen und das Fruchtfleisch in feine Scheiben schneiden. Das Obst mit den Maispoulardenstreifen und dem Bratöl mischen.
1 EL Sesamsamen	in einer Pfanne ohne Fett rösten, bis sie zu duften beginnen.
2 rote Chilischoten	längs halbieren und die Kernchen mit einem spitzen Messer entfernen, die Schoten waschen und in sehr feine Würfel schneiden.
50 g Pekannusskerne	fein hacken.
1 TL Zucker, Salz und den Saft von 1 Limette	verrühren und mit dem Sesam, den Chiliwürfeln, den Nüssen und
1 EL gehacktem Koriandergrün	unter den Obstsalat heben. Den Obstsalat mit der Poulardenbrust anrichten und mit
Korianderblättchen	garnieren.

Mein Tipp:
Dieser Obstsalat eignet sich auch prima als Hauptgericht für heiße Sommertage, wenn der Hunger nicht groß ist.

KALTE VORSPEISEN & SNACKS

25

Geräucherte Entenbrust *mit Bratapfelkompott*

Für 4 Personen	*Zubereitungszeit: ca. 45 Min.*
250 ml Apfelsaft	in einem kleinen Topf auf 50 ml einkochen lassen.
4 Äpfel	waschen, vierteln und die Kerngehäuse herausschneiden. Die Apfelviertel in kleine Stücke schneiden.
3–4 EL Butter	in einer Pfanne zerlassen und die Apfelstücke darin rundum anbraten. Mit
1 EL Zucker, 1 Msp. Zimtpulver und dem Saft von ½ Zitrone	würzen. Aus der Pfanne nehmen und abkühlen lassen. Dann den eingekochten Apfelsaft und
2 EL Honig	unter das Apfelkompott mischen.
200 g geräucherte Entenbrust	in ca. 2 mm dicke Scheiben schneiden.
150 g Feldsalat	putzen, waschen und trocken schleudern.
60 g Haselnusskerne	grob hacken und in einer Pfanne ohne Fett rösten, bis sie zu duften beginnen.
1 Schalotte	schälen, in feine Würfel schneiden und mit
2 EL Aceto balsamico, Salz und Pfeffer	verrühren. Nach und nach
4 EL Haselnussöl	unterrühren. Den Salat und die Nüsse mit der Vinaigrette mischen und mit dem Bratapfelkompott und den Entenbrustscheiben auf Tellern anrichten.

Mein Tipp:
Das Apfelkompott kann man gut am Vortag zubereiten. Es schmeckt am besten, wenn dafür feinsäuerliche Äpfel wie z. B. Boskoop verwendet werden. Als Variation können Sie das Bratapfelkompott auch mit Bündner Fleisch oder Parmaschinken kombinieren.

Spargelsalat *mit gebackenem Ei*

Für 4 Personen	*Zubereitungszeit: ca. 40 Min.*
1 Tomate	über Kreuz einritzen, kurz überbrühen, kalt abschrecken und enthäuten. Anschließend vierteln, entkernen und in kleine Würfel schneiden.
2 Schalotten	schälen und in feine Würfel schneiden.
1 Bund Schnittlauch	waschen, trocken schütteln und in feine Röllchen schneiden.
20 mittelgroße weiße Stangen Spargel	
Salzwasser	schälen und die Enden um ca. 2 cm kürzen. In einem großen Topf reichlich mit
dem Saft von ½ Zitrone, 1 Prise Zucker und 2 EL Butter	zum Kochen bringen und den Spargel darin bei mittlerer Hitze ca. 15 Minuten bissfest garen. Inzwischen die Schalotten in
2 EL Olivenöl	glasig dünsten, mit
6 EL Weißweinessig	ablöschen und diesen etwas einkochen lassen. Dann vom Herd nehmen und etwas abkühlen lassen.
6 EL Walnussöl und 1 EL Ahornsirup	sowie die Tomatenwürfel und die Schnittlauchröllchen untermischen.
4 Eier	ca. 5 Minuten wachsweich kochen, kalt abschrecken und vorsichtig pellen. Die Eier zuerst in
3 EL Mehl	wenden, dann durch
2 verquirlte Eier	ziehen und zuletzt mit
100 g Semmelbröseln	panieren. Den Paniervorgang nochmal wiederholen. Die Eier in
150 g Butterschmalz	von allen Seiten goldbraun ausbacken und auf Küchenkrepp abtropfen lassen. Den Spargel herausnehmen, abtropfen lassen, mit der lauwarmen Vinaigrette und den Eiern anrichten.

Rindercarpaccio
mit gemischten Kräutern

Für 4 Personen
300 g Rinderfilet (Mittelstück)

Zubereitungszeit: ca. 35 Min. (plus ca. 2 Std. zum Anfrosten)
von Haut und Sehnen befreien und auf ein Schneidebrett legen. Das Filet ca. 1 cm über dem Schneidebrett längs horizontal einschneiden und dabei das obere Fleischteil nach hinten rollen. Den Schnitt in 1 cm Höhe horizontal zum Schneidebrett weiterführen. Dabei das obere Fleischteil immer weiter nach hinten rollen. So lange fortfahren, bis Sie am Ende des Fleisches angelangt sind und das Fleisch zu einer ca. 1 cm dicken, großen Scheibe zurechtgeschnitten haben. Die Oberseite der Fleischscheibe mit

Salz und Pfeffer
1 EL gehackte Petersilie,
1 EL Schnittlauchröllchen,
1 TL gehackten Estragon und
1 TL Thymianblättchen

würzen.

mischen und gleichmäßig auf dem Fleisch verteilen. Das Filet wie eine Roulade fest zusammenrollen und in Frischhaltefolie wickeln. Dann fest in Alufolie einrollen und ca. 2 Stunden ins Gefrierfach legen.

2 EL Sojasauce, den Saft von
1 Zitrone, 70 ml Olivenöl
mit Limone, Salz und Pfeffer
150 g gemischte Blattsalate

Salz und Pfeffer

zu einer Vinaigrette verrühren.
putzen, waschen, trocken schleudern und in mundgerechte Stücke zupfen. Vier Teller mit
bestreuen. Das angefrostete Rinderfilet auswickeln, mit einem sehr scharfen, glatten Messer (oder mit der elektrischen Aufschnittmaschine mit glatter Scheibe) in hauchdünne Scheiben schneiden und leicht überlappend auf die Teller legen. Die Filetscheiben mit einem Viertel der Vinaigrette beträufeln und mit dem Blattsalat und

Kerbelblättchen
50 g Pecorino

garnieren. Den Salat mit der restlichen Vinaigrette vermischen und in feinen Spänen darüberhobeln.

Mein Tipp:
Für Carpaccio nehme ich immer das Filetmittelstück, weil es in der Form schön gleichmäßig ist. Sollten Sie nach der Zubereitung weniger attraktive Filetabschnitte (Filetspitzen und -köpfe) übrig haben, können Sie diese prima für das Majoranfleisch mit Bandnudeln von Seite 339 verwenden.

Das Filet bekommt durch das Anfrosten eine festere Konsistenz und lässt sich so leichter in hauchdünne Scheiben schneiden.

Statt Pecorino können Sie auch Parmesan verwenden. Ihr Carpaccio wird dann würziger im Geschmack.

KALTE VORSPEISEN & SNACKS

Gebeizter Lachs
mit eingelegtem Rettich

Für 4 Personen Zubereitungszeit: ca. 45 Min. (plus ca. 24 Std. Marinierzeit für den Lachs)

500 g sehr frisches Lachsfilet (ohne Haut und Gräten) waschen und trocken tupfen.

Je 1 TL schwarze Pfeffer-, Koriander- und Senfkörner sowie Wacholderbeeren im Mixer grob zerkleinern und die Gewürze über das Lachsfilet streuen.

70 g grobes Meersalz und 20 g Zucker vermischen und gleichmäßig auf dem Filet verteilen.

Je 1 unbehandelte Zitrone und Orange heiß waschen und gut abtrocknen. Die Schale fein über den Fisch reiben und

5 EL Olivenöl darübertäufeln. Den Lachs zugedeckt ca. 24 Stunden im Kühlschrank durchziehen lassen.

Am nächsten Tag

2 Schalotten und 30 g Ingwerwurzel schälen und in feine Würfel schneiden.

3 EL Olivenöl mit Limone in einer Pfanne erhitzen, die Schalotten und den Ingwer darin andünsten. Mit

150 ml Balsamico bianco ablöschen und mit

Salz, Pfeffer und Chili aus der Gewürzmühle (ersatzweise Chilipulver) würzen. 200 ml Wasser angießen und etwas einkochen lassen. Anschließend

1 EL Honig und 100 ml Grenadine unterrühren.

1 mittelgroßen roten Rettich putzen, schälen und mit dem Sparschäler längs in Streifen schneiden. Die Rettichstreifen in den noch heißen Sud geben und abkühlen lassen. Die

Blätter von 2 Bund unbehandelten Radieschen waschen, trocken schleudern und fein hacken. Den Lachs aus dem Kühlschrank nehmen, die Gewürze sorgfältig entfernen und den Lachs auf beiden Seiten dünn mit

1 EL Senf bestreichen. Die gehackten Radieschenblätter gleichmäßig rundum auf dem Fisch verteilen und dabei leicht andrücken. Die Rettichstreifen aus dem Sud nehmen, abtropfen lassen und mit

Romana- oder Frisée- salatblättern auf einer Platte verteilen. Den gebeizten Lachs in nicht zu dünne Scheiben schneiden, darauf anrichten und mit etwas Rettichmarinade beträufeln.

5 Radieschen putzen, waschen und in dünnen Scheiben darüberhobeln. Zuletzt mit

Kresseblättchen garnieren.

KALTE VORSPEISEN & SNACKS

31

Gurken-Lachs-Röllchen *mit Meerrettich*

Für 4 Personen
1 Salatgurke (ca. 600 g)

150 g Räucherlachsscheiben

**4 EL Crème fraîche,
2 EL geriebenen Meerrettich
und 3–4 EL Sahne
Salz und Pfeffer
etwas Olivenöl
Dillspitzen
Salz und Pfeffer**

Zubereitungszeit: ca. 20 Min.
gründlich waschen, trocken reiben und der Länge nach in ca. 2 mm dicke Scheiben hobeln. Die Gurkenscheiben gleichmäßig mit
belegen, vorsichtig zusammenrollen und mit Holzzahnstochern feststecken. Für die Sauce

verrühren und mit
abschmecken. Die Gurkenröllchen mit der Sauce anrichten. Zuletzt mit
beträufeln, mit
garnieren und mit
würzen.

Mein Tipp:
Statt Räucherlachs können Sie auch geräucherten Heilbutt oder Stör nehmen. Verwenden Sie für die Herstellung der Röllchen nur Gurkenscheiben, die keine Kernchen haben. Sie lassen sich besser zusammenrollen und sehen zudem attraktiver aus.

Roh marinierter Lachs *mit Avocado*

Für 4 Personen	*Zubereitungszeit: ca. 35 Min.*
1 Schalotte	schälen, in feine Würfel schneiden und in
1 EL Olivenöl	glasig dünsten. Vom Herd nehmen.
5 EL Olivenöl, 2 EL Weißweinessig und den Saft von 1 Limette	daruntermischen. Die Marinade mit
Zucker, Salz, Pfeffer und gemahlenem Koriander	abschmecken und abkühlen lassen. Anschließend
1 EL gehacktes Koriandergrün	untermischen.
400 g sehr frisches Lachsfilet (ohne Haut)	quer in hauchdünne Scheiben schneiden. Diese zwischen zwei Lagen Frischhaltefolie etwas flach klopfen und in eine flache Schale legen. Die Marinade darübergießen und den Lachs bei Zimmertemperatur zugedeckt ca. 10 Minuten durchziehen lassen. Danach
4 Avocados	schälen, halbieren und die Steine herauslösen. Das Fruchtfleisch in dünne Scheiben schneiden. Die Avocadoscheiben mit dem Lachs dekorativ auf Tellern anrichten und mit
Salz und Pfeffer	würzen. Den marinierten Lachs zuletzt mit
Friséesalatblättern	garnieren.

Mein Tipp:
Eine Avocado schmeckt nur, wenn sie optimal gereift ist. Dies erkennt man daran, dass die Frucht auf Fingerdruck leicht nachgibt. Ich bevorzuge Avocados mit glatter Schale, denn bei ihnen kann man den Reifezustand besser feststellen. Avocadofruchtfleisch wird rasch unansehnlich braun. Das können Sie vermeiden, wenn Sie Avocados immer erst kurz vor dem Servieren schälen und das Fruchtfleisch sofort mit Zitronensaft beträufeln.

Sushi-Auswahl
mit Saibling und Thunfisch

Für 4 Personen   Zubereitungszeit: ca. 1 1/2 Std.

2 EL Sojasauce,
1 EL Reiswein, 1 TL Reis-
essig und 1 TL Zucker   in einer Schüssel verrühren.

200 g sehr frisches Saiblingsfilet
(ohne Haut und Gräten)   waschen, trocken tupfen und ca. 30 Minuten darin marinieren.

300 g Sushireis oder
Rundkornreis   in einem Sieb gründlich mit kaltem Wasser abbrausen und ca. 30 Minuten abtropfen lassen. Den Reis in einem Topf mit 450 ml kaltem Wasser und
Salz   bei mittlerer Hitze zum Kochen bringen, offen ca. 1 Minute sprudelnd kochen und bei milder Hitze zugedeckt ca. 15 Minuten quellen lassen.

60 ml Reisessig, 2 EL Zucker,
1 TL Salz und
4–5 EL Pflaumenwein   verrühren und mit einem Spatel unter den warmen Reis mischen. Dabei den Spatel abwechselnd längs und quer durch den Reis führen, sodass der Reis eher geschnitten als gerührt wird (dadurch wird er körniger). Den Reis abkühlen lassen.

100 g Salatgurke   schälen, längs halbieren und die Kerne mit einem Teelöffel entfernen. Die Gurkenhälften in lange, ca. 1/2 cm dicke Stifte schneiden. Das Saiblingsfilet abtropfen lassen und eventuell längs halbieren.

1 Noriblatt
(getrocknete Seetangplatte)   mit der längeren Seite nach oben auf eine Bambusmatte legen. Den Reis mit angefeuchteten Händen ca. 1/2 cm dick daraufgeben, dabei an den Seiten einen schmalen Rand lassen, und flach drücken. Das Fischfilet in der Mitte quer auf den Reis legen, die Gurkenstifte auf den Fisch legen und den Reis mit
Wasabi (grüner Meerrettich)   bestreichen. Das Noriblatt mithilfe der Bambusmatte zusammenrollen und das Blattende fest an die Rolle drücken, sodass es daran festklebt. Die Sushirolle in 8 Scheiben schneiden.

150 g sehr frisches Thunfisch-
filet (ohne Haut und Gräten)   waschen, trocken tupfen, quer zur Faser in 8 dünne, ca. 3 x 5 cm große Scheiben schneiden und mit
Wasabi   bestreichen. Aus dem restlichen Reis mit angefeuchteten Händen 8 ca. 5 cm lange Klößchen formen. Den Thunfisch mit der Wasabiseite nach unten darauflegen und andrücken.
Die Sushi-Auswahl auf einer Platte anrichten.

Mein Tipp:
Für Sushi muss der Fisch wirklich absolut frisch sein, weil er roh verwendet wird. Kaufen Sie ihn daher nur bei einem Händler Ihres Vertrauens.
Sollten Sie keine Bambusmatte haben, können Sie auch festes Küchenkrepp nehmen. Einfacher gehen die Sushiröllchen, wenn Sie den Saibling in 1/2 cm dicke Streifen schneiden und mit den Gurkenstiften einrollen.
Servieren Sie zu den Sushi einen Dip aus 100 ml heller Sojasauce, 2 EL Reiswein, 1 1/2 TL süßsauer eingelegtem Ingwer und 1 TL Wasabi.

KALTE VORSPEISEN & SNACKS

Melonen-Champagner-Kaltschale

Für 4 Personen *Zubereitungszeit: ca. 40 Min.*

4 Charentais-Melonen waschen und trocken reiben. Jeweils das obere Drittel zickzackförmig einschneiden und den Deckel abheben. Die Kerne mit einem Löffel entfernen. Aus dem Melonenfruchtfleisch mit einem Kugelausstecher ca. 30 kleine Kugeln ausstechen und beiseitelegen. Das restliche Fruchtfleisch mit einem Löffel vorsichtig auskratzen und mit

60 ml Pflaumenwein, 50 g Puderzucker sowie dem Saft und der abgeriebenen Schale von 1 unbehandelten Limette in den Mixer geben.
Chili aus der Gewürzmühle (ersatzweise Chilipulver) und 150 g Eiswürfel hinzufügen und alles im Mixer pürieren.
3 Estragonstiele waschen, trocken schütteln und die Blättchen von den Stielen zupfen. Die Blättchen fein hacken und unter das Melonenpüree rühren. Danach
100 ml Champagner unterrühren.
50 g Pinienkerne in einer Pfanne ohne Fett anrösten. Die Melonen-Champagner-Kaltschale auf die ausgehöhlten Melonen verteilen,
200 g vorgegarte Eismeergarnelen und die Melonenkugeln hineingeben und die Kaltschale mit
Estragonblättchen garniert servieren.

Mein Tipp:
Für die Suppe sollten Sie unbedingt nur reife Melonen verwenden – man erkennt sie beim Einkauf am intensiven Duft.

KALTE VORSPEISEN & SNACKS

Thunfischröllchen *mit Rettich und Wasabi*

Für 4 Personen
Zubereitungszeit: ca. 30 Min.

1 mittelgroßen roten Rettich putzen und waschen, zuerst in dicke Scheiben und dann in ca. 8 cm lange Stifte schneiden. Die Rettichstifte mit

Salz würzen.

200 g sehr frisches Thunfischfilet (ohne Haut und Gräten) waschen, trocken tupfen und mit einem scharfen Messer in dünne Scheiben schneiden. Die Thunfischscheiben mit jeweils 3 bis 4 Rettichstiften belegen und einrollen.

150 g Crème fraîche und
1 TL Wasabi (grüner Meerrettich) in einer Schüssel verrühren und mit
Salz abschmecken. Die Sauce mit den Thunfischröllchen und
100 g eingelegtem Ingwer anrichten.

2 EL Sojasauce, 1 TL Reisessig, 1 EL Reiswein und 3–4 EL Olivenöl zu einem Dressing verrühren und über die Thunfischröllchen träufeln.

Mein Tipp:
Eingelegten Ingwer bekommen Sie ebenso wie Wasabi im Asienladen. Wasabi ist entweder als Paste oder Pulver erhältlich, das man vor Gebrauch mit etwas Wasser anrührt. Sie sollten den grünen Meerrettich immer nur sparsam dosieren – er ist höllisch scharf.

Räucherforellentörtchen
auf Tomaten-Rucola-Salat

Für 6 Personen
Zubereitungszeit: ca. 1 Std. (plus ca. 1 Std. Kühlzeit für die Törtchen)

2 Blatt weiße Gelatine ca. 10 Minuten in kaltem Wasser einweichen. Inzwischen

2 EL trockenen Vermouth (z. B. Noilly Prat), 2 EL trockenen Weißwein und 230 g Sahne aufkochen lassen und dann die Hitze reduzieren. Die Gelatine gut ausdrücken, in der nicht mehr kochenden Sahnemischung auflösen, alles mit

Salz und Pfeffer würzen und etwas abkühlen lassen.

200 g geräuchertes Forellenfilet (ohne Haut und Gräten) in Würfel schneiden und dazugeben. Alles fein pürieren und in einer Schüssel weiter abkühlen lassen. Kurz bevor die Räucherfischmousse zu gelieren beginnt,

90 g steif geschlagene Sahne und 1 EL gehackten Dill unterheben. 6 Metallringe (ca. 6 cm Durchmesser) auf eine Platte legen, die Fischmousse hineinfüllen und ca. 30 Minuten kühl stellen. Inzwischen für das Dillgelee

2 Blatt weiße Gelatine ca. 10 Minuten in kaltem Wasser einweichen.

2 EL gehackten Dill und 70 ml Fischfond pürieren, bis eine grüne Flüssigkeit entsteht.

2 EL Weißwein aufkochen lassen und vom Herd nehmen. Die Gelatine gut ausdrücken, im Wein unter Rühren auflösen und zum Dillfond geben. Mit

Salz und Pfeffer würzen und abkühlen lassen. Den leicht gelierenden Dillfond auf die Räucherfischmousse geben und alles nochmals ca. 30 Minuten kühl stellen. Kurz vor Ende der Kühlzeit

100 g Rucola putzen, waschen und trocken schleudern.

12 Cocktailtomaten waschen, vierteln und mit dem Rucola auf Tellern anrichten. Den Salat mit

2 EL Olivenöl mit Limone und etwas Balsamico bianco beträufeln und mit

Salz würzen. Die Räucherforellentörtchen am Rand mit einem spitzen Messer von den Ringen lösen, die Ringe vorsichtig abheben und die Törtchen mit einer Palette auf den Tomaten-Rucola-Salat setzen. Zuletzt mit

Dillspitzen garnieren und

Pfeffer grob darübermahlen.

Mein Tipp:
Statt der Räucherforelle können Sie auch einmal einen anderen Räucherfisch nehmen, z. B. Lachs oder Makrele.

KALTE VORSPEISEN & SNACKS

39

Terrine von gegrilltem Gemüse
mit Rucolapesto

Für 4 Personen	Zubereitungszeit: ca. 1 ½ Std. (plus ca. 4 Std. Kühlzeit für die Terrine) Den Ofen auf 150 °C vorheizen.
Je 3 rote und gelbe Paprikaschoten **3 EL Öl**	längs halbieren, entkernen und waschen. Ein Backblech mit einfetten, die Schoten mit der Hautseite nach oben darauflegen und im Ofen auf der mittleren Schiene ca. 30 Minuten schmoren. Herausnehmen, etwas abkühlen lassen und die Haut abziehen.
Je 2 mittelgroße Zucchini und Auberginen	putzen, waschen, längs in ca. 3 mm dicke Scheiben schneiden und portionsweise in
8 EL Olivenöl	mit
je 4 Thymian- und Rosmarinzweigen sowie 3 angedrückten, ungeschälten Knoblauchzehen	goldbraun braten. Mit
Salz und Pfeffer	würzen.
5 Blatt weiße Gelatine	ca. 10 Minuten in kaltem Wasser einweichen.
1 Knoblauchzehe	schälen und in feine Würfel schneiden. Eine der roten Paprikahälften zerkleinern, mit dem Knoblauch,
400 g stückigen Tomaten (aus der Dose), 2 EL Ketchup, 3 EL Olivenöl und 2 EL Aceto balsamico	erhitzen und fein pürieren. Die Gelatine gut ausdrücken und in der Tomatensauce auflösen. Die Sauce mit
Salz, Pfeffer und Zucker	pikant abschmecken.
4 rote Zwiebeln	schälen, in feine Würfel schneiden und in
3 EL Olivenöl	glasig dünsten.
2 EL Tomatenmark und 1 EL Thymianblättchen	unterrühren und das Zwiebelragout mit
Salz und Pfeffer	würzen. Eine Terrinenform (1 l Inhalt) mit Frischhaltefolie auskleiden. Paprika, Zucchini, Auberginen und Zwiebelragout abwechselnd einschichten und dabei jede Lage mit Tomatensauce bestreichen. Die Terrine zugedeckt ca. 4 Stunden kühl stellen.
½ Bund Petersilie	waschen, trocken schütteln und die Blättchen von den Stielen zupfen.
2 Bund Rucola	putzen, waschen und trocken schleudern.
30 g Pinienkerne	in einer Pfanne ohne Fett anrösten und abkühlen lassen.
1 Knoblauchzehe	schälen, grob zerkleinern und mit der Petersilie,
300 ml Olivenöl und ¼ TL Salz	sämig pürieren. Pinienkerne, Rucola und
30 g geriebenen Parmesan	dazugeben und alles fein pürieren. Den Backofengrill einschalten. Die Terrine vorsichtig stürzen, die Folie entfernen und die Terrine in Scheiben schneiden. Unter dem Grill ca. 30 Sekunden erwärmen und mit dem Rucolapesto anrichten.

KALTE VORSPEISEN & SNACKS

41

Weißer Tomatenschaum
mit gegrillten Langostini-Calamari-Spießen

Für 4 Personen	*Zubereitungszeit: ca. 1 1/2 Std. (plus ca. 1 Std. Kühlzeit für den Tomatenschaum)*
2 kg überreife Tomaten	waschen, halbieren und die Stielansätze entfernen. Die Tomaten mit
1 Thymianzweig, 2 Basilikumstielen und 2 angedrückten, ungeschälten Knoblauchzehen	in einen Topf geben.
30 g in Öl eingelegte, getrocknete Tomaten, Salz und Zucker	hinzufügen und alles mit dem Kartoffelstampfer zerdrücken. Aufkochen lassen und in ein großes, mit einem sauberen Tuch ausgelegtes Sieb geben. Den abtropfenden klaren Tomatensaft auffangen, 500 ml davon abmessen und erwärmen.
5 Blatt weiße Gelatine	ca. 10 Minuten in kaltem Wasser einweichen. Danach gut ausdrücken und im warmen Tomatensaft auflösen. Den Saft mit
1 TL Weißweinessig	abschmecken und in eine Schüssel geben. Den Tomatensaft über einem eiskalten Wasserbad zu schaumig-steifer Konsistenz schlagen.
150 g cremig geschlagene Sahne	unterheben, den Tomatenschaum in eine flache Form (15 x 20 cm groß, ca. 6 cm tief) geben und zugedeckt ca. 1 Stunde kühl stellen. Für die Sauce
2 Schalotten und 1 Knoblauchzehe	schälen und in feine Würfel schneiden.
3 Tomaten	über Kreuz einritzen, kurz überbrühen, kalt abschrecken und enthäuten. Anschließend vierteln, entkernen und in kleine Würfel schneiden. Alles in
3 EL Olivenöl	andünsten.
100 ml Kalbsfond, 1 EL Balsamico bianco und 1 EL Tomatenmark	unterrühren, die Sauce mit
1 EL Senf, 2 EL Ahornsirup, Chili aus der Gewürzmühle (ersatzweise Chilipulver), Salz und Pfeffer	würzen und abkühlen lassen.
Je 16 küchenfertige Calamari (Tintenfischtuben) und Langostini (geschält, ohne Kopf)	waschen, trocken tupfen und abwechselnd auf 8 lange Holzspieße stecken, in
4 EL Olivenöl	2 bis 3 Minuten von allen Seiten braten und mit
Salz und Pfeffer	würzen.
3 EL Butter und 1–2 EL gehackte Petersilie	dazugeben und die Spieße damit glasieren. Aus dem Tomatenschaum mit einem Esslöffel Nocken abstechen und mit den Spießen und der Tomatensauce anrichten.

KALTE VORSPEISEN & SNACKS

43

Rote-Bete-Kartoffel-Carpaccio *mit Waller*

Für 4 Personen	*Zubereitungszeit: ca. 20 Min.*
	Den Ofen auf 175 °C vorheizen.
2 Rote Beten	waschen, in Alufolie einwickeln und im Ofen ca. 1½ Stunden garen.
300 g festkochende Kartoffeln	waschen und in
Salzwasser	als Pellkartoffeln garen. Die Kartoffeln abgießen, kurz ausdampfen lassen und pellen, die Rote Beten schälen. Beides abkühlen lassen und in dünne Scheiben schneiden. Diese abwechselnd auf Tellern anrichten und mit
Salz und Pfeffer	würzen.
1 Schalotte	schälen und halbieren.
4 Wallerfilets (mit Haut, à ca. 80 g)	waschen und trocken tupfen. In
2 EL Butterschmalz	von jeder Seite ca. 2 Minuten braten und mit
Salz und Pfeffer	würzen. Die Schalottenhälften sowie
2 angedrückte, ungeschälte Knoblauchzehen, 2 Thymianzweige und 1 Rosmarinzweig	dazugeben und die Filets weitere 4 Minuten braten. Kräuter, Schalotte und Knoblauch herausnehmen,
2 EL Butter	hinzufügen und die Wallerfilets damit glasieren. Herausnehmen und zugedeckt warm halten.
3 EL Olivenöl	zum Bratfett in die Pfanne geben.
2 EL trockenen Weißwein, 4 EL Fischfond und die abgeriebene Schale von 1 unbehandelten Limette	unterrühren. Alles mit
Salz und Pfeffer	abschmecken und etwas einkochen lassen. Zuletzt
1 EL gehackte Petersilie und 1 EL Schnittlauchröllchen	unter die Limettensauce rühren. Die Fischfilets in Stücke schneiden, auf dem Carpaccio anrichten und mit der Limettensauce beträufeln.

KALTE VORSPEISEN & SNACKS

Lachstatar *auf Kartoffelchips*

Für 4 Personen	*Zubereitungszeit: ca. 35 Min.*
1 große festkochende Kartoffel	waschen, schälen und in sehr dünne Scheiben hobeln.
250 ml Öl zum Frittieren	auf ca. 170 °C erhitzen und die Kartoffelscheiben darin goldbraun frittieren. Kurz auf Küchenkrepp abtropfen lassen, mit
Salz	bestreuen und 32 gleich große Chips zur Weiterverarbeitung auswählen (die restlichen Chips können Sie als Knuspersnack verwenden).
200 g sehr frisches Lachsfilet (ohne Haut und Gräten)	waschen und trocken tupfen. Mit einem scharfen Messer ebenso wie
100 g Räucherlachs	zuerst in feine Streifen und dann in feine Würfel schneiden.
50 g Schalotten	schälen und in sehr feine Würfel schneiden. Mit
2 EL gehacktem Dill, 1 Spritzer Limettensaft, 1 EL Olivenöl, Salz, Pfeffer und etwas gemahlenem Koriander	verrühren. Die Lachswürfel sorgfältig untermischen. Auf die Hälfte der Kartoffelchips jeweils etwas Tatar setzen und mit den restlichen Kartoffelchips bedecken.
2 EL Crème fraîche	in einen Spritzbeutel mit kleiner Sterntülle füllen und als Rosetten auf die Kartoffelscheiben spritzen. Mit
Dillspitzen	garniert servieren.

Mein Tipp:
Falls Sie die Chips schon vorher frittieren, lagern Sie sie anschließend absolut trocken, damit sie nicht weich werden. Ich empfehle dafür eine Glasschale mit vakuumverschließbarem Deckel.
Damit das Tatar die gewünschte Konsistenz erhält, sollten Sie den Fisch immer hacken, nie durch den Fleischwolf drehen.

Lachs mit Wasabikruste
auf Gurkensalat

Für 4 Personen	*Zubereitungszeit: ca. 45 Min.*
	Für die Gratiniermasse
3 Scheiben Toastbrot	in grobe Würfel schneiden und im Mixer fein mahlen.
80 g Butter	schaumig schlagen und
3 EL Wasabi (grüner Meerrettich)	unterrühren. Das gemahlene Toastbrot unterheben und die Masse mit
Salz und Pfeffer	abschmecken. Den Backofengrill einschalten.
600 g Lachsfilet (ohne Haut und Gräten)	waschen und trocken tupfen, mit dem
Saft von ½ Zitrone	beträufeln und mit
Salz und Pfeffer	würzen.
1–2 EL Olivenöl	in einer Pfanne erhitzen und das Filet darin von beiden Seiten ca. 1 Minute anbraten. Den Lachs auf ein Backblech legen, gleichmäßig dünn mit der Wasabimasse bestreichen und unter dem Grill auf der mittleren Schiene ca. 8 Minuten goldbraun gratinieren.
	Inzwischen
2 Salatgurken	waschen, in ca. 8 cm lange Stücke schneiden und mit einer speziellen Gemüseschneidemaschine in Spiralen oder auf dem Gemüsehobel in breite Streifen schneiden. Die Gurkenspiralen mit
2 EL Schnittlauchröllchen	mischen und mit
1 TL Honig, 2 EL Olivenöl, 1 EL Crème fraîche und dem Saft von ½ Zitrone	marinieren. Den Gurkensalat mit
Salz und Pfeffer	würzen und auf Teller verteilen. Das Lachsfilet am besten mit einem elektrischen Messer in 8 dünne Scheiben schneiden. Je 2 Scheiben Lachs mit Wasabikruste auf dem Gurkensalat anrichten und mit
Gartenkresseblättchen	bestreut servieren.

Mein Tipp:
Besonders dekorativ sieht der Lachs mit Wasabikruste aus, wenn Sie ihn statt mit Gartenkresse mit Shizo-Kresse garnieren. Diese japanische Kresseart, die vergleichsweise größere Blätter hat und etwas schärfer im Geschmack ist, erhalten Sie im Asienladen.

KALTE VORSPEISEN & SNACKS

Kartoffelpfannkuchentorte
mit Frischkäsefüllung

Für 6–8 Personen *Zubereitungszeit: ca. 1 ¼ Std.*
Für die Kartoffelpfannkuchen

500 g mehlig kochende Kartoffeln	waschen und in
Salzwasser	als Pellkartoffeln garen. Inzwischen für die Füllung
40 g Pinienkerne	in einer Pfanne ohne Fett goldgelb rösten.
2 Schalotten	schälen, in feine Würfel schneiden und in
2 EL Olivenöl mit Limone	glasig dünsten. Die Pinienkerne dazugeben,
40 ml roten Portwein	angießen und vollständig einkochen lassen. Alles mit
1 EL gehacktem Thymian	würzen, leicht abkühlen lassen und mit
300 g Frischkäse	zu einer Creme verrühren. Die Kartoffeln abgießen, kurz ausdampfen lassen, pellen und noch warm durch die Kartoffelpresse drücken. Den Backofen auf 200 °C vorheizen.
3 Schalotten	schälen, in feine Würfel schneiden, in
1 EL Butter	glasig dünsten und zu den Kartoffeln geben.
3 Eier	trennen. Die Eiweiße mit
1 Prise Salz	steif schlagen. Die Eigelbe mit
50 g Crème fraîche	verquirlen, mit den Kartoffeln glatt rühren und den Kartoffelteig mit
Salz und Muskatnuss	abschmecken.
3 EL gehackte Petersilie	sowie den Eischnee vorsichtig unterheben und den Teig in einen Spritzbeutel mit mittlerer Lochtülle füllen.
2 EL Öl	in einer beschichteten Pfanne erhitzen. Ein Viertel des Teigs von der Mitte her spiralförmig in das Öl spritzen (der Pfannkuchen sollte ca. 15 cm Durchmesser haben) und den Pfannkuchen im Backofen auf der zweiten Schiene von unten 4 bis 5 Minuten goldgelb backen. Nach dem gleichen Prinzip (jeweils mit 2 EL Öl zum Braten) 3 weitere Pfannkuchen backen und alle auskühlen lassen. Dann 3 Pfannkuchen mit der Frischkäsecreme bestreichen und zu einer Torte zusammensetzen. Den vierten Pfannkuchen als Deckel auflegen und leicht andrücken. Die Torte mit einem sehr scharfen Messer vorsichtig in 6 oder 8 gleich große Stücke schneiden, auf Tellern anrichten und mit
Kerbelblättchen	garnieren.

Mein Tipp:
Wenn Sie den Teig ins heiße Fett spritzen, achten Sie bitte darauf, dass die einzelnen Bahnen möglichst nahtlos aneinanderliegen, sonst bekommt Ihr Pfannkuchen unschöne Löcher.
Bei diesem Rezept ist es sehr wichtig, dass die Pfannkuchen wirklich vollständig ausgekühlt sind, bevor Sie sie mit der Frischkäsecreme bestreichen. Sonst wird die Füllung durch die Restwärme zu weich und quillt aus der Torte. Servieren Sie zu meiner Pfannkuchentorte einen frischen Salat, z. B. einen Chicoréesalat mit einer leichten Vinaigrette.

KALTE VORSPEISEN & SNACKS

Crêpestorte *mit Räucherlachs*

Für 4 Personen *Zubereitungszeit: ca. 45 Min.*

2 Eier, 125 ml Milch und 60 g Mehl
Salz und Pfeffer
zu einem glatten Teig verrühren. Mit würzen und ca. 20 Minuten quellen lassen.

1 unbehandelte Limette
heiß waschen, gut abtrocknen und die Schale fein abreiben. Die Limette auspressen, den Saft und die Schale mit

125 g Crème fraîche
glatt rühren und mit

Salz und Pfeffer
abschmecken. Den Teig noch einmal durchrühren und 6 hauchdünne Crêpes daraus backen. Dabei für jede Crêpe

½ TL Butterschmalz
in einer beschichteten Pfanne (ca. 24 cm Durchmesser) bei mittlerer Temperatur erhitzen, etwas Teig mit einer Schöpfkelle in die Mitte geben und die Pfanne schwenken, damit der Teig zu einer hauchdünnen Crêpe verläuft. Wenn die Crêpe unten leicht gebräunt und oben fast gestockt ist, mit einer Palette oder einem Pfannenwender vorsichtig wenden und nochmals ca. 1 Minute backen, bis auch die zweite Seite leicht gebräunt ist. 5 Crêpes mit der Limettencreme bestreichen und mit

15 Scheiben Räucherlachs
belegen. Dann die Crêpes vorsichtig aufeinanderschichten und mit der sechsten Crêpe bedecken. Die Torte in Stücke schneiden und auf Tellern anrichten. Zuletzt mit

Dillspitzen
garnieren.

Mein Tipp:
Sie können den Crêpeteig noch mit gehacktem Kerbel oder Dill verfeinern. Die Crêpestorte lässt sich prima vorbereiten. Mit Frischhaltefolie abgedeckt, bleibt sie problemlos 1 Tag im Kühlschrank frisch.

Ziegenkäsecreme *in Parmesanhippen*

Für 4 Personen Zubereitungszeit: ca. 40 Min.

150 g Ziegenfrischkäse,
100 g Crème double und
1 EL Tomatenmark glatt rühren.
2–3 EL gehacktes Basilikum unterrühren, die Creme mit
Salz und Pfeffer würzen und zugedeckt ca. 30 Minuten kühl stellen. Inzwischen
120 g Parmesan fein reiben und mit
10 g Speisestärke mischen. Eine beschichtete Pfanne (16 bis 18 cm Durchmesser) bei mittlerer bis starker Hitze erhitzen. 2 EL von der Käsemischung als Kreis mit ca. 12 cm Durchmesser dünn hineinstreuen und schmelzen lassen. Die Parmesanhippe vorsichtig aus der Pfanne nehmen, zur Formgebung sofort über eine umgedrehte Teetasse stülpen und erkalten lassen. Aus der Parmesanmischung weitere 7 Hippen zubereiten. Die Käsecreme in einen Spritzbeutel mit großer Sterntülle füllen und in die Hippen spritzen. Die Parmesanhippen mit
Basilikumblättchen garnieren und
Pfeffer grob darübermahlen.

Mein Tipp:
Die Käsecreme und die Parmesanhippen lassen sich gut vorbereiten. Jedoch sollten Sie die Creme erst kurz vor dem Servieren in die Hippen spritzen, damit diese nicht weich werden. Außerdem sollten Sie die Hippen trocken lagern, zum Beispiel in einer Glasschale mit vakuumverschließbarem Deckel.

Geflügelleberparfait im Walnusskernmantel
mit Feldsalat und gebratenen Apfelspalten

Für 6–8 Personen	*Zubereitungszeit: ca. 1 1/4 Std. (plus ca. 6 Std. Kühlzeit für das Parfait)*
500 g Geflügelleber	waschen und trocken tupfen.
2 EL Butterschmalz	in einer Pfanne erhitzen und die Geflügelleber darin von allen Seiten kräftig anbraten. Mit
60 ml rotem Portwein	ablöschen und fast vollständig einkochen lassen. Die Leber in den Mixer geben.
200 g Sahne	in einem kleinen Topf erhitzen.
400 g weiche Butter	esslöffelweise zur Leber geben. Alles mit
1 TL Pökelsalz, Salz und Pfeffer	würzen und mit der heißen Sahne fein pürieren. Die Lebermasse durch ein feines Sieb streichen. Eine Kastenform (1 l Inhalt) mit Frischhaltefolie auskleiden, die Lebermasse hineinfüllen, glatt streichen und mit Frischhaltefolie gut verschließen. Das Parfait ca. 6 Stunden kühl stellen. Kurz vor Ende der Kühlzeit
250 g Walnusskernhälften Salz	in einer Pfanne ohne Fett rösten, bis sie zu duften beginnen. Die Nüsse mit bestreuen, fein hacken und beiseitestellen.
4 fruchtige Äpfel (z. B. Golden Delicious)	waschen, vierteln und die Kerngehäuse herausschneiden. Die Äpfel in schmale Spalten schneiden.
50 g Butter	in einer Pfanne zerlassen.
2–3 EL Zucker	dazugeben und leicht karamellisieren lassen, die Apfelspalten darin goldbraun braten und warm halten. Für den Salat
150 g Feldsalat	putzen, waschen und trocken schleudern.
4 EL Walnussöl, 2 EL Aceto balsamico, Salz und Pfeffer	zu einer Vinaigrette verrühren und mit dem Feldsalat mischen. Das Parfait aus der Form stürzen und die Folie entfernen. Das Parfait vorsichtig in den gerösteten Walnüssen wälzen, in Scheiben schneiden und mit dem Feldsalat und den Apfelspalten anrichten.

Mein Tipp:
Pökelsalz bekommen Sie beim Metzger – es sorgt dafür, dass die Leber ihre schöne rosa Farbe behält.
Wer möchte, kann den Feldsalat auch einmal durch Radicchio oder Eichblattsalat ersetzen.
Statt mit Walnüssen können Sie das Geflügelleberparfait auch mit gerösteten Mandelblättchen oder gerösteten und gehackten Macadamianüssen garnieren.

KALTE VORSPEISEN & SNACKS

Ziegenkäsebällchen
auf Apfel-Trauben-Salat

Für 4 Personen	*Zubereitungszeit: ca. 45 Min.*
250 g Ziegenfrischkäse	in einem sauberen Stofftuch gut ausdrücken und aus der Masse mit einem Eisportionierer 3 bis 4 cm große Kugeln formen.
70 g geschälte Kürbiskerne	fein hacken und in einer Pfanne ohne Fett rösten, bis sie zu duften beginnen. In eine Schüssel geben, mit
Salz	würzen und abkühlen lassen.
70 g gemahlene Mandeln	ebenfalls in der Pfanne ohne Fett rösten, bis sie zu duften beginnen. In eine zweite Schüssel geben, mit
Salz	würzen und abkühlen lassen. Die Hälfte der Ziegenkäsebällchen in den Mandeln, die andere Hälfte in den gehackten Kürbiskernen wälzen. Die Panade leicht andrücken und die Bällchen zugedeckt kühl stellen. In der Zwischenzeit
je 150 g blaue und helle Weintrauben	waschen, trocken tupfen und halbieren. Die Kernchen mit einem spitzen Messer entfernen.
30 g Walnusskernhälften	grob hacken.
1 säuerlichen Apfel (z. B. Granny Smith)	waschen und ungeschält vierteln. Das Kerngehäuse herausschneiden und das Fruchtfleisch in feine Würfel schneiden.
1 EL Honig und 1 EL Butter	in einer Pfanne zerlassen und die Apfelwürfel darin andünsten, ohne dass sie Farbe annehmen. Mit
Chilipulver	würzen. Die Walnüsse daruntermischen und die Pfanne vom Herd nehmen. Wenn die Äpfel lauwarm sind, die Trauben untermischen und den Salat mit
Aceto balsamico, 2 EL Walnussöl, Salz und Pfeffer	mischen. Die Käsebällchen mit dem Traubensalat auf Tellern anrichten.

Mein Tipp:
Wenn Sie keinen Eisportionierer haben, können Sie die Käsemasse auch mit den Händen vorsichtig zu Bällchen formen. Dann empfehle ich aber, dünne Latex-Einweghandschuhe zu tragen – das ist hygienischer und erspart Ihnen zudem das lästige Reinigen der Hände.
Statt Kürbiskernen und gemahlenen Mandeln können Sie zum Wälzen auch fein gehackte Walnusskernhälften oder Schnittlauchröllchen nehmen.

KALTE VORSPEISEN & SNACKS

KALTE VORSPEISEN & SNACKS

Spargelsticks *mit Walnüssen und Parmesan*

Für 4 Personen	*Zubereitungszeit: ca. 1 1/4 Std.*
2 Blatt weiße Gelatine	ca. 10 Minuten in kaltem Wasser einweichen.
150 g Parmesan	fein reiben.
200 ml Milch	aufkochen lassen und den Parmesan unter Rühren darin auflösen. Den Topf vom Herd nehmen und die Mischung etwas abkühlen lassen. Die Gelatine gut ausdrücken und darin auflösen. Dann
250 g Sahne	unterrühren und die Parmesansauce mit
Salz und Cayennepfeffer	würzen. Die Sauce vollständig abkühlen lassen. Inzwischen
20 grüne Spargelspitzen (6–8 cm lang) Salzwasser	waschen und in reichlich kochendem 4 bis 6 Minuten bissfest blanchieren. Dann kalt abschrecken und gut trocken tupfen. Die Spargelspitzen der Länge nach auf lange Holzspieße stecken, in der kalten Parmesansauce wenden und auf einer Platte dekorativ anrichten.
60 g Walnusskernhälften	in einer Pfanne ohne Fett anrösten, bis sie zu duften beginnen, dann fein hacken.
60 g Parmesan	fein reiben und mit den Nüssen mischen. Zum Servieren die Spargelsticks mit der Walnuss-Parmesan-Mischung bestreuen.

Mein Tipp:
Die Parmesansauce passt auch gut zu anderen Gemüsesorten, z. B. zu bissfest blanchierten weißen Spargelspitzen, Schwarzwurzeln oder Brokkoliröschen.

KALTE VORSPEISEN & SNACKS

Gefüllte Gurken *mit Krabben-Ingwer-Creme*

Für 4 Personen	*Zubereitungszeit: ca. 30 Min.*
2 Salatgurken	schälen und quer in 2 bis 3 cm lange Stücke schneiden. Die Gurkenstücke zur Hälfte aushöhlen und in reichlich kochendem
Salzwasser	ca. 30 Sekunden bissfest blanchieren. Kalt abschrecken und gut abtropfen lassen.
60 g Ingwerwurzel	schälen, zwei Drittel fein reiben, den Rest zuerst in dünne Scheiben und dann in möglichst feine Streifen schneiden.
250 g vorgegartes Krabbenfleisch	in einzelne Fasern zerpflücken und mit
3 EL Mayonnaise, 2 EL Crème fraîche	und dem geriebenen Ingwer verrühren. Die Krabben-Ingwer-Creme mit
Salz, Cayennepfeffer und dem Saft von 1 Limette	abschmecken und in die ausgehöhlten Gurkenstücke füllen. Die gefüllten Gurken mit
Kresseblättchen	und den Ingwerstreifen garniert servieren.

Mein Tipp:
Statt Krabbenfleisch kann man für dieses Rezept auch einmal Büsumer Krabben verwenden – diese müssen dann allerdings nicht zerpflückt werden.

Ziegenkäse im Blätterteig
mit rotem Zwiebelconfit

Für 4 Personen	*Zubereitungszeit: ca. 1 1/2 Std.*
	Den Backofen auf 180 °C vorheizen.
	Eine ofenfeste Pfanne großzügig mit
Olivenöl	einfetten und mit
Zucker und Salz	ausstreuen.
5 rote Zwiebeln	schälen, halbieren und mit den Schnittflächen nach unten in die Pfanne legen. Die Pfanne mit Alufolie luftdicht verschließen und die Zwiebeln im Ofen auf der mittleren Schiene ca. 15 Minuten weich schmoren. Herausnehmen, etwas abkühlen lassen und in feine Würfel schneiden. Dann mit
100 ml Rotwein, 150 ml rotem Portwein, 4 EL Aceto balsamico, je 1 Thymian- und Rosmarinzweig und 1 Lorbeerblatt	bei mittlerer Hitze sirupartig einkochen lassen. Die Kräuter entfernen,
1 EL Butter	unterrühren, das Confit eventuell mit
Salz, Pfeffer und Zucker	nachwürzen und zugedeckt warm halten.
8 tiefgekühlte Blätterteigplatten (ca. 300 g)	ca. 10 Minuten auftauen lassen und ca. 3 mm dick ausrollen. Aus 4 Platten je 1 Kreis mit ca. 7 cm Durchmesser und aus den restlichen 4 Platten je 1 Kreis mit ca. 10 cm Durchmesser ausstechen. Die Ofentemperatur auf 200 °C erhöhen.
50 g in Öl eingelegte, getrocknete Tomaten	gut trocken tupfen und vierteln. Die kleineren Teigkreise auf ein mit Backpapier ausgelegtes Backblech legen. Auf jeden Kreis einen Metallring (à 5 cm Durchmesser) setzen und die Hälfte der Tomaten als erste Schicht einfüllen.
2 Zucchini	putzen, waschen und jeweils seitlich eine ca. 1 cm dicke Scheibe abschneiden. Die Scheiben auf Ringgröße zuschneiden und als zweite Schicht in die Metallringe geben.
120 g Ziegenkäse (ohne Rinde)	in 4 gleich große Scheiben schneiden und auf die Zucchinischicht legen. Die restlichen Tomaten darauf verteilen und die Metallringe entfernen.
2 Eigelb	verquirlen. Die Ränder der Teigböden mit etwas Eigelb bestreichen. Die Türmchen mit den großen Teigkreisen bedecken und die Teigränder fest zusammendrücken. Die Pasteten rundum mit dem restlichen Eigelb bestreichen und im Ofen auf der mittleren Schiene 15 bis 20 Minuten backen. Dann halbieren und mit dem Zwiebelconfit servieren.

Mein Tipp:
Nehmen Sie für dieses Rezept einen milden, noch sehr weichen und ungereiften Ziegenkäse. Rote Zwiebeln eignen sich für das Confit am besten, denn sie schmecken zugleich süß und mildscharf.
Statt der Zucchini können Sie auch einmal Streifen von gelben Paprikaschoten einschichten, die Sie zuvor mit einem Sparschäler geschält und sanft weich geschmort haben.

KALTE VORSPEISEN & SNACKS

Ciabatta mit Olivenpaste
und Artischocken-Tomaten-Salat

Für 4 Personen	*Zubereitungszeit: ca. 40 Min.*
3 große Artischocken	waschen, die holzigen äußeren Blätter und den Stiel entfernen. Die Artischocken vierteln und das Heu entfernen. Die Böden in dünne Spalten schneiden und sofort mit dem
Saft von 1 Zitrone	beträufeln.
1 rote Zwiebel	und
2 Knoblauchzehen	schälen. Die Zwiebel in feine Streifen und den Knoblauch in feine Würfel schneiden.
4 EL Olivenöl mit Limone	in einer Pfanne erhitzen und Zwiebel und Knoblauch darin dünsten. Die Artischockenspalten dazugeben und bei mittlerer Hitze bissfest garen.
20 Cocktailtomaten	waschen, halbieren, zu den Artischocken geben und weitere 2 Minuten mitbraten. Das Gemüse mit
Salz, Pfeffer und Chili aus der Gewürzmühle (ersatzweise Chilipulver)	würzen.
1 EL Honig	unterrühren, mit
2 ½ EL Balsamico bianco	ablöschen und vom Herd nehmen. Den Backofengrill einschalten.
1 Ciabattabrot	längs halbieren, die Brothälften in schräge Stücke schneiden und unter dem Backofengrill goldbraun rösten. Das geröstete Brot mit
4 EL schwarzer Olivenpaste	bestreichen.
60 g Rucola	putzen, waschen, trocken schleudern und auf den Broten verteilen. Den lauwarmen Artischocken-Tomaten-Salat auf den Rucola geben und die Ciabattabrote sofort servieren.

Mein Tipp:
Wer es gern etwas herzhafter mag, kann die Brote zusätzlich noch mit Parmaschinken belegen und mit frisch gehobeltem Parmesan bestreuen.

KALTE VORSPEISEN & SNACKS

Dreierlei Kräcker
mit Kräutercreme, Ratatouille und Geflügelsalat

Für 4 Personen   *Zubereitungszeit: ca. 40 Min.*

Für die Kräutercreme

100 g gemischte Kräuter (z. B. Petersilie, Kerbel, Dill, Estragon, Schnittlauch)	waschen, trocken schütteln, die Blättchen von den Stielen zupfen und grob hacken bzw. in feine Röllchen schneiden. Die Kräuter mit
100 g Frischkäse und dem Saft von ½ Zitrone	im Mixer fein pürieren. Die Kräutercreme mit
Salz und Cayennepfeffer	würzen und jeweils etwas Creme auf
12 Kräcker (Fertigprodukt)	verteilen.
6 hart gekochte Wachteleier	pellen, längs halbieren und je 1 Hälfte auf die Kräutercreme setzen.

Für die Ratatouille

je ½ gelbe und rote Paprikaschote	entkernen, waschen und in kleine Würfel schneiden.
1 kleinen Zucchino und ½ Aubergine	putzen, waschen und ebenfalls in kleine Würfel schneiden.
1 rote Zwiebel und 1 Knoblauchzehe	schälen und in feine Würfel schneiden. Das Gemüse mit dem Knoblauch in
2–3 EL Olivenöl	andünsten und mit
Salz und Pfeffer	würzen.
1 EL gehackten Oregano	und
1 EL Tomatenmark	untermischen, abkühlen lassen und die Ratatouille auf
12–16 Kräcker	verteilen.
4–6 Scheiben Parmaschinken	halbieren und auf den Ratatouille-Kräckern verteilen.

Für den Geflügelsalat

1 Hähnchenbrustfilet	waschen, trocken tupfen und mit
Salz und Pfeffer	würzen. In
3 EL Butterschmalz	von beiden Seiten 3 bis 4 Minuten braten und abkühlen lassen.
2 Ananasringe (aus der Dose)	in Stücke schneiden. Die abgekühlte Hähnchenbrust klein schneiden.
Je 100 g Mayonnaise und Crème fraîche	mit
1 EL Currypulver	verrühren.
2 Korianderstiele	waschen, trocken schütteln, die Blättchen von den Stielen zupfen und hacken. Hähnchenfleisch, Ananas und Koriander mit dem Dressing mischen. Den Salat mit
Salz und Pfeffer	abschmecken und auf
12–16 Kräcker	verteilen.
½–1 Avocado	schälen, mit dem Sparschäler in dünne Streifen schneiden und nach Belieben mit Zitronensaft beträufeln. Die Avocadostreifen auf dem Geflügelsalat anrichten und mit
1 TL gehackter Chili	bestreuen. Die dreierlei Kräcker auf einer Platte mit
Kresseblättchen	garniert servieren.

KALTE VORSPEISEN & SNACKS

63

Crostini-Variationen
mit Gemüse und Pilzen

Für 6 Personen	Zubereitungszeit: ca. 1¼ Std. (plus 2–3 Std. zum Durchziehen)
	Für die Auberginen-Crostini
1 kleine Aubergine (200 g)	putzen, waschen und in kleine Würfel schneiden.
1 große rote Zwiebel und	
1 Knoblauchzehe	schälen und in feine Würfel schneiden.
3 Salbeiblättchen	waschen, trocken tupfen und fein hacken.
1 EL Pinienkerne	hacken und in einer Pfanne ohne Fett anrösten. Die Auberginen- und Zwiebelwürfel in
2 EL Öl	kräftig anbraten. Dann den Knoblauch und den Salbei dazugeben. Das Gemüse mit
3 EL Tomatensaft und	
1 EL Kräuteressig	ablöschen, mit
Salz und Pfeffer	würzen und die Pinienkerne unterheben. Die Masse zugedeckt 2 bis 3 Stunden durchziehen lassen.
	Für die Tomaten-Crostini
2 Tomaten	waschen, halbieren und in kleine Würfel schneiden, dabei die Stielansätze entfernen.
1 Schalotte	schälen und in feine Würfel schneiden. In
2 EL Olivenöl	glasig dünsten und mit
1 TL Weißweinessig	ablöschen. Die Tomatenwürfel und
1 EL gehacktes Basilikum	untermischen. Das Gemüse mit
Salz und Pfeffer	würzen und zugedeckt 2 bis 3 Stunden durchziehen lassen.
	Für die Pilz-Crostini
250 g Champignons	mit einem feuchten Tuch oder einem Pinsel von Erdresten befreien, putzen und in kleine Würfel schneiden.
1 kleine Zwiebel und	
1 Knoblauchzehe	schälen und in feine Würfel schneiden. Die Pilz-, Zwiebel- und Knoblauchwürfel in
2 EL Olivenöl	dünsten, bis die ausgetretene Pilzflüssigkeit verdampft ist. Mit
1 EL gehackter Petersilie,	
Salz und Pfeffer	würzen und ebenfalls zugedeckt 2 bis 3 Stunden durchziehen lassen.
	Für das geröstete Brot
2 Knoblauchzehen	schälen, zerkleinern und mit dem Pürierstab mit
100 ml Olivenöl	fein pürieren. Das Knoblauchöl portionsweise in einer Pfanne erhitzen und
36 Baguettescheiben	
(ca. 2 cm dick)	darin von jeder Seite goldbraun braten. Jeweils 12 Baguettescheiben mit der Auberginen-, der Tomaten- und der Pilzmasse locker bestreichen.

Mein Tipp:
Crostini passen immer, ob als Vorspeise, kleiner Snack oder Häppchen auf dem kalten Büfett. Statt der Baguettescheiben können Sie als »Unterlage« auch einmal Ciabatta- oder helle Bauernbrotscheiben nehmen.
Sie können die Baguettescheiben auch wie beschrieben mit Auberginen, Tomaten und Pilzen belegen, mit etwas Parmesan bestreuen und dann unter dem Backofengrill gratinieren, bis der Käse geschmolzen ist.

KALTE VORSPEISEN & SNACKS

Chicken Nuggets
mit Avocado-Dip

Für 20 Stück	Zubereitungszeit: ca. 35 Min.
	Für den Dip
2 reife Avocados	halbieren und die Kerne entfernen. Das Fruchtfleisch mit einem Löffel aus den Schalen lösen und in eine Schüssel geben. Sofort mit dem
Saft von 1 Zitrone	beträufeln und mit einer Gabel zerdrücken.
2–3 Tomaten	waschen, vierteln, entkernen und in kleine Würfel schneiden.
4 Korianderstiele	waschen, trocken schütteln, die Blättchen von den Stielen zupfen und fein hacken. Die Tomatenwürfel und den Koriander mit
3–4 EL Olivenöl	unter das zerdrückte Avocadofruchtfleisch mischen und den Dip mit
Salz und Pfeffer	abschmecken.
	Für die Nuggets
250 g Cornflakes	zerbröseln und in einen tiefen Teller geben.
400 g Hähnchenbrustfilet (ohne Haut)	waschen, trocken tupfen und in mundgerechte Würfel schneiden. Die Fleischwürfel in
50 g Mehl	wenden, dann durch
2 verquirlte Eier	ziehen und zuletzt in den Cornflakes-Bröseln panieren.
150 g Butterschmalz	in einer Pfanne erhitzen und die Nuggets darin rundum goldbraun und knusprig ausbacken. Auf Küchenkrepp abtropfen lassen, mit
Salz	würzen und mit dem Avocado-Dip servieren.

Mein Tipp:
Der Avocado-Dip ist eine Variante der südamerikanischen Guacamole, die mittlerweile auch bei uns zu den Klassikern der Party-Küche zählt. Wer es gern schärfer mag, kann zusätzlich noch 1 fein gehackte Chilischote untermischen. Damit der Dip seine frische grüne Farbe bekommt, ist es ganz wichtig, das Avocadofruchtfleisch sofort nach dem Auslösen mit Zitronensaft zu beträufeln – es verfärbt sich sonst bräunlich.

KALTE VORSPEISEN & SNACKS

Tortillakörbchen
mit buntem Reissalat

Für 4 Personen	*Zubereitungszeit: ca. 25 Min.*
	Den Backofen auf 180 °C vorheizen.
	Für die Körbchen aus
4 Tortillafladen	
(Fertigprodukt)	mit einem Ausstecher von ca. 8 cm Durchmesser Kreise ausstechen. Die Teigkreise vorsichtig in die Vertiefungen eines Mini-Muffinblechs drücken und im Ofen auf der mittleren Schiene ca. 10 Minuten backen. Herausnehmen und etwas abkühlen lassen.
Je 1 rote und gelbe	
Paprikaschote	längs halbieren, entkernen, waschen und in kleine Würfel schneiden.
1 rote Zwiebel	schälen und in feine Würfel schneiden. In einer Pfanne
4 EL Olivenöl	erhitzen und die Paprika- und Zwiebelwürfel darin andünsten. Mit
2–3 EL Balsamico bianco	ablöschen und etwas einkochen lassen.
	Die Gemüsemischung unter
250 g gegarten Reis	rühren.
100 g Mais (aus der Dose)	abtropfen lassen.
3 Frühlingszwiebeln	putzen, waschen und in feine Ringe schneiden. Mit dem Mais unter den Reis heben und den Reissalat mit
Salz, Pfeffer und Paprikapulver	kräftig abschmecken.
	Die Tortillakörbchen mit dem bunten Reissalat füllen und mit
Korianderblättchen	garnieren.

Mein Tipp:
Falls Sie kein Mini-Muffinblech zu Hause haben, lassen sich die Tortillakreise auch in kleine Tassen oder runde Backförmchen drücken.
Den Reissalat können Sie je nach Geschmack und persönlichen Vorlieben variieren: Für eine mediterrane Variante mische ich statt Frühlingszwiebeln und Paprikaschoten in Würfel geschnittene getrocknete Tomaten und klein gehackte Oliven unter den Reis. Den Koriander sollte man dann durch Basilikum oder Petersilie ersetzen.

KALTE VORSPEISEN & SNACKS

Suppen

Asiatische Nudelsuppe
mit Shiitakepilzen und Poularde

Für 4 Personen	*Zubereitungszeit: ca. 1 Std.*
1 rote Chilischote	längs halbieren, die Kernchen mit einem spitzen Messer entfernen und die Schote waschen.
2 Tomaten	waschen und halbieren.
½ Lauchstange	putzen und waschen.
1 Zwiebel und 40 g Ingwerwurzel	schälen. Alle vorbereiteten Zutaten in kleine Stücke schneiden.
3 Poulardenkeulen (à 120 g)	waschen und trocken tupfen.
Reichlich Salzwasser	zum Kochen bringen und die Keulen darin 1 bis 2 Minuten blanchieren. Das heiße Wasser abgießen, 1 l kaltes Wasser zu den Keulen in den Topf geben und alles wieder zum Kochen bringen.
1 Lorbeerblatt, 10 schwarze Pfefferkörner, 2 Korianderstiele, 2 leicht zerdrückte Stangen Zitronengras, Salz	und das vorbereitete Gemüse dazugeben. Die Brühe offen ca. 30 Minuten köcheln lassen. Den sich bildenden Schaum zwischendurch mehrmals mit einem Sieblöffel abschöpfen. Inzwischen die Einlage vorbereiten. Dafür
100 g Suppennudeln (dünne Faden- oder Singapurnudeln)	nach Packungsanweisung garen und kalt abbrausen.
2 Frühlingszwiebeln	putzen, waschen und in Ringe schneiden.
1 rote Chilischote	längs halbieren und die Kernchen mit einem spitzen Messer entfernen, die Schote waschen und in sehr feine Streifen schneiden.
60 g Shiitakepilze	putzen und in Scheiben schneiden. Die Poulardenkeulen aus der Brühe nehmen. Die Haut abziehen, das Fleisch von den Knochen lösen und in mundgerechte Stücke schneiden. Die Brühe durch ein sauberes Stofftuch passieren und das sich oben absetzende Fett vorsichtig mit einem Löffel abschöpfen. Die Brühe mit
Salz und Pfeffer	abschmecken. Das Poulardenfleisch, die Nudeln, die Frühlingszwiebeln, die Chilistreifen und die Pilze als Einlage hineingeben. Die Suppe mit
1 EL gehacktem Koriandergrün	bestreuen.

Mein Tipp:
Einfacher Trick mit großer Wirkung: Durch das offene Kochen der Geflügelbrühe wird verhindert, dass sie trüb wird.
Bei mir hat sich zum Entfetten von Brühen eine so genannte Fettkanne bewährt. Ihr Funktionsprinzip ist ebenso einfach wie genial: Man gibt die Brühe hinein und lässt sie etwas stehen, bis sich das Fett oben abgesetzt hat. Anschließend gießt man die Brühe durch den am Boden der Kanne angebrachten Ausgießer wieder in den Topf zurück. Weil Fett immer oben schwimmt, kann es dabei nicht mit abfließen und bleibt in der Kanne zurück.

Zitronengrasessenz
mit Wirsingbällchen

Für 4 Personen | *Zubereitungszeit: ca. 1 1/4 Std.*

250 g Pouladenkeule (ohne Knochen)	waschen, trocken tupfen und in sehr kleine Würfel schneiden.
½ Stange Lauch	putzen, waschen und in kleine Würfel schneiden.
4 Stangen Zitronengras	putzen, waschen und grob hacken. Poulardenfleisch, Lauchwürfel und Zitronengras mit
der abgeriebenen Schale und dem Saft von 1 unbehandelten Limette, 5 Korianderstielen, 5 schwarzen Pfefferkörnern und 3 Thymianzweigen	
2 Eiweiß und Salz	unterrühren. Das Klärfleisch mit
1 l eiskaltem Geflügelfond	in einem Topf unter vorsichtigem Rühren aufkochen und bei milder Hitze ca. 30 Minuten ziehen lassen, dabei nicht mehr umrühren. Inzwischen
150 g Zanderfilet (ohne Haut und Gräten)	waschen, trocken tupfen und in ½ cm große Würfel schneiden. Mit
1 EL Sahne, 1 TL Thymianblättchen, Salz und Chili aus der Gewürzmühle (ersatzweise Chilipulver)	mischen.
Je 30 g Lauch und Möhre	putzen, waschen bzw. schälen, in feine Würfel schneiden und unter den Zander mischen.
4 Wirsingblätter	waschen und die Strünke herausschneiden. Die Blätter in reichlich kochendem
Salzwasser	kurz bissfest blanchieren, kalt abschrecken und trockentupfen.
4 küchenfertige Garnelen (geschält, ohne Kopf)	waschen und trocken tupfen. Eine kleine Suppenkelle mit
Butter	einfetten. 1 Wirsingblatt hineinlegen und 2 EL der Zandermischung hineindrücken. 1 Garnele darauflegen, mit
Salz	würzen und mit etwas Zandermischung bedecken. Das Wirsingblatt zusammenschlagen und zu einem Bällchen formen. Mit den restlichen Zutaten 3 weitere Bällchen herstellen. Wasser in einem Topf zum Kochen bringen und die Hitze reduzieren. Die Wirsingbällchen in einen zum Topf passenden Dämpfeinsatz setzen und zugedeckt ca. 10 Minuten über dem Wasserdampf garen. Die Zitronengrasessenz durch ein sauberes Stofftuch gießen. Die Wirsingbällchen in tiefe Teller oder Schälchen geben und die Zitronengrasessenz darübergießen.

Mein Tipp:
Das Klärfleisch sorgt dafür, dass die Brühe später schön klar ist und gibt ihr einen wunderbar feinen Geschmack. Zusätzlich zu den Wirsingbällchen können Sie als Einlage noch etwas Gemüse in die Suppe geben: Dafür je 60 g Möhre und Knollensellerie und 2 Frühlingszwiebeln putzen, schälen bzw. waschen und in feine Streifen oder Ringe schneiden. In der Zitronengrasessenz ca. 3 Minuten bissfest garen.

SUPPEN

75

Bohneneintopf *mit Birnen, Äpfeln und Kasseler*

Für 4 Personen
200 g schwarze Bohnen (aus der Dose)
1,5 l hellen Rinderfond
je 2 Lorbeerblätter und Thymianzweige
2 große Möhren (à ca. 150 g) und 6 kleine festkochende Kartoffeln

400 g mageres Kasselerfleisch
300 g grüne Bohnen

1 säuerlichen Apfel (z. B. Boskoop) und 1 Birne (z. B. Williams Christ)

Salz, Pfeffer, ca. 2 EL Weißweinessig und Zucker
1 TL Bohnenkrautblättchen

Zubereitungszeit: ca. 1 1/4 Std.

in ein Sieb abgießen und abtropfen lassen.
erhitzen. Die Bohnen sowie

hineingeben.

schälen und in Scheiben oder mundgerechte Stücke schneiden. In den Eintopf geben und alles zugedeckt ca. 10 Minuten köcheln lassen.
in mundgerechte Würfel schneiden.
putzen, waschen und in ca. 2 cm lange Stücke schneiden. Beides in den Eintopf geben und alles zugedeckt weiterköcheln lassen. Inzwischen

waschen, vierteln und die Kerngehäuse herausschneiden. Das Obst in schmale Spalten schneiden, in den Eintopf geben und alles zugedeckt weitere 5 Minuten köcheln lassen. Lorbeer und Thymian herausnehmen. Den Bohneneintopf mit

würzig abschmecken. Zuletzt
dazugeben.

Mein Tipp:
Sie können den Eintopf auch mit 150 g getrockneten schwarzen Bohnen zubereiten – jedoch müssen Sie diese dann erst über Nacht einweichen und garen.

Gemüseeintopf *mit Graupen und Grießnocken*

Für 4–6 Personen	*Zubereitungszeit: ca. 1 Std.*
200 g Möhren, 300 g kleine festkochende Kartoffeln, 150 g Petersilienwurzel und 100 g Navetten	putzen, schälen und klein schneiden.
Je 100 g Staudensellerie und grüne Bohnen sowie 150 g Frühlingszwiebeln	putzen, waschen und in ca. 2 cm lange Stücke schneiden. Das vorbereitete Gemüse in einem Topf in
4 EL Butter	kurz andünsten. Mit
Salz und Pfeffer	würzen und
2 l Gemüsebrühe	angießen. Den Eintopf bei mittlerer Hitze zugedeckt 10 bis 15 Minuten köcheln lassen. Inzwischen
30 g Perlgraupen	in kochendes
Salzwasser	geben und bei milder Hitze 6 bis 8 Minuten garen. In ein Sieb abgießen und abschrecken. Den Gemüseeintopf mit
Salz und Pfeffer	abschmecken und zugedeckt warm halten.
75 g Butter und 125 ml Milch	aufkochen.
75 g Hartweizengrieß	dazugeben und alles bei milder Hitze so lange rühren, bis sich die Masse vom Topfboden löst. Den Grieß etwas abkühlen lassen, dann mit
Salz, Pfeffer und Muskatnuss	würzen und
1 Ei	unterrühren.
Reichlich Salzwasser	zum Kochen bringen. Die Hitze reduzieren, aus der Grießmasse mithilfe von 2 Teelöffeln kleine Nocken abstechen und 4 bis 5 Minuten im nur leicht siedenden Wasser gar ziehen lassen. Die Nocken herausnehmen, kurz abtropfen lassen und mit den Graupen in den Eintopf geben.

Tomatenessenz
mit Ricottaklößchen

Für 4 Personen	*Zubereitungszeit: ca. 2 Std.*
3 Schalotten und	
2 Knoblauchzehen	schälen, in feine Würfel schneiden und in einem Topf in
2 EL Olivenöl	glasig dünsten.
400 g stückige Tomaten (aus der Dose), 50 g in Öl eingelegte, getrocknete Tomaten und 2 EL Tomatenmark	hinzufügen und alles mit
2 Lorbeerblättern, 1 TL schwarzen Pfefferkörnern und 2 Basilikumstielen	gut verrühren.
750 ml Geflügelfond	angießen und die Suppe bei milder Hitze offen ca. 30 Minuten köcheln lassen. Vom Herd nehmen und zum Abkühlen in ein eiskaltes Wasserbad stellen. Inzwischen für das Klärfleisch
2 Möhren und ¼ Sellerieknolle	putzen und schälen.
½ Stange Lauch	putzen, waschen und längs halbieren.
300 g Rindfleisch (aus der Hesse)	in Würfel schneiden und mit dem Gemüse durch die feine Scheibe des Fleischwolfs drehen.
1 TL Tomatenmark, die Blättchen von 3 Thymianzweigen, 4 Eiweiß und Salz	unter die Hackfleischmasse mischen. Wenn die Tomatensuppe vollständig erkaltet ist, das Klärfleisch hineingeben und die Suppe unter vorsichtigem Rühren bei mittlerer Hitze langsam zum Kochen bringen. Dann nicht mehr rühren und die Suppe bei sehr milder Hitze ca. 30 Minuten ziehen lassen. Für die Ricottaklößchen
80 g Weißbrot	entrinden, im Mixer fein zerbröseln und mit
120 g Ricotta, 2 EL weicher Butter und 2 Eigelb Salz, Pfeffer und Muskatnuss	zu einer glatten Masse verarbeiten. Mit abschmecken. Von der Masse mithilfe von 2 Teelöffeln kleine Nocken abstechen und diese in leicht siedendem
Salzwasser	ca. 8 Minuten gar ziehen lassen. Die Suppe durch ein mit einem sauberen Stofftuch ausgelegtes Sieb gießen. Die abtropfende klare Tomatenessenz auffangen, nochmals erhitzen, mit
Salz und Cayennepfeffer	würzig abschmecken und in tiefen Tellern anrichten. Die Ricottaklößchen abtropfen lassen und in die Suppe geben. Zuletzt mit
grob gehacktem Basilikum	bestreut servieren.

Mein Tipp:
Die Tomatenessenz können Sie problemlos schon einen Tag im Voraus zubereiten und im Kühlschrank aufbewahren.
Statt der Ricottaklößchen können Sie auch bissfest blanchierte Gemüsewürfel (z. B. Möhren oder Sellerie) oder Frühlingszwiebelringe als Einlage in die Tomatenessenz geben.

SUPPEN

79

Bouillabaisse
mit Knoblauchcrostini

Für 4–6 Personen *Zubereitungszeit: ca. 1 Std.*

600 g küchenfertige, geschuppte Fischfilets von Mittelmeerfischen (z. B. Rotbarbe, Knurrhahn, Meeräsche, Meeraal, Petersfisch, Seebarsch)	waschen, trocken tupfen und eventuell noch vorhandene Gräten mit einer Pinzette entfernen.
2–3 Zwiebeln	schälen und in feine Würfel schneiden.
100 g Staudensellerie	putzen, waschen und die harten Fäden abziehen. Den Sellerie in Scheiben schneiden.
100 g Fenchel	putzen und waschen, die Knollen halbieren und den Strunk herausschneiden. Den Fenchel in Streifen schneiden. Die Zwiebeln und das Gemüse mit
15 Safranfäden	in einem mittelgroßen Topf in
3 EL Olivenöl	andünsten. Mit
40 ml Vermouth	ablöschen, alles kurz aufkochen lassen und vom Herd nehmen.
4 Tomaten	über Kreuz einritzen, kurz überbrühen, kalt abschrecken und enthäuten. Anschließend vierteln, entkernen, in kleine Würfel schneiden und zum Gemüse geben. Den Fisch auf das Gemüse legen.
1 Knoblauchzehe	schälen und in feine Würfel schneiden. Die Fischfilets mit dem Knoblauch,
Salz und Pfeffer	würzen.
1 Lorbeerblatt	zerbröseln und mit
2 EL gehackter Petersilie	über den Fisch streuen.
800 ml Fischfond	angießen und den Fisch bei milder Hitze offen ca. 10 Minuten garen. Inzwischen für die Knoblauchcrostini
12 Baguettescheiben	mit
Knoblauchöl	(siehe Tipp) bestreichen und in
2–3 EL Olivenöl	bei mittlerer Hitze von jeder Seite knusprig und goldbraun braten. Die Bouillabaisse mit
Chili aus der Gewürzmühle (ersatzweise Chilipulver)	würzen, in tiefen Tellern anrichten und mit
Dillspitzen	garnieren. Die Knoblauchcrostini dazu servieren.

Mein Tipp:
So stellen Sie Knoblauchöl ganz einfach selbst her: Pürieren Sie 6 geschälte junge Knoblauchzehen mit 150 ml mildem Olivenöl. Lassen Sie das Püree ca. 1 Tag durchziehen und gießen Sie es anschließend durch ein feines Sieb in eine verschließbare Flasche. Im Kühlschrank hält sich das Knoblauchöl dann bis zu 2 Wochen.

SUPPEN

81

Würzige Entenbouillon
mit Rotkohl-Wan-Tans

Für 4 Personen	*Zubereitungszeit: ca. 50 Min.*
1 Knoblauchzehe	und
20 g Ingwerwurzel	schälen und in Scheiben schneiden.
1 Stange Zitronengras	waschen und in Stücke teilen. Knoblauch, Ingwer und Zitronengras mit
1 l Geflügelfond	in einen Topf geben.
2 Sternanis,	
1½ TL Szechuan-Pfeffer	
und 1 TL Meersalz	hinzufügen, alles aufkochen lassen, dann die Hitze reduzieren und die Brühe leise köcheln lassen.
1 Entenbrustfilet (ca. 400 g, mit Haut)	waschen, in die Brühe legen und das Filet darin 10 Minuten garen. Das Fleisch herausnehmen, in Alufolie wickeln und 10 Minuten ruhen lassen. Die Brühe durch ein Sieb in einen Topf gießen und warm halten.
1 Zwiebel	schälen und in feine Würfel schneiden.
¼ Rotkohl	putzen, waschen und in feine Streifen schneiden. Mit den Zwiebelwürfeln in
2 EL Gänseschmalz	andünsten.
1 EL Zucker	darüberstreuen und leicht karamellisieren. Dann mit
2½ EL Rotweinessig	ablöschen und den Kohl zugedeckt ca. 5 Minuten garen. Anschließend den Kohl vom Herd nehmen und abkühlen lassen.
12 runde Wan-Tan-Blätter (aus dem Kühlregal)	nebeneinander auslegen und jeweils 1 TL Rotkohlfüllung in die Mitte setzen. Die Teigränder mit
1 verquirltem Eigelb	bestreichen, die Teigblätter halbmondförmig zusammenklappen und die Ränder fest andrücken. Die Rotkohl-Wan-Tans in die heiße Brühe geben und darin ca. 4 Minuten garen. Die Entenbrust in dünne Scheiben schneiden und mit den Wan Tans in tiefe Teller verteilen. Die heiße Bouillon darübergießen und mit
gehackter Petersilie	bestreut servieren.

Mein Tipp:
Anders als sein Name vermuten lässt, ist Szechuan-Pfeffer nicht mit echtem Pfeffer verwandt. Es handelt sich vielmehr um die getrockneten Samenschalen der ägyptischen Malve. Der Geschmack dieses Gewürzes ist weniger pfeffrig, jedoch sehr aromatisch mit einer zitronigen Note. Ich verwende Szechuan-Pfeffer vor allem für fernöstlich angehauchte Gerichte – er eignet sich besonders für Fleisch- und Fischgerichte.

Rinderbouillon *mit Kräuterfrittaten*

Für 8 Personen

Zubereitungszeit: ca. 1 Std. (plus ca. 2 Std. Kochzeit für die Bouillon)

1 kg Ochsenbrust und 300 g Rinderknochen sorgfältig waschen und abtropfen lassen.
1 große Zwiebel ungeschält halbieren und mit den Schnittflächen nach unten in einem Topf anrösten. Ca. 2,5 l Wasser angießen. Das Fleisch und die Knochen sowie

Salz, 6 schwarze Pfefferkörner und 2 Lorbeerblätter dazugeben und alles langsam aufkochen lassen. Dann die Bouillon bei milder Hitze offen ca. 2 Stunden köcheln lassen.

½ Stange Lauch, ¼ Sellerieknolle sowie je 1 große Möhre, Tomate und Petersilienwurzel putzen, waschen bzw. schälen und klein schneiden. Nach 2 Stunden zur Bouillon geben und diese bei milder Hitze offen weitere 30 Minuten ziehen lassen. Inzwischen für die Kräuterfrittaten

50 g Mehl, 150 ml Milch und 2 Eier in eine Schüssel geben.

Je 1 EL gehackte Petersilie und Schnittlauchröllchen, 1 TL Thymianblättchen und Salz

3 EL Butterschmalz dazugeben und alles mit dem Pürierstab zu einem glatten Teig verrühren. portionsweise in einer beschichteten Pfanne erhitzen und aus dem Teig 8 bis 10 dünne Pfannkuchen backen. Die Pfannkuchen in schmale Streifen (Frittaten) schneiden. Das Fleisch aus der Bouillon nehmen und die Bouillon durch ein mit einem sauberen Stofftuch ausgelegtes Sieb gießen. Die Frittaten auf tiefe Teller verteilen und die Bouillon darübergeben.

Kartoffelsuppe *mit Steinpilzen*

Für 4 Personen *Zubereitungszeit: ca. 40 Min. (plus ca. 2 Std. Einweichzeit für die Steinpilze)*

50 g getrocknete Steinpilze ca. 2 Stunden in
800 ml heißer Geflügelbrühe einweichen.
¼ Lauchstange putzen, waschen und in Stücke schneiden.
300 g mehlig kochende Kartoffeln schälen, waschen und in feine Würfel schneiden.
1 Zwiebel schälen, in feine Würfel schneiden und in
3 EL Butter glasig dünsten. Die Lauchstücke und die Kartoffelwürfel kurz mitdünsten, die Brühe mit den Pilzen angießen und die Suppe zugedeckt ca. 15 Minuten köcheln lassen. Inzwischen für die Einlage
50 g durchwachsenen Speck in feine Würfel schneiden.
1 mittelgroße Zwiebel schälen und ebenfalls in feine Würfel schneiden.
170 g Weißbrot entrinden und in 1 cm große Würfel schneiden. Eine Pfanne mit der Schnittfläche von
½ Knoblauchzehe ausreiben und
2 EL Öl darin erhitzen. Die Speck- und die Zwiebelwürfel darin andünsten. Die Brotwürfel hinzufügen und goldgelb rösten. Die Zutaten auf Küchenkrepp kurz abtropfen lassen. Anschließend mit
1 EL gehackter Petersilie mischen und zugedeckt warm stellen. Die fertige Suppe fein pürieren und durch ein Sieb passieren.
100 g Sahne und
50 g Crème fraîche unterrühren und alles mit dem Pürierstab noch einmal schaumig aufmixen. Zuletzt mit
Salz, Pfeffer und Muskatnuss abschmecken. Die Suppe auf Teller verteilen und die Weißbrot-Speck-Würfel hineingeben.

Kräutersüppchen
mit pochiertem Ei

Für 4 Personen	*Zubereitungszeit: ca. 45 Min.*
200 g gemischte Kräuter (Kerbel, Petersilie, Basilikum, Schnittlauch, Brunnenkresse, ganz wenig Thymian)	waschen, trocken schütteln und die Blätter von den Stielen zupfen.
2 Schalotten	schälen und in Streifen schneiden.
1 Knoblauchzehe	schälen und in feine Würfel schneiden.
3 EL Butter	in einem Topf erhitzen und die Schalottenstreifen und die Knoblauchwürfel darin glasig dünsten.
350 ml Geflügelbrühe und **300 g Sahne**	hinzufügen, die Suppe einmal unter Rühren kräftig aufkochen und offen auf zwei Drittel einkochen lassen. Die Suppe mit den frischen Kräutern fein pürieren und mit
Salz und Pfeffer	abschmecken. Für die pochierten Eier ca. 1 l Wasser aufkochen,
3 EL Weißweinessig	dazugeben und die Hitze reduzieren.
4 Eier	nacheinander in eine Schöpfkelle aufschlagen, vorsichtig von der Kelle in das nur noch leicht köchelnde Wasser gleiten lassen und 4 bis 5 Minuten garen (die Eier dürfen sich beim Garen nicht berühren). Die Eier herausnehmen, kurz auf Küchenkrepp abtropfen lassen und unschöne Eiweißfäden am Rand abschneiden.
2 Eigelb	verrühren und in die heiße, nicht mehr kochende Suppe geben. So lange schlagen, bis die Suppe schön schaumig wird.
70 g Sahne	steif schlagen und vorsichtig unterrühren. Das Kräutersüppchen auf Teller verteilen, die pochierten Eier hineingeben und alles mit
Kerbelblättchen	garnieren.

Mein Tipp:
Bitte geben Sie die Kräuter immer erst kurz vor Ende der Garzeit an das Gericht. Nur so behalten sie ihr volles Aroma und ihre natürliche Farbe. Wer Meeresfrüchte liebt, kann auch marinierte Tiefseegarnelen als Einlage in die Suppe geben.

SUPPEN

87

Kürbissuppe
mit frittierten Gemüsestreifen

Für 4 Personen	*Zubereitungszeit: ca. 50 Min.*
1 kg Kürbis	schälen, die Kerne mit einem Esslöffel entfernen und das Fruchtfleisch in Würfel schneiden.
2–3 Schalotten und 1 Knoblauchzehe	schälen, in feine Würfel schneiden und in
4 EL Butter	glasig dünsten. Dann die Kürbiswürfel dazugeben und mit
1 EL Currypulver	bestäuben. Alles mit
100 ml trockenem Weißwein	ablöschen.
600 ml Geflügelfond und 200 g Sahne	dazugeben und die Flüssigkeit bei mittlerer Hitze etwas einkochen lassen. Dann alles mit
Salz, Pfeffer und Muskatnuss	würzen und bei milder Hitze zugedeckt ca. 10 Minuten weiterköcheln lassen, bis die Kürbiswürfel weich sind. In der Zwischenzeit
je 80 g Möhre und Knollensellerie	putzen, schälen und längs in dünne Scheiben schneiden (am besten mit der glatten Scheibe der Aufschnittmaschine).
½ Lauchstange	längs halbieren, waschen und in 5 cm lange Stücke schneiden. Das vorbereitete Gemüse in sehr feine Streifen schneiden.
400 ml Öl zum Frittieren	auf ca. 170 °C erhitzen. Die Gemüsestreifen im heißen Fett goldgelb frittieren, herausnehmen, auf Küchenkrepp abtropfen lassen und mit
Salz	würzen. Die Kürbissuppe fein pürieren, durch ein feines Sieb streichen und im Topf noch einmal aufkochen lassen.
40 g Crème fraîche und 2–3 EL geschlagene Sahne	unterrühren und alles mit dem Pürierstab schaumig aufmixen.
4 EL Kürbiskerne	in einer Pfanne ohne Fett rösten, bis sie zu duften beginnen. Die Suppe auf Teller verteilen und die Kürbiskerne darüberstreuen. Das Gemüsestroh jeweils in die Mitte der Suppe setzen und
2 EL Kürbiskernöl	darüberträufeln.

Mein Tipp:
Das Kürbiskernöl, auch liebevoll das »grüne Gold der Steiermark« genannt, rundet die Suppe geschmacklich hervorragend ab. Leider ist es nur begrenzt haltbar und sollte daher rasch verbraucht werden.
Besonders attraktiv sieht es aus, wenn Sie die Kürbissuppe in ausgehöhlten, essbaren Minikürbissen (z. B. Hokkaido- oder Muskatkürbissen) servieren. Sie können zusätzlich noch 60 g in Streifen geschnittenen Parmaschinken als Einlage in die Suppe geben.

SUPPEN

89

Erbsensuppe *mit Garnelen und Pfefferminze*

Für 4 Personen — *Zubereitungszeit: ca. 40 Min.*

2 Schalotten und	
1 Knoblauchzehe	schälen und in feine Würfel schneiden. In einem Topf
2 EL Butter	zerlassen, Schalotten und Knoblauch darin glasig dünsten. Mit
100 ml weißem Portwein und	
700 ml Geflügelfond	ablöschen,
250 g Sahne und 150 ml Milch	unter Rühren dazugeben und die Suppe bei mittlerer Hitze auf die Hälfte einkochen lassen.
1 unbehandelte Limette	heiß abwaschen, gut abtrocknen und die Schale fein abreiben. Den Saft auspressen.
150 g in Lake eingelegte Garnelen	abtropfen lassen und in
1 EL Olivenöl	rundum kurz braten. Die Limettenschale und den -saft dazugeben, alles mit
Salz, Pfeffer und	
1 Prise Zucker	würzen und vom Herd nehmen.
4 Pfefferminzstiele	waschen und trocken schütteln, die Blättchen von den Stielen zupfen. Einige Blättchen für die Garnitur beiseitelegen, die restlichen in feine Streifen schneiden und unter die Garnelen mischen.
300 g tiefgekühlte Erbsen	in die Suppe geben und kurz mitgaren. Die Suppe mit dem Pürierstab pürieren und durch ein feines Sieb streichen.
30 g kalte Butterwürfel	unter die Suppe rühren. Die Erbsensuppe mit
Salz, Pfeffer und	
1 Prise Zucker	abschmecken, schaumig aufmixen und mit den Garnelen in tiefen Tellern anrichten. Mit den beiseitegelegten Minzeblättchen garnieren.

Sellerieschaumsüppchen *mit Croûtons*

Für 4 Personen	*Zubereitungszeit: ca. 1 Std.*
2 Schalotten und 1 Knoblauchzehe	schälen und in feine Würfel schneiden.
400 g Knollensellerie	putzen, schälen und in kleine Würfel schneiden.
2 EL Butter	in einem Topf zerlassen, Schalotten, Knoblauch und Sellerie darin andünsten. Mit
100 ml trockenem Weißwein und 500 ml Gemüsebrühe	ablöschen, alles kurz aufkochen lassen und
250 g Sahne	dazugeben. Die Suppe bei mittlerer Hitze offen ca. 30 Minuten köcheln lassen. Dann mit dem Pürierstab pürieren, durch ein feines Sieb streichen und mit
Salz und Pfeffer	würzen.
	Für die Einlage
2 Scheiben Toastbrot	entrinden und in kleine Würfel schneiden.
4 EL Olivenöl	in einer Pfanne erhitzen und die Brotwürfel darin goldbraun rösten. Auf Küchenkrepp abtropfen lassen und mit
Salz	würzen. Die Suppe kurz vor dem Servieren nochmals aufkochen lassen und mit
1 EL Trüffelöl	verfeinern.
30 g kalte Butterwürfel und 2 EL geschlagene Sahne	unter die Suppe rühren. Die Suppe mit dem Pürierstab schaumig aufmixen und auf tiefe Teller verteilen. Zuletzt die Croûtons als Einlage hineingeben. Die Suppe nach Belieben mit
frittierten Staudensellerieblättern	garnieren.

Karotten-Kokos-Suppe
mit geräucherter Entenbrust und Zimtcroûtons

Für 4 Personen	*Zubereitungszeit: ca. 50 Min.*
400 g Möhren	putzen, schälen und in Scheiben schneiden.
2 Schalotten	schälen und in Ringe schneiden.
20 g Ingwerwurzel	schälen und in dünne Scheiben schneiden.
1 kleine rote Chilischote	längs halbieren, die Kernchen mit einem spitzen Messer entfernen, die Schote waschen und in Streifen schneiden.
2–3 EL Olivenöl	in einem Topf erhitzen und Möhren, Schalotten, Ingwer und Chilischote darin 2 bis 3 Minuten andünsten. Mit
1 TL Currypulver	bestäuben und 1 Minute weiterdünsten. Dann
200 ml ungesüßte Kokosmilch	und
500 ml Gemüsebrühe	dazugießen und die Suppe bei mittlerer Hitze 25 Minuten köcheln lassen. Inzwischen
150 g geräucherte Entenbrust	in dünne Scheiben schneiden.
2 Scheiben Toastbrot	in Würfel schneiden und in
50 g Butterschmalz	goldbraun rösten. Dabei mit
1 TL Zimtpulver	
und Salz	würzen. Die Croûtons auf Küchenkrepp abtropfen lassen. Die Möhren mit der Brühe im Mixer oder mit dem Pürierstab pürieren und durch ein feines Sieb streichen. Die Suppe mit
Salz und Pfeffer	würzig abschmecken und in tiefe Teller verteilen. Die Entenbrustscheiben darauf anrichten und die Suppe mit den Croûtons und nach Belieben Frühlingszwiebel- und Chiliringen bestreut servieren.

Mein Tipp:
Wer die Suppe weniger scharf servieren möchte, kann die Chilischote statt in Streifen zu schneiden auch nur halbieren und die Schotenhälften mitkochen. So kann man sie ganz leicht vor dem Pürieren wieder entfernen.
Vor allem bei festlichen Anlässen serviere ich diese Suppe statt mit geräucherter Entenbrust auch gern mit gebratenen Riesengarnelen. Man sollte dann die Croûtons weglassen und die Suppe mit Petersilien- oder Korianderblättchen garnieren.

Basilikumschaumsuppe
mit Tomate und Mozzarella

Für 4 Personen *Zubereitungszeit: ca. 1 Std.*

3 Schalotten und	
1 Knoblauchzehe	schälen, in feine Würfel schneiden und in
2 EL Olivenöl	glasig dünsten. Mit
100 ml trockenem Weißwein	ablöschen,
800 ml Geflügelfond	angießen und die Flüssigkeit bei mittlerer Hitze auf die Hälfte einkochen lassen.
15 Basilikumstiele	waschen und trocken schütteln, die Blättchen von den Stielen zupfen und beiseitelegen. Die Stiele in die Suppe geben. Für die Basilikumpaste
30 g Pinienkerne	in einer Pfanne ohne Fett anrösten.
250 g Blattspinat	verlesen, waschen und in reichlich kochendem
Salzwasser	ca. 10 Sekunden blanchieren. Kalt abschrecken und gut abtropfen lassen, dann gut ausdrücken und grob zerkleinern.
80 ml Olivenöl	mit den Basilikumblättchen, den Pinienkernen und dem Spinat fein pürieren. Die Paste mit
Salz, Pfeffer und Chili aus der Gewürzmühle (ersatzweise Chilipulver)	würzen und beiseitestellen.
200 g Sahne	in die Suppe geben und nochmals aufkochen lassen. Den Backofen auf 150 °C vorheizen.
4 vollreife Tomaten	über Kreuz einritzen, kurz überbrühen, kalt abschrecken und enthäuten. Am Stielansatz jeweils einen schmalen Deckel abschneiden und die Tomaten mit einem Teelöffel vorsichtig aushöhlen.
100 g Mozzarella	gut abtropfen lassen, in ca. ½ cm große Würfel schneiden und in eine Schüssel geben.
30 g entsteinte grüne Oliven	hacken, mit dem Mozzarella und
2 EL Olivenöl mit Limone	mischen und mit
Salz und Pfeffer	würzen. Die ausgehöhlten Tomaten in eine Auflaufform setzen, mit der Mozzarella-Oliven-Mischung füllen und die Deckel wieder aufsetzen. Die Tomaten im Ofen auf der mittleren Schiene 5 bis 8 Minuten garen. In der Zwischenzeit die Basilikumstiele aus der Suppe entfernen. Die Basilikumpaste hineingeben und die Suppe mit dem Pürierstab fein pürieren, nach und nach
50 g kalte Butterwürfel	untermixen. Die Suppe mit
Salz und Pfeffer	abschmecken, in tiefen Tellern anrichten und jeweils eine gebackene Tomate hineinsetzen.

Mein Tipp:
Geben Sie die Basilikumpaste erst kurz vor dem Servieren in die Suppe. Nur so behält sie ihre schöne grüne Farbe.
Perfekt serviert: Decken Sie für diese Suppe nicht nur Suppenlöffel, sondern auch eine Vorspeisengabel und ein Vorspeisenmesser ein.

Rote-Bete-Suppe
mit Wasabischaum

Für 4–6 Personen	*Zubereitungszeit: ca. 45 Min.*
400 g Rote Bete	putzen, schälen und in Würfel schneiden.
20 g Ingwerwurzel und 2 Schalotten	schälen und in feine Würfel schneiden. Die Rote-Bete-Würfel mit Ingwer und Schalotten in einem Topf in
2 EL Rapsöl	andünsten.
700 ml Gemüse- oder Geflügelbrühe	dazugießen und die Suppe bei mittlerer Hitze ca. 25 Minuten leise köcheln lassen. Anschließend ein Drittel der gekochten Rote-Bete-Würfel aus der Brühe heben und in vorgewärmte Tassen verteilen. Die Suppe mit
Salz und Pfeffer	kräftig würzen und mit dem Pürierstab fein pürieren. Die Rote-Bete-Suppe durch ein Sieb passieren und in die Tassen gießen.
200 ml Milch	erhitzen und
2–3 TL Wasabi (grüner Meerrettich)	unterrühren. Die Mischung mit dem Pürierstab schaumig aufmixen.
3 EL Wasabi-Kürbiskerne (aus dem Feinkostladen)	hacken. Den Wasabischaum auf die heiße Suppe verteilen und mit den gehackten Kürbiskernen bestreut servieren.

Mein Tipp:
Damit für alle Portionen genügend Wasabischaum vorhanden ist, muss man die Milchmischung zwischendurch immer wieder mit dem Pürierstab aufmixen.
Wenn Sie keine Wasabi-Kürbiskerne bekommen, die übrigens auch eine exotische Knabberei zu Wein und Bier sind, können Sie die Suppe auch mit herkömmlichen gerösteten Kürbiskernen oder gemischten Sprossen garnieren. Die Sprossen dann vorher unbedingt in einem Sieb mit heißem Wasser übergießen und abtropfen lassen.

SUPPEN

Warme Vorspeisen

Spargelpizza
mit Tomaten und Basilikum

Für 4 Personen — *Zubereitungszeit: ca. 50 Min. (plus ca. 50 Min. Gehzeit für den Teig)*

Für den Hefeteig

1 EL Butterschmalz bei mittlerer Hitze zerlassen.
¼ Würfel Hefe (10 g) in
70 ml lauwarmer Milch auflösen und mit
120 g Mehl, 1 Eigelb, Salz und Pfeffer sowie dem flüssigen Butterschmalz zu einem glatten Teig verkneten und zugedeckt an einem warmen Ort ca. 30 Minuten gehen lassen. Eine Pizzaform (26 cm Durchmesser) mit
1 TL Öl einfetten. Die Arbeitsfläche mit
etwas Mehl bestäuben und den Teig darauf zu einem dünnen Kreis mit ca. 28 cm Durchmesser ausrollen. Den Teig in die Form legen, dabei einen Rand formen. Den Teig zugedeckt nochmals ca. 20 Minuten gehen lassen. Inzwischen

je 120 g weiße und grüne Stangen Spargel waschen. Den grünen Spargel im unteren Drittel, den weißen ganz schälen. Alle Stangen am Ende um ca. 2 cm kürzen. In einem großen Topf reichlich
Salzwasser mit
dem Saft von 1 Zitrone, 1 Prise Zucker und 2 EL Butter zum Kochen bringen. Den weißen Spargel hineingeben und bei milder Hitze zugedeckt ca. 9 Minuten garen. Den grünen Spargel dazugeben und beide Spargelsorten weitere 6 Minuten garen. Herausnehmen, kalt abschrecken und abtropfen lassen. Die Spargelstangen schräg in mundgerechte Stücke schneiden. Den Backofen auf 200 °C vorheizen.

6 Cocktailtomaten waschen, halbieren und mit dem Spargel auf den Hefeteig geben.
Einige Basilikumblättchen waschen, trocken tupfen und grob zerkleinern.
Je 50 g Sahne und Crème fraîche, 1 Eigelb und 50 g Ziegenfrischkäse verrühren. Mit
Salz und Pfeffer würzen und das Basilikum unterrühren. Den Sahne-Ei-Guss auf die Pizza geben und diese im Ofen auf der mittleren Schiene ca. 25 Minuten goldbraun backen.

Mein Tipp:
Hefeteig braucht zum Gehen Wärme. Decken Sie ihn daher immer gut mit einem Stofftuch oder mit Frischhaltefolie zu und stellen Sie ihn an einen geheizten oder sonnigen Platz. Alternativ können Sie den Teig in einer verschließbaren Schüssel im maximal auf 40 °C vorgeheizten Ofen gehen lassen. Klein, aber fein: Nehmen Sie statt der großen Pizzaform doch einmal 4 kleine Portionsförmchen. Oder lassen Sie die Form ganz weg und rollen den Teig zu 4 gleich großen Fladen aus. Dann mit den Händen rundherum einen ausreichend hohen Rand formen, damit der Guss nicht auslaufen kann.

WARME VORSPEISEN

Kürbisquiche *mit Kräutern*

Für 6 Personen *Zubereitungszeit: ca. 35 Min. (plus ca. 1 Std. Kühlzeit für den Teig und 40 Min. Backzeit)*

130 g weiche Butter	in kleine Würfel schneiden und mit
200 g Mehl, 1 Ei, 1 EL Weißweinessig und 1 TL Salz	rasch zu einem glatten Teig verkneten. In Frischhaltefolie wickeln und ca. 1 Stunde kühl stellen. Inzwischen
400 g Kürbis	schälen, halbieren, die Kerne mit einem Löffel entfernen und das Fruchtfleisch grob raspeln.
2 Zwiebeln	schälen und ebenso wie
100 g durchwachsenen Speck	in feine Würfel schneiden.
1 EL Butter	in einer Pfanne zerlassen, die Zwiebeln und den Speck darin anbraten und etwas abkühlen lassen. Den Backofen auf 200 °C vorheizen. Eine Springform (28 cm Durchmesser) mit
1 TL Butter	einfetten. Die Arbeitsfläche mit
etwas Mehl	bestäuben und den Teig darauf zu einem ca. 3 mm dicken Kreis mit 36 cm Durchmesser ausrollen. Den Teig in die Form legen, dabei einen Rand formen. Den Teigboden mit einer Gabel mehrmals einstechen.
120 g geriebenen Emmentaler, 250 g Crème fraîche und 3 Eier	verrühren und mit
Salz, Pfeffer und Muskatnuss	würzen. Die Kürbisraspel, die Speck-Zwiebel-Mischung sowie
je 2 EL gehackte Petersilie und Schnittlauchröllchen	unterrühren. Den Belag auf den Teig geben und die Quiche im Ofen auf der unteren Schiene ca. 40 Minuten backen. Herausnehmen, etwas abkühlen lassen und dann den Springformrand vorsichtig lösen. Die Quiche vor dem Servieren in 12 Stücke schneiden.

Gefüllte Tomaten *mit Basilikumkruste*

Für 4 Personen	*Zubereitungszeit: ca. 1¼ Std.*
	Den Backofen auf 200 °C vorheizen.
8 große vollreife Tomaten	waschen, jeweils das obere Drittel als Deckel abschneiden und die Tomaten mit einem Löffel vorsichtig aushöhlen.
16 ausgelöste Jakobsmuscheln	unter fließendem kaltem Wasser waschen, trocken tupfen und in kleine Würfel schneiden. Mit
125 g Crème fraîche	verrühren und mit
Salz, Cayennepfeffer und dem Saft von 1 Zitrone	würzen. Die Muschelcreme in die Tomaten füllen.
80 g Weißbrot	entrinden und im Mixer fein zerbröseln.
1 Knoblauchzehe	schälen und grob zerkleinern.
1 Bund Basilikum (ca. 60 g)	waschen und trocken schütteln. Die Blättchen von den Stielen zupfen und mit dem Knoblauch,
80 ml Olivenöl und Salz	fein pürieren. Nach und nach
80 g weiche Butterwürfel	untermixen. Zuletzt die Weißbrotbrösel unterrühren und die Basilikummasse auf das Muschelragout geben. Eine Auflaufform mit
1 TL Butter	einfetten und die gefüllten Tomaten hineinsetzen. Die Tomaten im Ofen auf der mittleren Schiene ca. 15 Minuten knusprig überbacken.

Mein Tipp:
Besonders gut lassen sich Tomaten mit einem Kugelausstecher aushöhlen. Statt der Jakobsmuscheln können Sie auch klein gewürfelte Garnelen nehmen.

Spinat-Oliven-Gnocchi
mit Parmesan

Für 4 Personen	*Zubereitungszeit: ca. 40 Min.*
100 g Blattspinat	putzen, waschen und in reichlich
Salzwasser	ca. 10 Sekunden blanchieren. Sofort in eiskaltem Wasser abschrecken, gut abtropfen lassen, sehr fest ausdrücken und fein pürieren (es werden 2 EL Spinatpüree benötigt).
160 g entsteinte grüne Oliven	mit
3 EL Olivenöl	fein pürieren.
130 g Weißbrot	entrinden und mit dem Pürierstab zerbröseln.
160 g Quark (20 % Fett)	durch ein feines Sieb streichen. Mit
50 g geriebenem Parmesan,	
2 EL Mehl, 1 Ei	sowie 2 EL Spinatpüree, dem Olivenpüree und dem Weißbrot zu einem glatten Teig verrühren.
Reichlich Salzwasser	zum Kochen bringen. Die Arbeitsplatte mit
Mehl	bestäuben. Den Teig darauf mit bemehlten Händen zu 1½ bis 2 cm dicken Rollen formen. Diese in ca. 1½ cm große Stücke schneiden und zu olivenförmigen Gnocchi modellieren. Die Gnocchi im heißen Wasser ziehen lassen, bis sie an der Oberfläche schwimmen. Mit einem Sieblöffel herausnehmen, kurz abschrecken und gut abtropfen lassen.
150 g entsteinte schwarze Oliven	halbieren.
2 Tomaten	über Kreuz einritzen, kurz überbrühen, abschrecken und enthäuten. Anschließend vierteln, entkernen und in feine Streifen schneiden.
2 Knoblauchzehen und 1 Schalotte	schälen, in feine Würfel schneiden und in
4 EL Olivenöl	anbraten, bis sie leicht Farbe angenommen haben. Die Oliven untermischen. Die Gnocchi vorsichtig unterheben und kurz mitbraten. Mit
Salz und Pfeffer	abschmecken und die Tomatenstreifen kurz mitdünsten. Die Gnocchi auf Tellern anrichten.
60 g Parmesan	darüberhobeln und alles mit
1 EL gehackter Petersilie	bestreuen.

Mein Tipp:
Ich empfehle für dieses Rezept ausschließlich frischen Spinat, denn nur er gibt den Gnocchi die schöne grüne Farbe.
Das Wasser zum Abschrecken des Spinats muss wirklich eiskalt sein, damit das leuchtende Grün des Gemüses erhalten bleibt. Daher gebe ich ihm noch einige Eiswürfel bei.
Den frischen Spinat müssen Sie nach dem Abschrecken immer sehr kräftig ausdrücken, damit die Gnocchimasse auch die gewünschte Konsistenz erhält.

WARME VORSPEISEN

Salat vom Serviettenknödel *mit Tomaten*

Für 4–6 Personen	*Zubereitungszeit: ca. 50 Min.*
250 g Toastbrot	entrinden, in Würfel schneiden und in eine Schüssel geben.
2 Schalotten	schälen, in feine Würfel schneiden und in
50 g Butter	andünsten. Mit
100 g Sahne	ablöschen und etwas einköcheln lassen. Die Sahnemischung über die Brotwürfel gießen und
2 Eier,	
1 Eigelb und	
3 EL gehackte Petersilie	hinzufügen. Die Knödelmasse mit
Salz und Pfeffer	würzen und mit den Händen gut vermischen. Die Knödelmasse in einer länglichen Bahn auf einer Stoffserviette verteilen und mithilfe des Tuchs fest aufrollen. Die Enden mit Küchengarn zubinden. In einem Topf Wasser zum Sieden bringen und den Serviettenknödel darin zugedeckt bei 80 bis 90 °C ca. 25 Minuten garen. Inzwischen
6 Tomaten	waschen und in 1 cm breite Scheiben schneiden, dabei die Stielansätze entfernen.
250 g Mozzarella	abtropfen lassen und ebenfalls in 1 cm breite Scheiben schneiden.
2 rote Zwiebeln	schälen und in feine Streifen schneiden.
½ Bund Basilikum	waschen, trocken schütteln, die Blättchen von den Stielen zupfen und grob hacken.
2 Knoblauchzehen	schälen, in möglichst feine Würfel schneiden und mit
3 EL Balsamico bianco	
und 6 EL Olivenöl	verrühren. Das Basilikum dazugeben und die Vinaigrette mit
Salz, Pfeffer und etwas Zucker	kräftig abschmecken. Den Serviettenknödel aus der Serviette wickeln und in ca. 1 cm dicke Scheiben schneiden. Mit den Tomaten- und Mozzarellascheiben anrichten, die Zwiebelstreifen darüberstreuen und mit der Basilikumvinaigrette beträufelt servieren.

Parmesanflan *mit grünem Spargel und Schinken*

Für 4 Personen	*Zubereitungszeit: ca. 1 Std.*
300 g grünen Spargel	im unteren Drittel schälen und alle Stangen am Ende um ca. 2 cm kürzen. In einem Topf
reichlich Salzwasser	sprudelnd aufkochen und den Spargel darin 2 Minuten blanchieren. Kalt abschrecken, abtropfen lassen und in ca. 2 cm lange Stücke schneiden.
150 g gekochten Schinken	in Würfel schneiden und mit dem Spargel mischen. Eine Tarteform (20 cm Durchmesser) oder 4 Portionsförmchen mit
1 TL Butter	einfetten und die Spargel-Schinken-Mischung darin verteilen.
75 g Parmesan	fein reiben.
150 g Sahne	aufkochen, zwei Drittel vom Parmesan hinzufügen und unter Rühren in der heißen Sahne schmelzen lassen. Die Sauce vom Herd nehmen und mit
Salz, Pfeffer und Muskatnuss	würzen.
3 Eier und 2 Eigelb	verquirlen und unter die Sauce rühren. Den Eier-Parmesan-Guss über die Spargel-Schinken-Mischung gießen. Die Tarteform in einen Dämpfeinsatz geben. Einen zum Dämpfeinsatz passenden Topf mit ca. 1 l heißem Wasser füllen, den Dämpfeinsatz einsetzen und den Flan darin zugedeckt bei 70 bis 75 °C (Temperatur gelegentlich überprüfen) ca. 20 Minuten garen. Den Backofengrill vorheizen. Den Parmesanflan aus dem Dämpfeinsatz nehmen, mit dem restlichen geriebenen Parmesan bestreuen und unter dem Grill einige Minuten goldbraun gratinieren. Den Flan aus der Tarteform lösen, in Stücke schneiden und mit
gemischten Blattsalaten	servieren.

Oliventoast
mit Rucola und gebratenem Lachs

Für 4 Personen	*Zubereitungszeit: ca. 1 Std.*
	Den Backofen auf 200 °C vorheizen. Von
1 Kastenweißbrot	
(500 g, vom Vortag)	der Länge nach 4 ca. 20 cm lange und 4 mm dicke Scheiben abschneiden und auf ein mit Backpapier ausgelegtes Backblech legen. Darauf zunächst ein weiteres Backpapier, dann ein zweites Backblech legen. Das Weißbrot im Ofen auf der mittleren Schiene ca. 10 Minuten goldbraun backen. Die Scheiben vom Blech nehmen, abkühlen lassen und danach dünn mit
2 EL schwarzer Olivenpaste	bestreichen. Vier Teller mit
Salz	bestreuen, mit
4 EL Olivenöl mit Limone und	
2 EL Balsamico bianco	beträufeln und die Brotscheiben darauflegen.
	Für den Salat
200 g Rucola	putzen, waschen und trocken schleudern.
½ Bund Radieschen	putzen, waschen und in Scheiben schneiden.
30 g Haselnusskerne	hacken und in einer Pfanne ohne Fett rösten.
1 Schalotte	schälen und in feine Würfel schneiden.
3–5 EL Aceto balsamico,	
5–6 EL Nussöl,	
Salz und Pfeffer	zu einer Marinade verrühren, die Nüsse und die Schalottenwürfel dazugeben.
400 g Lachsfilet (ohne Haut)	waschen, trocken tupfen und in große Stücke schneiden.
3 EL Olivenöl	mit
2 Thymianzweigen und	
4 ungeschälten, leicht angedrückten Knoblauchzehen	erhitzen. Die Lachsstücke darin von jeder Seite ca. 1 Minute braten, dass sie innen noch leicht rosa sind.
4 EL Butter	mit in die Pfanne geben und erhitzen. Den Lachs mit
Salz und Pfeffer	würzen und mehrmals mit der Butter übergießen. Rucola und Radieschen in der Nussvinaigrette wenden. Den Salat nochmals mit
Salz und Pfeffer	abschmecken und dekorativ auf den Brotscheiben anrichten. Dann die Lachsstücke daraufsetzen und mit ein wenig Bratbutter beträufeln.

Mein Tipp:
Die Zubereitung der Weißbrotscheiben mag zwar etwas umständlich anmuten, aber durch das Abdecken beim Backen wellt sich das Brot nicht und wird garantiert gleichmäßig gebräunt.

Sollten Sie einmal etwas schwarze Olivenpaste übrig haben, bedecken Sie sie mit etwas Olivenöl und stellen Sie das gut verschlossene Glas in den Kühlschrank. Die Paste hält sich dann noch bis zu 3 Wochen.

WARME VORSPEISEN

Nudelmuffins *mit getrockneten Tomaten*

Für 4 Personen — Zubereitungszeit: ca. 50 Min.

200 g feine grüne Bandnudeln in reichlich kochendem **Salzwasser** nach Packungsanweisung bissfest garen. Abgießen, kalt abschrecken und gut abtropfen lassen. 12 Papierförmchen in die Vertiefungen eines Muffinblechs geben. Die Nudeln mit einer Gabel vorsichtig zu 12 Nestern drehen und in die Papierförmchen setzen.

100 g in Öl eingelegte, getrocknete Tomaten und 16 entsteinte schwarze Oliven klein schneiden. **3 EL Basilikumblättchen** waschen, trocken tupfen und fein hacken. Mit den Tomaten und den Oliven vermischen und auf die Nudeln geben. Den Backofen auf 180 °C vorheizen.

4 Eier, 150 g Sahne und 2 EL Tomatenmark verquirlen und mit **Salz, Pfeffer und Chili aus der Gewürzmühle (ersatzweise Chilipulver)** kräftig würzen. Den Eier-Sahne-Guss über die Nudelnester geben, **12 Babymozzarella-Kugeln** daraufsetzen und die Nudelmuffins im Ofen auf der mittleren Schiene ca. 20 Minuten backen. Die Muffins vorsichtig aus den Vertiefungen heben, auf einer Platte anrichten und mit **Basilikumblättchen** garnieren.

Mein Tipp:
Diese kleinen Mini-Aufläufe sind rasch und einfach gemacht und bestechen durch die raffinierte Kombination italienischer Zutaten.
Hübsch sieht es aus, wenn Sie die Muffins mit einigen Salatblättern anrichten und diese mit einer milden Vinaigrette beträufeln.

Flammkuchen *mit Speck und Zwiebeln*

Für 4 Personen	*Zubereitungszeit: ca. 45 Min. (plus ca. 1 1/2 Std. Gehzeit für den Teig)*
180 g Mehl	in eine Schüssel sieben und in die Mitte eine Mulde drücken.
1/4 Würfel Hefe (10 g)	in 30 ml lauwarmem Wasser auflösen und in die Mulde geben. Einen kleinen Teil des Mehls einrühren, bis ein sämiger Vorteig entsteht. Diesen zugedeckt an einem warmen Ort ca. 30 Minuten gehen lassen. Dann 120 ml Wasser und
1 Prise Salz	dazugeben, alles zu einem glatten Teig verkneten und nochmals zugedeckt an einem warmen Ort ca. 1 Stunde gehen lassen. Die Arbeitsfläche mit
etwas Mehl	bestäuben, den Teig darauf zu einem dünnen Kreis von ca. 27 cm Durchmesser ausrollen und eine Springform (26 cm Durchmesser) damit auslegen, dabei einen ca. 1 cm hohen Rand formen. Den Backofen auf 220 °C vorheizen. Für den Belag
120 g Zwiebeln	schälen und in feine Würfel schneiden.
100 g Crème fraîche und 1 Eigelb	verrühren, auf dem Teig verstreichen und die Zwiebelwürfel darauf verteilen. Den Belag mit
Salz, Pfeffer und Kümmelsamen	würzen.
80 g geräucherten Bauchspeck	in kleine Würfel schneiden, auf dem Flammkuchen verteilen und im Ofen auf der unteren Schiene ca. 20 Minuten backen.

Mein Tipp:
Zu dieser Vorspeise passt am besten ein trockener Weißwein, z. B. ein Riesling aus dem Elsass, der Heimat des Flammkuchens.

Kartoffelbällchen
mit Korianderjoghurt

Für 4 Personen — *Zubereitungszeit: ca. 1 1/4 Std.*

500 g Naturjoghurt	mit
4 EL gehacktem Koriandergrün und 1 TL Zitronensaft	verrühren und mit
1/2 TL gemahlenem Kreuzkümmel, 1 Prise gemahlenem Koriander, Salz und Pfeffer	würzen. Den Korianderjoghurt zugedeckt kühl stellen. Für die Kartoffelbällchen
500 g mehlig kochende Kartoffeln	waschen und in
Salzwasser	als Pellkartoffeln garen. Inzwischen
1 kleine Möhre, 30 g Knollensellerie und 10 g Ingwerwurzel	schälen und in feine Würfel schneiden.
1 Frühlingszwiebel	putzen, waschen und fein hacken.
1 kleinen Zucchino	putzen, waschen und in kleine Würfel schneiden.
1 rote Chilischote	längs halbieren, die Kernchen mit einem spitzen Messer entfernen, die Schote waschen und in sehr feine Würfel schneiden.
2 EL Öl	in einer Pfanne erhitzen. Möhre, Sellerie, Ingwer, Frühlingszwiebel, Zucchino und Chili darin bei milder Hitze ca. 4 Minuten unter Rühren braten. Mit
1 TL gemahlener Kurkuma, 1 Msp. gemahlenem Kardamom, 1 Msp. Muskatnuss, Salz und Pfeffer	würzen und abkühlen lassen. Die Kartoffeln abgießen, kurz ausdampfen lassen und pellen. Mit einer Gabel fein zerdrücken oder durch die Kartoffelpresse drücken.
3 Eigelb	verquirlen und mit dem Kartoffelmus, dem Gemüse und
3 EL Speisestärke	vermischen. Aus dem Teig walnussgroße Bällchen formen, dabei die Hände immer wieder mit
etwas Speisestärke	bestäuben.
4 Eier	verquirlen. Die Bällchen zuerst in
ca. 50 g Speisestärke	wälzen, dann in den Eiern wenden und zuletzt mit
100 g Kokosflocken	panieren. Die Kokosflocken leicht andrücken.
500 ml Öl zum Frittieren	auf ca. 170 °C erhitzen und die Bällchen darin 4 bis 5 Minuten goldbraun frittieren, dabei mehrmals vorsichtig wenden. Die Kartoffelbällchen kurz auf Küchenkrepp abtropfen lassen und noch heiß mit dem Korianderjoghurt servieren.

Mein Tipp:
Verwenden Sie für die Kartoffelbällchen immer mehlig kochende Kartoffeln, denn ihr hoher Stärkegehalt gibt dem Teig erst die richtige Konsistenz. Koriandergrün hat ein ganz eigenes Aroma, das man sehr schwer mit dem anderer Kräuter vergleichen kann. Es harmoniert aber optimal mit anderen asiatischen Gewürzen und verleiht Gerichten eine zitronig-pfeffrige Note.

WARME VORSPEISEN

Kartoffelfrikadellen
mit lauwarmen süßsauren Gurken

Für 4 Personen	*Zubereitungszeit: ca. 50 Min.*
500 g mehlig kochende Kartoffeln	waschen und in
Salzwasser	als Pellkartoffeln garen. Abgießen und kurz ausdampfen lassen. Dann pellen, zerstampfen und mit
Salz, Pfeffer und Muskatnuss	würzen.
50 g Butter	zerlassen und mit
1 EL gehackter Petersilie und	
1 Eigelb	sorgfältig unter die Kartoffeln mischen.
30 g Cornflakes	leicht zerbröseln, unter die Kartoffelmasse mischen und alles ca. 30 Minuten quellen lassen. Inzwischen für das Gemüse
600 g Salatgurke	schälen, längs halbieren und die Kerne mit einem Teelöffel entfernen. Die Gurke dann in ½ cm dicke Halbmonde schneiden.
1 Schalotte	schälen und in feine Würfel schneiden.
1 Tomate	über Kreuz einritzen, kurz überbrühen, abschrecken und enthäuten. Anschließend vierteln, entkernen und in kleine Würfel schneiden.
½ unbehandelte Zitrone	heiß waschen, gut abtrocknen und die Schale fein abreiben.
1 EL Honig	in einer Pfanne bei mittlerer Hitze schmelzen lassen. Mit
3 EL Balsamico bianco	ablöschen und alles etwas einkochen lassen. Die Gurkenscheiben darin kurz andünsten. Schalottenwürfel und Zitronenschale kurz mitdünsten, dann die Tomatenwürfel und
1 EL gehackten Estragon	vorsichtig untermischen. Alles mit
Salz und Cayennepfeffer	abschmecken und zugedeckt lauwarm halten. Aus der Kartoffelmasse mit einem Eisportionierer oder mit angefeuchteten Händen ca. 4 cm große Kugeln formen.
100 g Semmelbrösel und	
50 g weiße Sesamsamen	mischen.
2 Eier	verquirlen. Die Kartoffelkugeln zuerst in
60 g Mehl	wenden, dann in den Eiern wälzen und zuletzt in der Semmelbröselmischung panieren. Vorsichtig zu flachen Frikadellen drücken und in
3 EL Butterschmalz	bei mittlerer Hitze von beiden Seiten goldbraun braten. Die Kartoffelfrikadellen mit dem lauwarmen Gurkengemüse servieren.

Mein Tipp:
Wer es deftig mag, kann zu den Kartoffelfrikadellen auch einmal einen Feldsalat mit Speckdressing servieren.

WARME VORSPEISEN

Warme Vorspeisen

Maisplätzchen *mit gebratenen Pilzen*

Für 4 Personen	*Zubereitungszeit: ca. 45 Min.*
1 Schalotte	schälen, in feine Würfel schneiden und in
1 EL Butter	glasig dünsten.
200 g Sahne	erhitzen.
100 g Mais (aus der Dose), 30 g Cornflakes, 1 ½ EL Mehl und 2 Eigelb	
Salz, Pfeffer und Zucker	mit den Schalotten und der Sahne in einer Schüssel fein pürieren und mit würzen.
Je 100 g Shiitakepilze, Austernpilze und braune Champignons	putzen und in mundgerechte Stücke schneiden.
80 g Frühlingszwiebeln	putzen, waschen und in feine Würfel schneiden.
2 Knoblauchzehen, 3 Schalotten und 20 g Ingwerwurzel	schälen, in feine Würfel schneiden und in
3 EL Sesamöl	braten, bis sie leicht Farbe angenommen haben. Die Pilze dazugeben und mitbraten, bis sie leicht bräunen. Anschließend die Frühlingszwiebeln,
2 EL Sojasauce, 2 EL Sweet-Chili-Sauce und 1 EL gehacktes Koriandergrün	untermischen. Alles mit
Salz	abschmecken und warm halten.
3 EL Öl	in einer Pfanne erhitzen. Mit einer Kelle kleine Häufchen vom Maisteig hineingeben, etwas glatt streichen und von beiden Seiten zu goldgelben Plätzchen backen. Die Maisplätzchen mit den gebratenen Pilzen servieren.

Mein Tipp:
Frische Pilze sollten Sie nie waschen oder gar länger in Wasser liegen lassen. Sie saugen sich sonst voll wie ein Schwamm und verlieren ihr Aroma.

Möhren-Zucchini-Puffer *mit Kräuterquark*

Für 4 Personen	*Zubereitungszeit: ca. 50 Min.*
250 g Quark (20 % Fett),	
3 EL Milch und	
1 TL Zitronensaft	in einer Schüssel glatt rühren.
3 EL gehackte gemischte Kräuter (z. B. Petersilie, Kerbel, Schnittlauch)	unterheben und den Kräuterquark mit
Salz und Pfeffer	würzig abschmecken.
400 g Möhren	putzen und schälen.
200 g Zucchini	putzen und waschen. Beides grob raspeln, in eine Schüssel geben und
4 EL Mehl	untermischen. Den Backofen auf 80 °C vorheizen.
Je 1 Rosmarin- und Oreganozweig	waschen und trocken schütteln. Die Nadeln bzw. Blättchen abzupfen und fein hacken.
2 Eier	mit den Kräutern sowie mit
Salz, Pfeffer und Muskatnuss	verquirlen und kräftig unter das Gemüse rühren. Den Pufferteig eventuell noch einmal nachwürzen.
6 EL Olivenöl	portionsweise in einer beschichteten Pfanne erhitzen. Die Gemüsemasse als kleine Häufchen ins heiße Fett setzen, flach drücken und die Puffer von jeder Seite ca. 2 Minuten braten, bis sie goldbraun sind. Gebratene Puffer kurz auf Küchenkrepp abtropfen lassen und im Ofen warm halten, bis alle Puffer gebraten sind. Die Puffer mit dem Kräuterquark servieren.

Mein Tipp:
Für meine Puffer eignen sich viele Gemüsesorten, nicht nur Möhren und Zucchini. Probieren Sie doch auch einmal eine Mischung aus Kartoffeln und Zucchini, Kartoffeln und Möhren oder Kartoffeln und Kürbis.

Räucherlachs im Kartoffelbackteig
mit mariniertem Blumenkohl und Kresseöl

Für 4 Personen Zubereitungszeit: ca. 1 Std.
　　　　　　　　　　Für das Kresseöl

150 g Brunnenkresseblättchen
Salzwasser waschen, in reichlich kochendem ca. 30 Sekunden blanchieren, kalt abschrecken und trocken tupfen. Dann mit

100 ml Olivenöl,
Salz und Cayennepfeffer fein pürieren.

250 g mehlig kochende Kartoffeln
Salzwasser waschen und in als Pellkartoffeln garen. Inzwischen

250 g Blumenkohl
Salzwasser putzen, waschen und in Röschen zerteilen. In reichlich kochendem ca. 6 Minuten bissfest blanchieren. Kalt abschrecken und gut abtropfen lassen.

1 EL Zucker in einem Topf bei mittlerer Hitze karamellisieren. Mit

je 50 ml Weißweinessig und trockenem Weißwein ablöschen und alles auf die Hälfte einkochen lassen.

2 EL Crème fraîche und
1 Eigelb mit dem Pürierstab aufmixen. Die eingekochte Essig-Wein-Mischung unterrühren, alles mit

Salz und Pfeffer würzen und unter ständigem Mixen

100 ml Olivenöl nach und nach einlaufen lassen. Die Blumenkohlröschen mit der Marinade mischen.

3 Eier trennen. Die Eiweiße steif schlagen, die Eigelbe mit

50 g Sahne verquirlen. Die Kartoffeln abgießen, kurz ausdampfen lassen und pellen. Durch die Kartoffelpresse drücken und mit der Eigelb-Sahne-Mischung sowie

50 g Mehl verrühren. Den Eischnee vorsichtig unterheben.

400 ml Öl zum Frittieren auf ca. 170 °C erhitzen.

400 g Räucherlachs (am Stück, ohne Haut und Gräten)
etwas Mehl in 4 cm große Würfel schneiden. Die Fischwürfel zuerst in wenden, dann durch den Kartoffelteig ziehen und im heißen Fett goldbraun frittieren. Die Lachswürfel kurz auf Küchenkrepp abtropfen lassen und mit dem marinierten Blumenkohl und dem Kresseöl anrichten. Zuletzt mit

Brunnenkresseblättchen garnieren.

Mein Tipp:
Das Kresseöl können Sie im Kühlschrank mindestens 10 Tage aufbewahren. Damit es die schöne grüne Farbe behält, einfach etwas Vitamin-C-Pulver (aus der Apotheke) untermixen.
Brunnenkresse ist von Mai bis September im Handel. Man bekommt sie am besten beim Gemüsehändler. Da die zarten grünen Blätter rasch welk werden, sollten Sie sie möglichst noch am Einkaufstag verarbeiten.
Besonders aromatisch wird die Backhülle, wenn Sie Erdnussöl verwenden.

WARME VORSPEISEN

Goldbarsch-Beignets
mit Zitrus-Chutney

Für 4 Personen *Zubereitungszeit: ca. 1 Std.*

Für das Chutney

120 g rote Zwiebeln schälen, halbieren und in feine Streifen schneiden.

1 rote Chilischote längs halbieren und die Kernchen mit einem spitzen Messer entfernen, die Schote waschen und in sehr feine Würfel schneiden.

3 Orangen sowie je 1 Limette und Zitrone sorgfältig schälen, sodass auch die weiße Haut mit entfernt wird, und die Filets mit einem Messer herausschneiden.

3 EL Zucker und 1 EL Honig in einem kleinen Topf unter Rühren schmelzen lassen. Die Zwiebeln darin kurz andünsten.

40 ml Balsamico bianco, Salz und die Chiliwürfel hinzufügen und alles bei milder Hitze unter Rühren sirupartig einköcheln lassen. Die Zitrusfruchtfilets und die

abgeriebene Schale von je 1/2 unbehandelten Orange und Limette untermischen und das Chutney beiseitestellen.

500 g Goldbarschfilet waschen, trocken tupfen und eventuell vorhandene Gräten entfernen. Das Filet in ca. 30 g schwere Stücke schneiden und mit

Salz und Pfeffer würzen.

1 Eigelb, 200 ml eiskalten trockenen Weißwein, 65 g Mehl, 65 g Speisestärke und Salz zu einem glatten Teig verrühren (das geht am besten mit dem Pürierstab oder mit dem Handrührgerät).

250 ml Öl zum Frittieren auf ca. 170 °C erhitzen. Die Fischstücke in

ca. 80 g Mehl wenden, mit einer Gabel vorsichtig durch den Teig ziehen und portionsweise im heißen Fett goldbraun ausbacken. Auf Küchenkrepp abtropfen lassen und eventuell mit

Salz bestreuen. Das Zitrus-Chutney mit den Beignets servieren und mit

Petersilienblättchen garnieren.

Mein Tipp:
So filetieren Sie Zitrusfrüchte: Zuerst von der Frucht oben und unten einen Deckel abschneiden. Die Frucht anschließend auf eine der Schnittflächen legen und die seitliche Schale in Streifen senkrecht vom Fruchtfleisch abschneiden. Wichtig ist, dass Sie dabei auch die weiße Haut vollständig entfernen. Anschließend das Fruchtfleisch mit einem kleinen Messer jeweils direkt neben den dünnen Zwischenhäuten bis zur Mitte einschneiden und die Fruchtfilets vorsichtig herauslösen.

WARME VORSPEISEN

121

Gebackene Sardinen *mit Marinade*

Für 4 Personen *Zubereitungszeit: ca. 1 Std.*

Je 200 g rote und weiße Zwiebeln sowie 4 Knoblauchzehen	schälen, halbieren, in feine Streifen schneiden und in
4 EL Olivenöl	glasig dünsten.
1 EL Zucker	dazugeben und unter Rühren bei milder Hitze schmelzen lassen. Mit
250 ml trockenem Weißwein und 50 ml Balsamico bianco	ablöschen und alles aufkochen lassen.
150 ml Gemüsebrühe	angießen und alles auf ein Drittel einkochen lassen.
80 g Pinienkerne und 40 g Rosinen	hinzufügen. Den Sud noch etwas einköcheln lassen, anschließend vom Herd nehmen.
500 g ausgenommene frische Sardinen	unter fließendem kaltem Wasser innen und außen waschen und mit Küchenkrepp sehr gut trocken tupfen.
250 ml Öl zum Frittieren	auf ca. 170 °C erhitzen. Die Sardinen in
ca. 80 g Mehl	wenden und im heißen Fett portionsweise ausbacken. Auf Küchenkrepp abtropfen lassen und mit
Salz und Pfeffer	würzen. Die Sardinen auf eine große Platte geben, mit der Marinade übergießen und mit
gehackter Petersilie	bestreuen. Dazu
frisches Baguette oder Ciabatta	servieren.

Mein Tipp:
Wer es im Geschmack kräftiger liebt, kann für den Sud statt Weißwein einen würzigen trockenen Rotwein verwenden und den Balsamico bianco durch Aceto balsamico ersetzen. Zum Schluss alles noch mit 1 TL Honig abrunden.

Riesengarnelen *in Kartoffelspaghetti*

Für 4 Personen *Zubereitungszeit: ca. 40 Min.*
Für die Vinaigrette

1 Knoblauchzehe schälen und in feine Würfel schneiden. Mit
3 EL Balsamico bianco,
Salz, Zucker und Pfeffer verrühren und
100 ml Olivenöl darunterschlagen.
100 g in Öl eingelegte,
getrocknete Tomaten auf Küchenkrepp abtropfen lassen, in feine Würfel schneiden und mit
1 TL mittelscharfem Senf und
1 TL gehackter Petersilie unter die Vinaigrette mischen.
12 küchenfertige Riesengarnelen
(bis auf das Schwanzstück
geschält) waschen und sorgfältig trocken tupfen.
2 große festkochende Kartoffeln schälen, waschen und mit einer speziellen Kartoffel-Gemüse-Maschine
(siehe Tipp) zu langen Spaghetti schneiden. Die Garnelen mit
Salz und Pfeffer würzen und in die Kartoffelspaghetti wickeln.
250 ml Öl zum Frittieren auf ca. 170 °C erhitzen. Die Garnelen darin goldgelb ausbacken und auf
Küchenkrepp abtropfen lassen. Die Garnelen mit der Tomatenvinaigrette
auf Tellern anrichten.

Mein Tipp:
*Die Kartoffel-Gemüse-Maschine schneidet Gemüse in sehr dünne Spiralen.
Man bekommt sie im gut sortierten Fachhandel.
Bei diesem Rezept ist es sehr wichtig, dass Sie die Garnelen fest in die Kartoffelspaghetti einwickeln und diese leicht andrücken, damit der Kartoffelmantel nicht aufgehen kann. Außerdem empfehle ich, die umwickelten Garnelen mit einem Sieblöffel vorsichtig ins heiße Fett zu geben.*

Gebratene Garnelenspieße
mit Kokosschaum und Glasnudeln

Für 6 Personen — *Zubereitungszeit: ca. 40 Min.*

12 küchenfertige Riesengarnelen (bis auf das Schwanzstück geschält)	waschen, sorgfältig trocken tupfen und auf vier große Spieße stecken.
100 g Glasnudeln	10 Minuten in heißem Wasser einweichen, anschließend abgießen.
Je 1 TL Austern- und Fischsauce, 1 EL Sesamöl und etwas gemahlenen Koriander	verrühren. Die Nudeln darin marinieren und mit
Salz	abschmecken. Für den Kokosschaum
1 rote Chilischote	längs halbieren und die Kernchen mit einem spitzen Messer entfernen, die Schote waschen und in große Würfel schneiden.
60 g Ingwerwurzel und 4 Schalotten	schälen und ebenfalls in große Würfel schneiden. Die Chili-, Ingwer- und Schalottenwürfel in
1 EL Sesamöl	andünsten.
250 ml ungesüßte Kokosmilch und 3 Stangen Zitronengras	dazugeben. Alles mit
Salz und Pfeffer	abschmecken, etwas einkochen lassen, durch ein Sieb passieren und warm halten. Die Garnelenspieße in
2–3 EL Sesamöl	von beiden Seiten braten und mit
Salz und Pfeffer	würzen. Die Spieße mit
3 EL Butter	glasieren und
1 EL gehackte Petersilie	untermischen. Die Kokossauce mit dem Pürierstab schaumig aufmixen und mit den Spießen und den Nudeln anrichten.

Mein Tipp:
Braten Sie Garnelen immer sehr behutsam. Bekommen sie zu viel Hitze oder gart man sie zu lange, werden sie zäh und fest.
Glasnudeln werden aus Reismehl und der Stärke von Mungobohnen oder Meeresalgen hergestellt. Erst beim Einweichen in heißem Wasser werden die ursprünglich spröden Nudeln glasig und geschmeidig.

Warme Vorspeisen

Frittierte Reisrollen *auf Garnelen-Mango-Relish*

Für 4 Personen	*Zubereitungszeit: ca. 1 1/4 Std.*
	Den Backofen auf 200 °C vorheizen.
120 g Basmatireis	kalt abbrausen und mit ca. 150 ml kaltem Wasser ganz kurz aufkochen. Bei sehr milder Hitze zugedeckt ca. 10 Minuten garen, dabei mehrmals umrühren. Den Reis etwas abkühlen lassen, dann mit
6 EL Austernsauce	mischen.
2 rote Paprikaschoten	längs vierteln, entkernen, waschen, mit der Hautseite nach oben auf ein Backblech legen und im Ofen auf der mittleren Schiene ca. 20 Minuten schmoren. Herausnehmen, etwas abkühlen lassen und die Haut abziehen. Die Schoten in kleine Würfel schneiden.
1/2 Mango	mit dem Sparschäler schälen, das Fruchtfleisch zuerst vom Kern und dann ebenso wie
400 g vorgegarte Garnelen **2 EL gehacktem Koriandergrün** **und 4 EL Sweet-Chili-Sauce**	in kleine Würfel schneiden. Beides mit den Paprikawürfeln sowie mischen.
8 Reispapierblätter **(ca. 20 cm Durchmesser)**	kurz in kaltem Wasser einweichen und dann nebeneinander auf einem sauberen Küchentuch ausbreiten. Den Reis darauf verteilen, die Reispapierblätter vorsichtig zusammenrollen und die Enden fest zusammendrücken.
500 ml Öl zum Frittieren	auf ca. 170 °C erhitzen und die Reisrollen darin knusprig und goldbraun frittieren. Kurz auf Küchenkrepp abtropfen lassen, nach Belieben schräg halbieren und mit dem Garnelen-Mango-Relish anrichten.

Mein Tipp:
Weichen Sie die Reispapierblätter nur so lange in kaltem Wasser ein, bis sie gerade formbar sind. Sind sie zu weich, können sie beim Rollen reißen.

WARME VORSPEISEN

Zanderfilet im Asiasud *mit Süßkartoffeln*

Für 4 Personen *Zubereitungszeit: ca. 1 1/4 Std.*

**2 Knoblauchzehen und
20 g Ingwerwurzel** schälen und in feine Würfel schneiden.
3 Schalotten schälen und in feine Streifen schneiden.
1/2 Chilischote waschen, in feine Ringe schneiden und die Kernchen mit einem spitzen Messer entfernen.
**100 g Frühlingszwiebeln
4 EL Erdnussöl** putzen, waschen und in feine Streifen schneiden. Den Knoblauch in glasig dünsten. Ingwer, Schalotten, Chili und Frühlingszwiebeln kurz mitdünsten.

**3–4 EL Sojasauce und
200 ml Fischfond** angießen und alles kurz kochen lassen.
1/4 Bund Koriandergrün waschen und trocken schütteln. Die Blättchen von den Stielen zupfen, fein hacken und unter den Asiasud rühren. Den Sud mit
Zucker und Cayennepfeffer pikant würzen und warm halten.
200 g Süßkartoffeln schälen, längs in dünne Scheiben hobeln und diese in schmale Streifen schneiden.
300 ml Öl zum Frittieren auf ca. 170 °C erhitzen und die Kartoffeln darin portionsweise knusprig frittieren. Auf Küchenkrepp kurz abtropfen lassen und mit
Salz würzen.
4 Zanderfilets (à ca. 100 g, ohne Haut und Gräten) waschen, trocken tupfen, in den Asiasud legen und zugedeckt ca. 5 Minuten gar ziehen lassen. Mit den Süßkartoffeln anrichten.

Mein Tipp:
Süßkartoffeln, auch Bataten genannt, haben – wie ihr Name schon sagt – einen leicht süßlichen Geschmack. Sie harmonieren hervorragend mit kräftigen asiatischen Gewürzen.

Warmer Kartoffelschaum
mit Orangenlachs

Für 4–6 Personen
Zubereitungszeit: ca. 1½ Std. (plus ca. 24 Std. Marinierzeit für den Fisch)

4 EL grobes Meersalz, 2 EL Zucker, 3 EL Olivenöl mit Limone und 3 EL Olivenöl der abgeriebenen Schale von 2 unbehandelten Orangen, 1 EL Orangensauce (siehe Tipp), 1–2 Prisen gemahlenem Koriander und 2 EL gehacktem Dill	in einer Schüssel verrühren. Anschließend mit zu einer zähflüssigen Beize verrühren.
400 g sehr frisches Lachsfilet (ohne Haut und Gräten)	waschen, trocken tupfen und rundum mit der Beize bestreichen.
1 unbehandelte Orange	heiß waschen, gut abtrocknen und in Scheiben schneiden. Das Lachsfilet damit belegen und zugedeckt ca. 24 Stunden im Kühlschrank marinieren. Am nächsten Tag für den Kartoffelschaum den Backofen auf 180 °C vorheizen.
300 g mehlig kochende Kartoffeln Salzwasser	waschen und in als Pellkartoffeln garen. Die Kartoffeln abgießen und kurz ausdampfen lassen. Die Kartoffeln einzeln in Alufolie wickeln und im Ofen auf der mittleren Schiene ca. 40 Minuten fertig garen. Inzwischen
200 ml Milch, 50 ml Geflügelfond, je 1 Thymian- und Rosmarinzweig und 1 Prise Salz	aufkochen, vom Herd nehmen und ca. 10 Minuten ziehen lassen. Die Kartoffeln aus dem Ofen nehmen, aus der Folie wickeln und kurz abkühlen lassen. Noch warm pellen und durch die Kartoffelpresse drücken. Thymian und Rosmarin aus der Milch-Fond-Mischung entfernen und diese unter die Kartoffelmasse rühren. Sollte die Masse noch nicht glatt sein, durch ein feines Sieb streichen. Die Kartoffelmasse in einen Sahnesiphon (siehe Tipp S. 372) füllen, eine Gaspatrone aufschrauben und den Sahnesiphon in ein ca. 60 °C warmes Wasserbad stellen. Das Lachsfilet aus der Marinade nehmen, vorsichtig trocken tupfen und in dünne Scheiben schneiden. Den Kartoffelschaum in Schälchen spritzen, die Lachsscheiben daneben anrichten und mit
Dillspitzen	garnieren.

Mein Tipp:
Die Orangensauce, oft auch »Original Tessiner Orangen-Senf-Sauce« genannt, bekommen Sie in der Feinkostabteilung Ihres Lebensmittelgeschäftes oder in Feinkostläden.

WARME VORSPEISEN

129

Lauwarmer Nudelsalat *mit Meeresfrüchten*

Für 4 Personen — *Zubereitungszeit: ca. 50 Min.*

250 g gemischte, küchenfertige Meeresfrüchte (Garnelen, Tintenfische und Muschelfleisch)	unter fließendem kaltem Wasser waschen und trocken tupfen. Die Tintenfische in Stücke schneiden.
150 g große Muschelnudeln Salzwasser	in reichlich kochendem nach Packungsanweisung bissfest garen. 3 Minuten vor Ende der Garzeit die Meeresfrüchte dazugeben und mitgaren. Alles abgießen, gut abtropfen lassen und in eine Salatschüssel geben.
12 Cocktailtomaten	waschen und eventuell halbieren.
½ Bund Basilikum	waschen, trocken schütteln, die Blättchen von den Stielen zupfen und in feine Streifen schneiden. Die Tomaten und das Basilikum mit
100 g entsteinte schwarzen Oliven	zu den Nudeln geben. Für die Vinaigrette
die abgeriebene Schale von 1 unbehandelten Zitrone, den Saft von 2 Zitronen, 60 ml Fischfond, Salz und Pfeffer	verrühren. Nach und nach
120 ml Olivenöl	unterrühren. Die Vinaigrette mit den Nudeln und den Meeresfrüchten mischen.
6 Weißbrotscheiben	zunächst mit
Olivenöl	bestreichen und dann in einer Pfanne in
wenig Olivenöl	bei mittlerer Hitze von jeder Seite knusprig und goldbraun braten. Mit dem lauwarmen Nudelsalat servieren.

Gegrillte Jakobsmuscheln *auf Fenchelgemüse*

Für 4 Personen	*Zubereitungszeit: ca. 50 Min.*
500 ml Orangensaft	bei starker Hitze offen auf ca. 150 ml einkochen lassen.
80 g kalte Butterwürfel	mit dem Pürierstab untermixen, mit
Salz und Cayennepfeffer	würzen und warm halten.
400 g Fenchel	putzen und waschen, die Knollen halbieren und den Strunk herausschneiden. Das Fenchelgrün fein hacken und beiseitelegen. Den Fenchel in feine Streifen schneiden.
100 g Staudensellerie	putzen, waschen und in Scheiben schneiden.
2 Schalotten	schälen und in feine Ringe schneiden. Fenchel, Staudensellerie und Schalotten in
3 EL Olivenöl	kurz andünsten. Mit dem
Saft von 1 Zitrone	ablöschen.
150 ml trockenen Weißwein und 15 Safranfäden	dazugeben und das Gemüse ca. 6 Minuten bissfest garen. Inzwischen
2 Tomaten	über Kreuz einritzen, kurz überbrühen, kalt abschrecken und enthäuten. Anschließend vierteln, entkernen und in kleine Würfel schneiden. Mit dem Fenchelgrün unter das Gemüse heben und alles mit
Salz und Pfeffer	würzen.
12 ausgelöste Jakobsmuscheln	unter fließendem kaltem Wasser waschen und trocken tupfen, mit
2 EL Olivenöl	beträufeln und mit
je 2 Thymian- und Rosmarinzweigen	in einer Grillpfanne oder auf dem Grill von jeder Seite 2 bis 3 Minuten braten. Die Muscheln mit
Salz und Pfeffer	würzen, auf dem Fenchelgemüse anrichten, mit der Orangenbutter beträufeln und mit den gebratenen Kräutern bestreuen.

Auberginen- und Zucchiniröllchen
mit Kaninchenfüllung

Für 4 Personen	*Zubereitungszeit: ca. 1 Std.*
1 Knoblauchzehe	schälen und in feine Würfel schneiden.
1 Aubergine und 1 Zucchino	putzen, waschen und der Länge nach in 3 mm dicke Scheiben schneiden.
4–6 EL Olivenöl	portionsweise in einer großen Pfanne erhitzen und die Gemüsescheiben darin von beiden Seiten goldbraun braten. Das Gemüse in der Pfanne mit
Salz	würzen, den Knoblauch untermischen und alles kurz durchziehen lassen. Dann die Gemüsescheiben auf Küchenkrepp abtropfen lassen.
150 ml Milch	erhitzen.
1 Brötchen (vom Vortag)	in kleine Würfel schneiden, ca. 10 Minuten in der warmen Milch einweichen und dann gut ausdrücken.
150 g durchwachsenen Speck und 300 g Kaninchenfleisch (aus der Keule)	in Würfel schneiden und mit dem Brötchen durch die feine Scheibe des Fleischwolfs drehen.
120 g Schalotten	schälen, in feine Würfel schneiden und in
2 EL Butter	glasig dünsten. Mit
2 EL Schnittlauchröllchen	unter die Fleischmasse mischen, alles mit
Salz und Pfeffer	würzen und gut durchkneten. Den Backofen auf 200 °C vorheizen. Die Hackfleischmasse mit einer Palette oder einem Messer dünn auf die Gemüsescheiben streichen, aufrollen und mit Holzzahnstochern feststecken.
16 Cocktailtomaten	waschen und halbieren, mit
1 Rosmarinzweig und 2 Thymianzweigen	in
4–6 EL Olivenöl	andünsten. Mit
Salz, Pfeffer und 1 Prise Zucker	würzen, mit
2–3 EL Balsamico bianco	ablöschen und in eine große Auflaufform geben. Die Gemüse-Hack-Röllchen daraufsetzen.
40 g Bergkäse	fein reiben und darüberstreuen. Die Gemüse-Hack-Röllchen im Ofen auf der mittleren Schiene ca. 10 Minuten überbacken.

Mein Tipp:
Es ist wichtig, dass Sie die Gemüsescheiben sehr dünn schneiden – dann lassen sie sich später besser aufrollen. Sollten Sie keinen Fleischwolf haben, hacken Sie den Speck und das Kaninchenfleisch einfach sehr fein.
Als Variation können Sie für die Füllung auch Geflügelfleisch (am besten von der Hähnchenkeule) verwenden.

WARME VORSPEISEN

Gedämpfte Hähnchen-Garnelen-Bällchen
im Reismantel auf Gurken-Mango-Salat

Für 6 Personen — Zubereitungszeit: ca. 40 Min.

250 g Hähnchenbrustfilet (ohne Haut)	waschen und trocken tupfen.
250 g küchenfertige Garnelen	waschen und sorgfältig trocken tupfen. Hähnchen und Garnelen möglichst fein hacken oder durch die grobe Scheibe des Fleischwolfs drehen. Mit
2 EL Speisestärke, 2 EL Semmelbrösel und 3 EL Sojasauce	gründlich mischen und die Masse mit
Salz, Pfeffer und Chili aus der Gewürzmühle	würzen. Aus der Masse mit angefeuchteten Händen walnussgroße Bällchen formen und diese rundum in
200 g ungegarten Basmatireis	wälzen. Einen Dämpfeinsatz mit
1 TL Butter	einfetten und die Hähnchen-Garnelen-Bällchen nebeneinander hineingeben. Einen zum Dämpfeinsatz passenden Topf ca. zu einem Drittel mit heißem Wasser füllen, den Dämpfeinsatz einsetzen und die Bällchen darin zugedeckt bei 80 bis 85 °C (Temperatur gelegentlich überprüfen) ca. 15 Minuten garen. Inzwischen für den Salat
1 Salatgurke	waschen und in dünne Scheiben schneiden.
4 Frühlingszwiebeln	putzen, waschen und in feine Ringe schneiden.
2 reife Mangos	schälen, das Fruchtfleisch zuerst vom Stein und dann in Würfel schneiden. Alles mit
3 ½ EL Sweet-Chili-Sauce, 3 EL Reisessig, 4 ½ EL Sonnenblumenöl und 3 EL gehacktem Koriander	mischen und den Salat mit
Salz und Pfeffer	abschmecken. Die gedämpften Hähnchen-Garnelen-Bällchen mit dem Gurken-Mango-Salat anrichten und servieren.

Mein Tipp:
Beim Umgang mit rohem Geflügelfleisch ist Vorsicht geboten: Ebenso wie in rohen Eiern und Hackfleisch können in Hähnchenfleisch Salmonellen stecken. Deshalb sollten Sie auf unbedingte Sauberkeit achten: Rohes Geflügel sollten Sie nicht mit anderen Lebensmitteln in Berührung bringen – Kochgeschirr und Hände sollten Sie gründlich reinigen.

WARME VORSPEISEN

Gänseconfit in der Brotkruste
mit Rotkrautsalat

Für 4 Personen	*Zubereitungszeit: ca. 2 ½ Std. (plus 4–6 Std. Kühlzeit für das Confit)*
4 Gänsekeulen (mit Haut, à ca. 250 g)	waschen, trocken tupfen und mit
Salz und Pfeffer	würzen. Den Backofen auf 180 °C vorheizen.
2 EL Gänseschmalz	in einem Bräter erhitzen und die Gänsekeulen darin von beiden Seiten anbraten. Mit
250 ml trockenem Weißwein	ablöschen,
500 ml Geflügelbrühe	angießen und die Keulen im Ofen auf der mittleren Schiene ca. 2 Stunden schmoren. Anschließend in dem Schmorfond abkühlen lassen. Die Keulen aus dem Fond nehmen, die Haut entfernen und das Fleisch vom Knochen lösen. Den Schmorfond entfetten, zu dem Keulenfleisch geben und gut verkneten. Das Gänseconfit mit
Salz und Pfeffer	würzen und die
abgezupften Blättchen von 3 Majoranzweigen	unterrühren. Eine eckige Terrinenform (500 ml Inhalt) mit Frischhaltefolie auskleiden, die Fleischmasse einfüllen und 4 bis 6 Stunden kühl stellen.
½ **Rotkohl (ca. 400 g)**	putzen, waschen, in sehr feine Streifen schneiden oder hobeln und in reichlich kochendem
Salzwasser	ca. 30 Sekunden bissfest blanchieren. Kalt abschrecken, abtropfen lassen und gut ausdrücken.
4 EL Walnussöl, 3 EL Trüffelöl und 4 EL Rotweinessig	in einer großen Schüssel zu einer Vinaigrette verrühren und mit dem Rotkohl mischen.
50 g Walnusskernhälften	grob hacken und mit
3 EL Preiselbeeren (aus dem Glas)	unter den Rotkrautsalat heben, den Salat mit
Salz und Pfeffer	abschmecken.
2 **Äpfel**	schälen, halbieren, die Kerngehäuse herausschneiden und die Äpfel in Spalten schneiden. Die Apfelspalten mit dem
Saft von 1 Zitrone	beträufeln. Das Gänseconfit aus der Form stürzen, die Folie entfernen und das Fleisch mit einem elektrischen Messer in 8 Scheiben schneiden.
½ **Kastenweißbrot**	längs in ca. 2 mm dünne Scheiben schneiden und nochmal längs halbieren. Jede Gänseconfitscheibe zwischen zwei halbe Brotscheiben geben.
50 g Gänseschmalz	in einer Pfanne erhitzen und die Apfelspalten darin anbraten, dabei mit
1 EL Zucker	bestreuen und karamellisieren.
3 EL Aceto balsamico	hinzufügen und die Apfelspalten darin bissfest dünsten. Die Apfelspalten mit dem Rotkrautsalat auf Teller verteilen. Nochmals
50 g Gänseschmalz	erhitzen und das Gänseconfit zwischen den Brotscheiben von beiden Seiten bei mittlerer Hitze goldbraun ausbacken. Kurz auf Küchenkrepp abtropfen lassen. Je 2 Scheiben Gänseconfit in der Brotkruste auf dem Rotkrautsalat anrichten und mit
Majoranblättchen	garniert servieren.

WARME VORSPEISEN

# Gebratene Entenbrust
mit karamellisierten Pflaumen

Für 4 Personen

Zubereitungszeit: ca. 40 Min.
Den Backofen auf 120 °C vorheizen.

2 Knoblauchzehen	ungeschält halbieren.
4 Entenbrustfilets (à 150 g)	waschen, trocken tupfen und auf der Hautseite rautenförmig einschneiden. Die Entenbrüste mit
1 TL schwarzer Pfeffermischung (z. B. Melange noir) und 2 EL Olivenöl	einreiben. Die Filets mit den Hautseiten nach unten in
1 EL Butterschmalz	anbraten. Den Knoblauch sowie
je 1 Thymian- und Rosmarinzweig	dazugeben, die Entenbrüste wenden und von der anderen Seite ebenfalls kurz anbraten. Die Entenbrustfilets mit den Kräutern auf ein mit Alufolie ausgelegtes Backblech geben und im Ofen auf der mittleren Schiene 12 bis 15 Minuten garen.
1 rote Chilischote	längs halbieren, die Kernchen mit einem spitzen Messer entfernen, die Schote waschen und in Ringe schneiden.
30 g Ingwerwurzel	schälen und in feine Scheiben schneiden
6 kleine Pflaumen	waschen, halbieren und entsteinen.
50 g Butter	in einer Pfanne erhitzen und die Pflaumenhälften darin mit Chili und Ingwer anbraten. Mit
Salz und Pfeffer	würzen und mit dem
Saft von 1 Limette	beträufeln.
2 EL Honig	hinzufügen und die Pflaumen mit dem Honigsirup glasieren.
80 g gemischten Wintersalat (z. B. Chicorée, Feldsalat, Rucola, Radicchio)	putzen, waschen und trocken schleudern.
40 g Pinienkerne	in einer beschichteten Pfanne ohne Fett anrösten. Die karamellisierten Pflaumen mit den Salatblättern auf Teller verteilen und mit dem Honigsirup beträufeln. Die Entenbrustfilets in Scheiben schneiden, auf dem Salat anrichten und die Pinienkerne darüberstreuen.

Mein Tipp:
Durch das rautenförmige Einschneiden der Entenhaut kann das Fett beim Braten schmelzen und die Haut brät wunderbar kross. Außerdem wird so verhindert, dass sich die Haut mit dem Fleisch beim Braten zusammenzieht. Durch das Eigenfett der Entenhaut braucht man zum Braten nur noch wenig zusätzliches Butterschmalz.

WARME VORSPEISEN

Rosmarin-Lamm-Spießchen
mit Tsatsiki

Für 4 Personen	Zubereitungszeit: ca. 50 Min. (plus ca. 12 Std. Marinierzeit)
500 g Lammrückenfilet	von Haut und Sehnen befreien, waschen, trocken tupfen und in ca. 2 cm große Würfel schneiden.
8 kräftige Rosmarinzweige	auf 8 cm Länge zuschneiden und alle Nadeln – bis auf die an den Zweigspitzen – vorsichtig abstreifen.
8 Cocktailtomaten	waschen. Die Fleischwürfel mit einem Schaschlikspieß durchbohren und mit den Cocktailtomaten abwechselnd auf die Rosmarinzweige spießen.
3 Knoblauchzehen und 1 Schalotte	schälen und in Scheiben schneiden. Mit
80 ml Olivenöl und Pfeffer	verrühren. Die Spießchen in einer flachen Schale mit dem Knoblauchöl übergießen und im Kühlschrank zugedeckt ca. 12 Stunden marinieren. Für das Tsatsiki
½ Salatgurke (300 g)	schälen, längs halbieren und die Kerne mit einem Teelöffel entfernen. Die Gurke fein raspeln, mit
Salz	bestreuen und zum Abtropfen in ein Sieb geben.
50 g Quark (20 % Fett), 150 g Naturjoghurt und 3 EL Milch	glatt rühren.
2 Knoblauchzehen	schälen, in feine Würfel schneiden und mit
1 EL gehackter Petersilie	unterrühren. Das Tsatsiki mit
Salz und Chilipulver	abschmecken. Die Lammspießchen aus der Marinade nehmen und gut abtropfen lassen. Die Marinade durch ein Sieb gießen. 3 EL vom aufgefangenen Öl in einer Pfanne erhitzen, die Spießchen darin von allen Seiten goldbraun braten und mit
Salz	würzen. Die Pfanne von der Herdplatte nehmen und
3 EL Butter sowie 1 EL gehackte Petersilie	hineingeben. Die Spießchen darin kurz unter Wenden ziehen lassen. Die abgetropften Gurkenraspel unter den Joghurt mischen und das Tsatsiki mit den Lammspießchen anrichten.

Mein Tipp:
Auch wenn Knoblauchpressen auf den ersten Blick äußerst praktisch sind, nehme ich sie in meiner Küche nie. Denn beim Zerdrücken tritt recht viel Saft aus und der Knoblauch schmeckt dann im Gericht zu stark vor.
Mischen Sie die Gurkenraspel immer erst kurz vor dem Servieren unter das Tsatsiki, sonst ziehen sie Wasser.
Meine Rosmarin-Lamm-Spießchen eignen sich auch prima zum Grillen. Servieren Sie dazu den Mediterranen Gemüsesalat von Seite 14 und Sie haben ein leckeres Hauptgericht.

WARME VORSPEISEN

141

Spargel-Speck-Spieße *mit Weißweinsabayon*

| *Für 4 Personen* | *Zubereitungszeit: ca. 45 Min.* |

36 weiße und 24 grüne Spargelspitzen
Salzwasser
auf ca. 6 cm Länge zurechtschneiden und in reichlich kochendem ca. 5 Minuten bissfest blanchieren. Dann herausheben, kurz abschrecken und gut abtropfen lassen.

12 Scheiben Frühstücksspeck
nebeneinander auslegen. Jeweils 1 Speckscheibe abwechselnd mit 3 weißen und 2 grünen Spargelspitzen wellenartig auf einen langen Holzspieß stecken (siehe Foto).
Für das Weißweinsabayon

3 Eigelb und
100 ml trockenen Weißwein
in einer Schüssel verquirlen. Die Mischung über einem heißen Wasserbad cremig aufschlagen, dann vom Wasserbad nehmen und nach und nach unterrühren. Das Sabayon mit

100 g weiche Butter
Salz, Cayennepfeffer und
1 Spritzer Zitronensaft
abschmecken.

4 EL Butter
zerlassen. Die Spargelspieße damit bestreichen und auf dem Grill oder in einer Grillpfanne von beiden Seiten ca. 6 Minuten braten. Dabei mit

Salz und Pfeffer
würzen. Die Spargelspieße mit dem Weißweinsabayon anrichten.

Mein Tipp:
Spargelspitzen müssen nicht geschält werden, denn ihre Schale kann problemlos mitgegessen werden.
Für ein gelungenes Sabayon ist es wichtig, dass die Eigelbmischung wirklich so lange über dem Wasserbad aufgeschlagen wird, bis sie schön cremig ist.

WARME VORSPEISEN

Makkaroni-Bohnen-Bündel *mit Tomatensauce*

Für 4 Personen	*Zubereitungszeit: ca. 1 Std.*
120 g Makkaroni	in reichlich kochendem
Salzwasser	nach Packungsanweisung bissfest garen. Dann abgießen, kurz abschrecken und gut abtropfen lassen.
200 g Keniabohnen	putzen, waschen und in kochendem
Salzwasser	6 bis 8 Minuten bissfest blanchieren. Abgießen, kurz abschrecken und gut abtropfen lassen. Die Makkaroni jeweils in 4 gleich lange Stücke schneiden. Bohnen und Makkaroni zu 12 gemischten Bündeln zusammenfassen, mit
12 Scheiben Frühstücksspeck	fest umwickeln und den Speck jeweils mit einem Holzzahnstocher feststecken.
	Für die Tomatensauce
350 g Tomaten	über Kreuz einritzen, kurz überbrühen, abschrecken und enthäuten. Anschließend vierteln, entkernen und in kleine Würfel schneiden.
1 Zwiebel und	
2 Knoblauchzehen	schälen, in feine Würfel schneiden und in
4 EL Olivenöl	glasig dünsten. Die Tomaten dazugeben und bei milder Hitze ca. 10 Minuten dünsten.
2 EL gehackten Oregano	untermischen, alles mit
Salz und Chilipulver	würzig abschmecken, fein pürieren und zugedeckt warm halten. Die Makkaroni-Bohnen-Bündel in einer beschichteten Pfanne in
2 EL Butter	von allen Seiten anbraten. Dann mit
Salz, Pfeffer und	
2 EL gehacktem Bohnenkraut	würzen und mit der Tomatensauce anrichten.

Mein Tipp:
Statt der Tomatensauce passt auch eine Schinken-Sahne-Sauce gut zu den Makkaroni-Bohnen-Bündeln.

Wan Tans
mit asiatischen Nudeln

Für 4 Personen	*Zubereitungszeit: ca. 1 ½ Std.*
30 g getrocknete Mu-Err-Pilze	ca. 30 Minuten in heißem Wasser einweichen.
12 tiefgekühlte Wan-Tan-Blätter (8 x 8 cm)	auftauen lassen.
1 Schalotte	schälen und in feine Würfel schneiden.
30 g Lauch	putzen, waschen und in feine Streifen schneiden.
½ rote Paprikaschote	entkernen, waschen und in kleine Würfel schneiden.
1 mittelgroßen Zucchino	putzen, waschen und in kleine Würfel schneiden.
30 g Sojasprossen	waschen und trocken tupfen.
200 g Putenbrust	waschen, trocken tupfen und in sehr kleine Würfel schneiden.
2 EL Sesamöl	in einer Pfanne erhitzen und die Schalotte darin glasig dünsten. Das Putenfleisch kurz mitbraten. Das Gemüse hinzufügen und ebenfalls mitbraten.
½ Knoblauchzehe	schälen, in feine Würfel schneiden und mit
1 Msp. Currypulver, 1 EL fein gewürfelter Ingwerwurzel, Salz und 2 EL Austernsauce	zu der Fleisch-Gemüse-Mischung geben.
100 ml Tomatensaft	angießen und vollständig einköcheln lassen.
2 EL gehacktes Koriandergrün	unterheben. Die Masse abkühlen lassen, dann je eine kleine Menge auf die Wan-Tan-Blätter setzen.
1 Eigelb	mit etwas Wasser verquirlen und die Teigränder damit bestreichen. Die Ecken der Teigblätter nach oben nehmen und fest zusammendrücken.
120 g Singapurnudeln Salzwasser	in reichlich kochendem nach Packungsanweisung bissfest garen.
Je ½ rote, grüne und gelbe Paprikaschote	entkernen, waschen, mit dem Sparschäler schälen und in feine Streifen schneiden.
Je 30 g Chinakohl und Mangold	waschen und ebenfalls in feine Streifen schneiden.
2 EL Sesamöl	in einer großen Pfanne erhitzen und die Paprika darin kurz anbraten. Die Mu-Err-Pilze gut ausdrücken und mit den Kohl- und Mangoldstreifen kurz mitbraten. Die Nudeln abgießen, abtropfen lassen und unter das Gemüse mischen.
Je 2 EL Austernsauce und Sweet-Chili-Sauce je 2 EL Knoblauch und Ingwerwurzel (beides fein gewürfelt), je ½ TL gemahlener Kurkuma und Currypulver sowie Salz und Pfeffer	verrühren. Die Sauce mit würzen und sorgfältig unter die Gemüsenudeln mischen. Die Nudeln zugedeckt warm halten.
300 ml Öl zum Frittieren	auf ca. 170 °C erhitzen und die Wan Tans darin goldbraun frittieren. Herausnehmen, abtropfen lassen und mit den Nudeln anrichten.

Warme Vorspeisen

145

Warme Vorspeisen

Gebackene Kalbsschwanzspitzen
mit Nusskruste

Für 4 Personen	*Zubereitungszeit: 2 ½ Std. (plus ca. 6 Std. Kühlzeit für die Fleischmasse)*
	Den Backofen auf 200 °C vorheizen.
70 g Möhren und	
30 g Knollensellerie	putzen, schälen und in Würfel schneiden.
1 Zwiebel	schälen und in Würfel schneiden.
70 g Lauch	putzen, waschen und in Stücke schneiden.
2 Kalbsschwänze	ebenfalls in Stücke hacken und in einem Bräter in
50 ml Öl	braten, bis sie Farbe haben. Das Gemüse dazugeben und mitbraten, bis es leicht Farbe hat.
2 EL Tomatenmark	hinzufügen und kurz mitrösten. Dann alles mit
400 ml trockenem Rotwein	ablöschen und diesen fast vollständig einkochen lassen.
750 ml Kalbsfond	angießen und
4 Thymianzweige, 2 Rosmarinzweige und 2 angedrückte, ungeschälte Knoblauchzehen	hinzufügen. Die Kalbsschwänze im Ofen auf der unteren Schiene ca. 1 ½ Stunden schmoren. Die Kalbsschwänze aus dem Bräter nehmen und das noch warme Fleisch von den Knochen ablösen. Die Sauce durch ein Sieb in einen Topf gießen und offen auf ein Drittel einkochen lassen. Das Fleisch wieder in die Sauce geben, alles unter mehrmaligem Rühren sämig einkochen lassen und mit
Salz, Pfeffer und 3 EL Aceto balsamico	würzen. Die Masse auf ein kleines Backblech geben, glatt streichen und zugedeckt ca. 6 Stunden kühl stellen. Die fest gewordene Kalbsschwanzmasse in Dreiecke schneiden.
2 Eier	verquirlen.
130 g Weißbrot	in Würfel schneiden und ebenso wie
40 g Pumpernickel	im Mixer oder im Blitzhacker fein zerbröseln.
20 g Walnusskernhälften und 20 g Haselnusskerne	fein mahlen. Weißbrot, Pumpernickel und Nüsse gut mischen. Die Kalbsschwanzdreiecke zuerst in
100 g Mehl	wenden, dann durch die verquirlten Eier ziehen und zuletzt in der Brot-Nuss-Mischung panieren.
150 g Butterschmalz	erhitzen und die Kalbsschwanzspitzen darin von allen Seiten goldbraun und knusprig braten.

Mein Tipp:
Die gebackenen Kalbsschwanzspitzen eignen sich auch hervorragend fürs Büfett oder als Häppchen für einen Sektempfang.
Nehmen Sie für dieses Rezept immer einen Aceto balsamico, der besonders ausgewogen im Aroma ist. Unter »ausgewogen« verstehe ich das richtige Verhältnis von Süße zu Säure. Der Essig soll das Gericht nur verfeinern, nicht säuern.

WARME VORSPEISEN

Hähnchen im Speckmantel
mit Balsamicolinsen

Für 4 Personen	*Zubereitungszeit: ca. 1 1/4 Std. (plus ca. 12 Std. Einweichzeit für die Linsen)*
150 g grüne Linsen	über Nacht in kaltem Wasser einweichen. Am nächsten Tag
400 g festkochende Kartoffeln	schälen, waschen und in kleine Würfel schneiden.
Je 2 Schalotten und Knoblauchzehen	schälen und in feine Würfel schneiden.
1 mittelgroße Möhre und je 100 g Staudensellerie und Frühlingszwiebeln	putzen, schälen bzw. waschen und ebenfalls in kleine Würfel schneiden. Die Linsen abgießen, kalt abbrausen und abtropfen lassen. Die Schalotten und den Knoblauch in
2 EL Olivenöl	glasig dünsten, mit
70 ml trockenem Weißwein	ablöschen und
250 ml Geflügelfond	angießen. Die Linsen unterrühren und bei mittlerer Hitze zugedeckt 20 bis 25 Minuten garen. Inzwischen
3 Hähnchenbrustfilets (à 200 g)	waschen, trocken tupfen und in 12 gleich große Stücke schneiden.
12 frische Lorbeerblätter	waschen und trocken tupfen.
12 Scheiben Pancetta (ital. Bauchspeck)	nebeneinander auslegen. Auf jede Speckscheibe 1 Lorbeerblatt und 1 Stück Hähnchenbrust legen, alles mit
Salz und Pfeffer	würzen, fest zusammenrollen und mit Holzzahnstochern feststecken. Die Kartoffelwürfel in
4 EL Olivenöl	bei mittlerer Hitze 5 bis 6 Minuten goldbraun braten. Dann auf Küchenkrepp abtropfen lassen. Die rohen Gemüsewürfel zu den Linsen geben und 5 bis 6 Minuten zugedeckt mitgaren.
2–3 EL Balsamico bianco, 2 EL Butter und 2 EL gehackte Petersilie Salz und Pfeffer 3 EL Olivenöl	sowie die Kartoffelwürfel unter das Linsengemüse mischen. Mit abschmecken und zugedeckt warm halten. Die Speckröllchen in bei mittlerer Hitze von allen Seiten anbraten.
2 EL Butter, 1/2 ungeschälte, junge Knoblauchknolle sowie 3 Thymian- und 2 Rosmarinzweige	dazugeben. Die Röllchen bei milder Hitze zugedeckt 3 bis 4 Minuten garen. Mit dem Linsengemüse anrichten und mit
Petersilienblättchen	garnieren.

Mein Tipp:
Bitte salzen Sie Linsen (wie auch alle anderen Hülsenfrüchte) immer erst nach dem Garen. Wenn man Salz ins Kochwasser gibt, werden die Hülsenfrüchte nicht weich.
Mein Wickel-Trick: Durch den Speckmantel bleibt die Hähnchenbrust schön saftig und erhält zudem ein würziges Aroma.

WARME VORSPEISEN

149

Warme Vorspeisen

Blätterteigecken *mit Leberwurstfüllung*

Für 4 Personen	*Zubereitungszeit: ca. 50 Min.*
300 g Tiefkühl-Blätterteig	aus der Packung nehmen, die Platten nebeneinander auf die Arbeitsplatte legen und auftauen lassen. Inzwischen für die Füllung
250 g grobe Leberwurst	enthäuten.
1 säuerlichen Apfel (z. B. Boskoop)	schälen und vierteln, das Kerngehäuse herausschneiden und den Apfel in sehr kleine Würfel schneiden.
1 Majoranzweig	waschen und trocken schütteln, die Blättchen abzupfen und fein hacken. Leberwurst, Apfel und Majoran gut verrühren und mit
Salz und Pfeffer	würzen. Den Backofen auf 200 °C vorheizen.
2 Eigelb	verquirlen. Die Teigplatten rechteckig ausrollen und in 8 gleich große Quadrate schneiden. Die Teigränder mit der Hälfte des Eigelbs bestreichen. Jeweils ein Achtel der Leberwurstmasse in die Mitte eines Teigquadrats geben und dieses dann über Eck zu einem Dreieck zusammenklappen. Die Ränder gut festdrücken und die Oberfläche mit dem restlichen Eigelb bestreichen. Ein Backblech mit Backpapier auslegen. Die Blätterteigecken darauflegen und im Ofen auf der mittleren Schiene 10 bis 15 Minuten goldgelb backen.

Mein Tipp:
Statt der Leberwurst können Sie für die Füllung auch einmal magere Blutwurst nehmen.
Drücken Sie die Ränder des Blätterteigs immer sehr fest zusammen. Nur so können Sie sicher sein, dass die Füllung beim Backen nicht ausläuft.

WARME VORSPEISEN

Kartoffel-Leberwurst-Chips *mit Beerendip*

Für 4 Personen	Zubereitungszeit: ca. 45 Min.
200 g Feldsalat	putzen, waschen und trocken schleudern.
2 EL Balsamico bianco, 5 EL Walnussöl, Salz und Pfeffer	zu einer Vinaigrette verrühren.
2 EL Pinienkerne	in einer Pfanne ohne Fett goldgelb rösten.
70 g rotes Johannisbeergelee, 1 EL Weißweinessig, 1 EL Portwein und Chilipulver	zu einem Dip verrühren.
160 g sehr magere Leberwurst (3 cm Durchmesser, ohne Darm)	in 16 ca. ½ cm dicke Scheiben schneiden.
2 sehr große festkochende Kartoffeln (à 200 g)	schälen, waschen und längs in hauchdünne Scheiben schneiden bzw. hobeln (am besten mit einem Trüffelhobel). Insgesamt werden 32 Scheiben benötigt. 16 Kartoffelscheiben an den Rändern mit
1 verquirlten Eiweiß	bestreichen, mit
Salz und Pfeffer	würzen und mit je 1 Leberwurstscheibe belegen.
16 Majoranblättchen	darauf verteilen. Nun je 1 Kartoffelscheibe darauflegen und die Ränder sehr gut zusammendrücken.
200 ml Öl zum Frittieren	auf ca. 170 °C erhitzen. Die Kartoffelchips darin goldgelb ausbacken und kurz auf Küchenkrepp abtropfen lassen. Den Feldsalat mit der Vinaigrette mischen und mit den gerösteten Pinienkernen bestreuen. Mit den Kartoffelchips und dem Beerendip auf Tellern anrichten.

Mein Tipp:
Statt Leberwurst können Sie auch sehr magere Blutwurst verwenden.

Hauptgerichte mit Kartoffeln, Reis, Nudeln & Gemüse

// HAUPTGERICHTE MIT KARTOFFELN, REIS, NUDELN & GEMÜSE //

Gefüllte Kartoffeln
mit Feldsalat und Cocktailtomaten

Für 4 Personen — Zubereitungszeit: ca. 1 1/4 Std.

600 g kleine festkochende Kartoffeln in Salzwasser	waschen und in als Pellkartoffeln garen. Abgießen, kurz ausdampfen lassen, noch warm pellen und auskühlen lassen. Dann längs halbieren und die Hälften mit einem Kugelausstecher vorsichtig aushöhlen.
150 g Ziegenfrischkäse	in Würfel schneiden.
5 in Öl eingelegte, getrocknete Tomaten	mit Küchenkrepp abtupfen und fein hacken.
10 Basilikumblättchen	waschen, gut trocken tupfen und in feine Streifen schneiden. Mit dem Käse und den Tomaten mischen.
1 Eigelb	verquirlen. In je eine Hälfte der ausgehöhlten Kartoffeln etwas von der Käsemischung geben. Den Kartoffelrand mit etwas Eigelb bestreichen, die zweite Kartoffelhälfte daraufsetzen und leicht andrücken.
200 g Feldsalat und 100 g Friséesalat	putzen, waschen und trocken schleudern.
100 g Cocktailtomaten	waschen, halbieren und mit dem Salat mischen.
2 Schalotten und 1 Knoblauchzehe	schälen, in feine Würfel schneiden und mit
50 ml Olivenöl	zu einer Marinade verrühren.
2 EL Pinienkerne	in einer Pfanne ohne Fett goldgelb rösten.
2 Eier und 1 EL Sahne	verquirlen. Die gefüllten Kartoffeln zuerst vorsichtig in
ca. 100 g Mehl	wälzen, dann in den Eiern wenden und zuletzt in
200 g Semmelbröseln	panieren. Die Panade gut andrücken.
150–200 g Butterschmalz	in einer Pfanne erhitzen und die Kartoffeln darin bei mittlerer Hitze langsam goldbraun ausbacken. Auf Küchenkrepp abtropfen lassen. Die Salatzutaten mit
Salz Balsamico bianco	würzen, mit der Olivenölmarinade mischen, auf Tellern anrichten und mit beträufeln. Die Kartoffeln darauf anrichten. Alles mit den Pinienkernen und mit
Pfeffer	bestreuen und mit
Kerbelblättchen	garnieren.

Mein Tipp:
Achten Sie beim Füllen darauf, dass die Kartoffelränder gut mit Eigelb bestrichen sind, damit die Hälften auch optimal zusammenkleben. Füllen Sie außerdem nicht zu viel von der Frischkäsemischung in die Kartoffeln, sonst kann die Füllung beim Aufsetzen der zweiten Kartoffelhälfte herausquillen. Statt Ziegenfrischkäse können Sie auch herkömmlichen Frischkäse oder Hüttenkäse nehmen.

Sie können auch noch einige in feine Streifen geschnittene Basilikumblättchen unter die Salatmarinade mischen. Das gibt ihr einen mediterranen Touch und passt geschmacklich hervorragend zu der Kartoffelfüllung.

HAUPTGERICHTE MIT KARTOFFELN, REIS, NUDELN & GEMÜSE

Bratkartoffelsalat
mit gegrilltem Lammfilet

Für 6 Personen	*Zubereitungszeit: ca. 45 Min.*
	Für den Salat
1 kleinen Rettich (400 g)	putzen, schälen und in hauchdünne Scheiben hobeln.
250 g festkochende Kartoffeln	schälen, waschen, in ½ cm dicke Scheiben schneiden, mit Küchenkrepp sorgfältig trocken tupfen und in
ca. 6 EL Öl	von beiden Seiten kräftig braten, bis sie Farbe angenommen haben. Auf Küchenkrepp abtropfen lassen und mit den Rettichscheiben in einer großen Schüssel mischen.
2 Tomaten	über Kreuz einritzen, kurz überbrühen, abschrecken und enthäuten. Anschließend vierteln, entkernen und in kleine Würfel schneiden.
2 Schalotten	schälen, in feine Würfel schneiden und in
50 ml Olivenöl	glasig dünsten. Mit
100 ml Lammfond und	
3 EL Weißweinessig	ablöschen und vom Herd nehmen. Die Tomatenwürfel dazugeben und die Marinade mit
Salz, Pfeffer und	
1 TL gehacktem Rosmarin	abschmecken. Den Salat vorsichtig mit der Marinade mischen und zugedeckt warm halten.
12 Lammfilets	waschen und gut trocken tupfen.
2 Knoblauchzehen	ungeschält halbieren.
2 EL Olivenöl	erhitzen. Lammfilets, Knoblauch und
2 Rosmarinzweige	hineingeben und die Filets von jeder Seite ca. 2 Minuten braten, bis sie außen schön Farbe haben und innen noch rosa sind. Mit
Salz und Pfeffer	würzen, herausnehmen und zugedeckt warm halten.
1 Schalotte	schälen, in Ringe schneiden und in
1 EL gehackter Petersilie	wenden. Die Lammfilets in Scheiben schneiden, mit dem Salat auf Tellern anrichten und mit den Schalottenringen garnieren.

Mein Tipp:
Wenn Sie Bratkartoffeln aus rohen Kartoffeln zubereiten, dann seien Sie mit dem Bratfett nicht zu sparsam. Die Kartoffeln müssen ja nicht nur ihre schöne goldgelbe Farbe bekommen, sondern gleichzeitig auch garen. Und dafür benötigen sie, ähnlich wie beim Frittieren, ausreichend Fett. Damit alles gleichmäßig gart und bräunt, wenden Sie die Kartoffelscheiben bitte ab und zu. Nehmen Sie zum Rohbraten keine Frühkartoffeln, denn sie enthalten viel mehr Wasser als Lagersorten und spritzen in der Pfanne.

HAUPTGERICHTE MIT KARTOFFELN, REIS, NUDELN & GEMÜSE

Fenchel und Kartoffeln *aus dem Ofen*

Für 4 Personen

Zubereitungszeit: ca. 1 Std.
Den Backofen auf 170 °C vorheizen. Eine große Auflaufform mit einfetten.

1 EL Olivenöl

4 große Fenchelknollen (à 300 g) putzen, waschen und längs halbieren. Das Fenchelgrün beiseitelegen.

4 große festkochende Kartoffeln (à 200 g) schälen und waschen. Beides mit einem Hobel oder mit einem sehr scharfen Messer in ½ cm dicke Scheiben schneiden und dachziegelartig in die Auflaufform schichten. Dabei jede Lage mit

etwas Olivenöl (insgesamt 3 EL) bestreichen.

300 ml Gemüsebrühe, 4 EL trockenen Vermouth (z. B. Noilly Prat), den Saft von 1 Zitrone, Salz und Pfeffer verrühren. Die Mischung über das Gemüse gießen und das Gemüse im Ofen auf der mittleren Schiene 20 bis 30 Minuten garen. Inzwischen

1 Tomate über Kreuz einritzen, kurz überbrühen, abschrecken und enthäuten. Anschließend vierteln, entkernen und in kleine Würfel schneiden.

60 g Butter ebenfalls in kleine Würfel schneiden. Das Fenchelgrün klein hacken. Das Gemüse aus dem Ofen nehmen und die Butter darauf zerlassen. Mit den Tomatenwürfeln und dem Fenchelgrün bestreuen und mit

frischem Ciabatta servieren.

Mein Tipp:
Das Fenchel-Kartoffel-Gemüse schmeckt auch als Beilage zu gegrilltem oder kurz gebratenem Fleisch oder Fisch. Die Menge reicht dann für 6 bis 8 Personen.

Kartoffel-Zucchini-Gratin

Für 4 Personen
1 Knoblauchzehe
1 EL Butter
2 Schalotten

400 g festkochende Kartoffeln
300 g kleine Zucchini

300 g Sahne und 100 ml Milch
Salz, Pfeffer und Muskatnuss
50 g Gruyère oder Emmentaler

Zubereitungszeit: ca. 45 Min. (plus ca. 45 Min. Garzeit)

schälen, in feine Würfel schneiden und in glasig dünsten. Eine große Gratinform damit einpinseln. schälen und ebenfalls in feine Würfel schneiden. Den Backofen auf 180 °C vorheizen.

schälen und in 3 mm dicke Scheiben hobeln oder schneiden. putzen, waschen und in 1/2 cm dicke Scheiben schneiden. Die Kartoffel- und Zucchinischeiben abwechselnd dachziegelartig und flach in die Form schichten. Die Schalottenwürfel darüberstreuen. Für den Guss aufkochen und auf zwei Drittel einkochen lassen. Sehr kräftig mit würzen und über die Zutaten in der Form gießen. grob raspeln und über das Gratin streuen. Das Kartoffel-Zucchini-Gratin im Ofen auf der mittleren Schiene 40 bis 45 Minuten garen. Um zu prüfen, ob es die gewünschte zart schmelzende Konsistenz hat, kurz mit einem kleinen Messer hineinstechen. Wenn kein Widerstand zu spüren ist, ist das Kartoffel-Zucchini-Gratin fertig.

Mein Tipp:
Das Geheimnis eines guten Gratins ist die sorgfältige Vorbereitung. Und dazu gehört die Verwendung einer möglichst großen Gratinform und das flache Einschichten der Zutaten. Nur so kommen alle Zutaten mit der Sahne-Milch-Mischung in Berührung und können schön gleichmäßig garen.

Im Speckmantel gebratene Kartoffeln
auf Bohnengemüse

Für 4 Personen	*Zubereitungszeit: ca. 1 Std.*
1 kg mittelgroße neue Kartoffeln	gründlich waschen und in
Salzwasser	als Pellkartoffeln mit
etwas Kümmel	fast fertig garen. Abgießen, kurz ausdampfen lassen, noch warm pellen und längs halbieren.
200 g Bergkäse	in ca. ½ cm dicke, ovale Scheiben schneiden, die etwas kleiner als die Schnittflächen der Kartoffeln sind. Je 1 Käsescheibe zwischen 2 Kartoffelhälften legen (es darf kein Käse überstehen).
150 g lange, dünne Speckscheiben	in so viele Streifen schneiden, wie es gefüllte Kartoffeln gibt. Die Kartoffeln fest in die Speckstreifen einwickeln und den Speck mit Holzzahnstochern feststecken.
500 g Stangenbohnen	putzen, waschen, in mundgerechte Stücke schneiden und in
Salzwasser	ca. 6 Minuten bissfest blanchieren. Kurz abschrecken und gut abtropfen lassen.
Je 2 Schalotten und Knoblauchzehen	schälen, in feine Würfel schneiden und in
2 EL Butterschmalz	glasig dünsten.
100 ml Gemüsebrühe, 1 EL Balsamico bianco und 100 g Sahne	angießen und die Sauce etwas einkochen lassen. Mit
Salz und Pfeffer	abschmecken. Die Bohnen und
3 Bohnenkrautzweige	untermischen und alles zugedeckt warm halten. Die Kartoffeln in
3 EL Butterschmalz	von allen Seiten kurz anbraten, mit
Salz und Pfeffer	würzen und langsam weiterbraten, bis der Speck schön kross ist. Herausnehmen und kurz auf Küchenkrepp abtropfen lassen. Zuletzt
2 EL geschlagene Sahne	unter die Bohnen heben und das Bohnengemüse mit den Kartoffeln anrichten.

Mein Tipp:
Es ist ganz wichtig, dass der Käse nicht übersteht, denn sonst läuft er beim Braten aus. Seien Sie also lieber etwas geiziger mit der Käsemenge. Statt Bergkäse können Sie für die gebratenen Kartoffeln auch sehr gut Raclettekäse oder Gruyère verwenden.

HAUPTGERICHTE MIT KARTOFFELN, REIS, NUDELN & GEMÜSE

Überbackene Kräutergnocchi
mit Paprikaschaum

Für 4 Personen — *Zubereitungszeit: ca. 1½ Std.*

600 g mehlig kochende Kartoffeln	waschen und in
Salzwasser	als Pellkartoffeln garen.
3 rote Paprikaschoten	längs halbieren, entkernen, waschen und in Würfel schneiden.
2 Schalotten	schälen, in feine Würfel schneiden und in
2 EL Olivenöl	glasig dünsten. Die Paprikawürfel dazugeben und bei mittlerer Hitze andünsten.
200 ml Gemüsefond und 200 g Sahne	angießen und alles bei mittlerer Hitze ca. 10 Minuten köcheln lassen. Den Paprikaschaum pürieren und durch ein Sieb in einen zweiten Topf streichen.
50 g eiskalte Butter	in kleine Würfel schneiden und unterrühren. Den Paprikaschaum mit
Salz, Pfeffer und Zitronensaft	abschmecken und
1 EL geschlagene Sahne	unterheben. Die Kartoffeln abgießen, ausdampfen und etwas abkühlen lassen. Dann pellen, durch die Kartoffelpresse drücken und mit
Salz und Muskatnuss	würzen.
170 g Mehl	darübersieben,
80 g Ricotta (ital. Frischkäse)	durch ein Sieb zur Kartoffelmasse streichen.
2 Eigelb, 1 EL Speisestärke, 50 g Hartweizengrieß, ½ EL gehackten Rosmarin, je 1 EL gehackte Petersilie und Schnittlauchröllchen sowie Pfeffer	
etwas Mehl	hinzufügen. Alles zu einem glatten Teig verkneten. Die Arbeitsplatte mit bestäuben und den Teig mit bemehlten Händen zu einer 1½ cm dicken Rolle formen. Die Teigrolle in ca. 2 cm dicke Stücke schneiden und zu kleinen Bällchen formen. Den Backofen auf 230 °C vorheizen. Die Gnocchi in reichlich kochendes
Salzwasser	geben, einmal kurz aufkochen lassen und dann bei milder Hitze offen 3 bis 4 Minuten gar ziehen lassen. Mit einem Sieblöffel herausnehmen, abschrecken und gut abtropfen lassen.
50 g Butter	in einer Pfanne erhitzen und die Gnocchi darin leicht anbraten. Mit
Salz, Pfeffer und 1 TL Thymianblättchen	abschmecken, in eine Auflaufform geben und den Paprikaschaum darüber verteilen.
120 g Pecorino	fein reiben und darüberstreuen. Die Kräutergnocchi im Ofen auf der mittleren Schiene ca. 15 Minuten überbacken.

Mein Tipp:
Den Paprikaschaum können Sie auch als Sauce zu gebratenen Fischfilets oder zu Nudeln servieren.

Hauptgerichte mit Kartoffeln, Reis, Nudeln & Gemüse

Gefüllte Zwiebeln im Speckmantel
mit Artischocken-Steinpilz-Ragout

Für 4 Personen	*Zubereitungszeit: ca. 1 3/4 Std.*
8 mittelgroße weiße Zwiebeln Salzwasser	schälen und in leicht kochendem ca. 20 Minuten garen. Herausnehmen und abkühlen lassen. Bei jeder Zwiebel oben einen Deckel abschneiden und die Zwiebeln mit einem Teelöffel vorsichtig aushöhlen, sodass nur die letzten 2 Außenschichten stehen bleiben. Das Zwiebelinnere und die Deckel in kleine Würfel schneiden.
8 kräftige Rosmarinzweige	waschen und trocken schütteln. Von jedem Zweig die Nadeln bis kurz vor die Zweigspitze abstreifen und fein hacken. Die Zweige beiseitelegen.
2 mittelgroße festkochende Kartoffeln	schälen und in kleine Würfel schneiden.
2 Knoblauchzehen	schälen und in feine Würfel schneiden.
50 g Butter	in einer Pfanne zerlassen und die klein geschnittenen Zwiebeln, den gehackten Rosmarin, den Knoblauch und die Kartoffeln darin andünsten.
120 g Crème double und 50 g geriebenen Parmesan Salz und Pfeffer	unterrühren und alles bei milder Hitze ca. 2 Minuten köcheln lassen. Mit würzen. Den Backofen auf 200 °C vorheizen. Die Kartoffelmischung in die ausgehöhlten Zwiebeln füllen. Die Zwiebeln mit
8 Scheiben Frühstücksspeck	umwickeln und den Speck mit den beiseitegelegten Rosmarinzweigen feststecken. Die Zwiebeln auf ein Backblech setzen und im Ofen auf der mittleren Schiene ca. 40 Minuten garen. Inzwischen
4 Artischocken	waschen, die holzigen äußeren Blätter entfernen und den Stiel schälen. Die Artischocken achteln, das Heu entfernen und die Böden freilegen.
100 g Steinpilze	mit einem feuchten Tuch oder einem Pinsel von Erdresten befreien, putzen und in ca. 2 cm große Stücke schneiden.
3 Schalotten und 2 Knoblauchzehen 4 EL Olivenöl	schälen, in feine Würfel schneiden und mit den Artischockenstücken in ca. 5 Minuten braten. Die Steinpilze dazugeben und weitere 3 Minuten mitbraten. Mit
Salz und Pfeffer	würzen.
8 Cocktailtomaten	waschen, halbieren, mit
2 EL gehacktem Basilikum und 2–3 EL Butter	unter das Ragout heben und weitere 3 Minuten garen. Die gefüllten Zwiebeln mit dem Artischocken-Steinpilz-Ragout auf Tellern anrichten.

Mein Tipp:

Weiße Zwiebeln eignen sich besonders gut für dieses Gericht, denn sie schmecken im Vergleich zu den herkömmlichen braunen etwas milder. Ersatzweise können Sie auch mittelgroße Gemüsezwiebeln verwenden.

Sollten Sie keine Crème double bekommen, nehmen Sie stattdessen Crème fraîche oder einen cremigen Doppelrahmfrischkäse.

Hauptgerichte mit Kartoffeln, Reis, Nudeln & Gemüse

Überbackene Spargelrouladen
mit Limettenhollandaise

Für 4 Personen	*Zubereitungszeit: ca. 1½ Std.*
1 EL Butter	bei mittlerer Hitze zerlassen und mit
60 g Mehl, 1 Eigelb, 1 Ei,	
120 ml Milch und Salz	zu einem glatten Crêpeteig verrühren.
4 EL Butterschmalz	portionsweise in einer beschichteten Pfanne erhitzen und aus dem Teig nacheinander 8 dünne Crêpes backen.
1 Zitrone	sorgfältig schälen und in Scheiben schneiden.
24 weiße Stangen Spargel	schälen und die Enden um ca. 2 cm kürzen, sodass alle Stangen gleich lang sind.
2 Schalotten und	
1 Knoblauchzehe	schälen, in feine Würfel schneiden und in einem großen Topf in
3 EL Butter	glasig dünsten. Den Spargel dazugeben und kurz mitdünsten, er darf dabei nicht bräunen. Mit
Salz und Pfeffer	würzen. Die Zitronenscheiben und
4 Estragonstiele	dazugeben.
150 ml trockenen Weißwein	angießen und den Spargel bei mittlerer Hitze zugedeckt ca. 15 Minuten garen. Dann aus dem Kochsud nehmen, den Sud beiseitestellen und den Spargel abkühlen lassen. Inzwischen
1 unbehandelte Limette	heiß waschen, gut abtrocknen und die Schale fein abreiben. Die Limette auspressen. Die Crêpes nebeneinander flach auslegen und mit
16 Scheiben Räucherlachs	belegen. Jeweils 3 Stangen Spargel darauflegen und die Crêpes fest zusammenrollen. Den Backofen auf 225 °C vorheizen. Den Spargelsud durch ein Sieb gießen. 100 ml Sud abmessen und mit der Limettenschale, dem Limettensaft und
3 Eigelb	über einem heißen Wasserbad cremig aufschlagen. Die Hollandaise mit
Salz	würzen und vom Wasserbad nehmen.
70 g weiche Butterwürfel	unter die Sauce rühren. Eine große Auflaufform mit
1 TL Butter	einfetten. Die Spargelrouladen hineinlegen und mit der Limettenhollandaise begießen. Die Rouladen im Ofen auf der mittleren Schiene 10 bis 15 Minuten goldbraun überbacken.

Mein Tipp:
Für dieses Rezept sollten alle Spargelstangen etwa die gleiche Dicke haben, damit sie auch gleichzeitig gar werden.
Die Spargelrouladen können Sie prima vorbereiten. Kurz vor dem Servieren müssen Sie dann nur die Hollandaise zubereiten, über die Rouladen gießen und alles im Ofen überbacken.

HAUPTGERICHTE MIT KARTOFFELN, REIS, NUDELN & GEMÜSE

167

Spargeltorte
mit gekochtem Schinken

Für 4 Personen	*Zubereitungszeit: ca. 1 Std. (plus ca. 30 Min. Backzeit)*
1,2 kg weißen Spargel	sorgfältig über einer Schüssel schälen und die holzigen Enden abschneiden, dabei den abtropfenden Spargelsaft in der Schüssel auffangen.
1 Schalotte	schälen, in feine Würfel schneiden und in
4 EL Butter	glasig dünsten. Den noch feuchten Spargel mit dem abgetropften Saft dazugeben.
4 EL Butter	hinzufügen, alles mit
Salz und Zucker	würzen und
2 Zitronenscheiben (ohne Schale)	darauflegen.
80 ml trockenen Weißwein	angießen und den Spargel bei milder Hitze zugedeckt (das ist sehr wichtig!) ca. 15 Minuten garen. Herausnehmen und abkühlen lassen. Den Spargelfond durch ein Sieb gießen, auf ein Drittel einkochen und
3 EL Butter	darin zerlassen. Den Backofen auf 180 °C vorheizen.
600 g Weißbrot	in ca. 1 cm dicke Scheiben schneiden und entrinden. Ein Backblech mit Backpapier auslegen, die Scheiben dicht nebeneinander darauflegen und mit dem Spargelfond gleichmäßig beträufeln. Die Spargelstangen nebeneinander auf die getränkten Weißbrotscheiben legen. Für den Guss
3 Eigelb, 2 Eier, 100 ml Milch und 125 g Sahne	verrühren und mit
Salz, Pfeffer und Muskatnuss	würzen.
100 g geriebenen Bergkäse und 2 EL Schnittlauchröllchen	darunterrühren und die Eiermilch gleichmäßig über den Spargel gießen.
200 g gekochten Schinken	in kleinere Stücke teilen und so auf den Spargel legen, dass man die Spargelspitzen noch sehen kann. Die Torte im Ofen auf der mittleren Schiene ca. 20 Minuten backen. Anschließend auf Unterhitze schalten und die Torte weitere 5 Minuten backen.

Mein Tipp:
Bei diesem Rezept ist es ganz besonders wichtig, erntefrischen Spargel zu verwenden, denn nur er hat ausreichend Saft für den Sud. Häufig drücke ich die Spargelschalen nach dem Schälen mit einer Kartoffelpresse noch einmal kräftig aus, um auch das letzte bisschen Saft zu gewinnen. Schließlich gibt er der Torte ihr unvergleichlich gutes Spargelaroma.

HAUPTGERICHTE MIT KARTOFFELN, REIS, NUDELN & GEMÜSE

Gebackene Buchweizencrêpestorte
mit Ratatouillefüllung und Salat

Für 4 Personen — *Zubereitungszeit: ca. 1 Std. (plus ca. 30 Min. Backzeit)*

250 ml Milch, 3 Eier, 25 g flüssige Butter, 80 g Buchweizenmehl und Salz	zu einem glatten Crêpeteig verrühren.
4 EL Butterschmalz	portionsweise in einer beschichteten Pfanne (ca. 18 cm Durchmesser) erhitzen und aus dem Teig nacheinander 6 bis 8 dünne Crêpes backen.
2 Schalotten und 1 Knoblauchzehe	schälen und in feine Würfel schneiden.
Je 1 rote und gelbe Paprikaschote	längs vierteln, entkernen, waschen und mit dem Sparschäler schälen. Die Paprikaviertel in kleine Würfel schneiden.
1 Aubergine und 1 Zucchino	putzen, waschen und ebenfalls in kleine Würfel schneiden. Die Schalotten und den Knoblauch in
2 EL Olivenöl	glasig dünsten. Das restliche Gemüse dazugeben und gut anbraten.
1 EL Tomatenmark	unterrühren und alles mit
Chili aus der Gewürzmühle (ersatzweise Chilipulver) und Salz	würzen.
150 ml Tomatensaft	angießen und die Ratatouille bei milder Hitze offen köcheln lassen, bis die Flüssigkeit fast vollständig eingekocht ist.
4 Tomaten	über Kreuz einritzen, kurz überbrühen, kalt abschrecken und enthäuten. Anschließend vierteln, entkernen und in kleine Würfel schneiden. Den Backofen auf 180 °C vorheizen.
10 Basilikumblättchen	waschen, trocken tupfen und grob zerkleinern.
150 g Parmesan	fein reiben. Einen Springformring (18 cm Durchmesser) auf ein Backblech setzen und 1 Crêpe hineinlegen. Etwas Ratatouille, einige Tomatenwürfel und etwas Basilikum daraufgeben und 1 bis 2 EL Parmesan darüberstreuen. So weiterverfahren, bis alle Zutaten aufgebraucht sind. Die Torte mit 1 Crêpe abschließen.
50 g Parmesan	fein reiben.
60 g Sahne	cremig schlagen und mit dem Parmesan sowie
1 Eigelb, Salz und Pfeffer	verrühren. Die Creme auf die Torte streichen und im Ofen auf der mittleren Schiene ca. 30 Minuten backen. Inzwischen
1 Kopfsalat	putzen, waschen, trocken schleudern und in mundgerechte Stücke zerpflücken.
3 EL Olivenöl, 2 EL Balsamico bianco und Salz	zu einer Vinaigrette verrühren. Die Torte in 8 Stücke schneiden. Den Salat mit der Vinaigrette mischen, mit den Tortenstücken anrichten und mit
Kerbelblättchen	garniert servieren.

Mein Tipp:
Buchweizenmehl erhalten Sie mittlerweile in jedem gut sortierten Lebensmittelgeschäft. Ersatzweise kann man auch Weizenvollkornmehl nehmen. Dann müssen Sie aber eventuell noch etwas Milch dazugeben.

HAUPTGERICHTE MIT KARTOFFELN, REIS, NUDELN & GEMÜSE

171

Streuselkuchen von eingelegtem Gemüse
mit Olivenölschaum

Für 6 Personen

Zubereitungszeit: ca. 2 ½ Std. (plus ca. 12 Std. Marinierzeit)
Den Backofen auf 150 °C vorheizen.

Je 1 rote und gelbe Paprikaschote
3 EL Olivenöl

längs halbieren, entkernen, waschen und mit
vermischen. Die Paprika mit der Hautseite nach oben auf ein Backblech legen und im Ofen auf der mittleren Schiene ca. 30 Minuten schmoren. Herausnehmen, etwas abkühlen lassen und die Haut abziehen.

1 Aubergine und 1 Zucchino
4 EL Olivenöl
2 angedrückten, ungeschälten Knoblauchzehen, 1 Rosmarinzweig und 2 Thymianzweigen

putzen, waschen und in Scheiben schneiden.
in einer Pfanne erhitzen, die Auberginen- und Zucchinischeiben darin mit

von beiden Seiten anbraten. Anschließend das Gemüse mit dem Bratöl, dem Knoblauch und den Kräutern in eine Schüssel geben.
Die geschälten Paprikaschoten in Stücke schneiden und mit

2 ½ Basilikumstielen,
250 ml Olivenöl und
50 ml Balsamico bianco
Salz und Pfeffer

in die Schüssel zum Gemüse geben. Alles gut durchmischen und mit
würzen. Das Gemüse zugedeckt ca. 12 Stunden marinieren.
Am nächsten Tag

¼ Würfel Hefe (10 g)
1 TL Zucker, 200 g Mehl,
2 EL Olivenöl und
1 Prise Salz

in 125 ml lauwarmem Wasser auflösen und mit

zu einem glatten Teig verkneten. Den Teig zugedeckt an einem warmen Ort gehen lassen, bis sich sein Volumen verdoppelt hat. Von

2 Rosmarinzweigen
50 g Butter, 1 EL Honig und
100 g Mehl

die Nadeln abstreifen, fein hacken und mit

krümelig verkneten. Den Backofen auf 180 °C vorheizen. Ein tiefes Backblech (ca. 20 x 30 cm) mit

2 EL Olivenöl

einfetten. Den Hefeteig auf der bemehlten Arbeitsfläche ausrollen, das Blech damit auslegen und nochmals 15 Minuten gehen lassen.
Das eingelegte Gemüse abtropfen lassen, dabei die Marinade auffangen und 250 ml davon abmessen. Das Gemüse ohne Kräuter und Knoblauch auf dem Hefeteig verteilen. Die Rosmarinstreusel gleichmäßig über das Gemüse streuen und den Kuchen im Ofen auf der mittleren Schiene 30 Minuten backen.

1 Ei, 3 Eigelb und
50 g Sahne

Salz und Cayennepfeffer

in einer Schüssel verrühren. Die abgemessene Marinade unter Rühren langsam dazugießen und die Sauce mit
abschmecken. In einen Sahnesiphon (siehe Tipp S. 372) füllen, 1 bis 2 Gaspatronen aufschrauben und den Sahnesiphon in ein ca. 60 °C warmes Wasserbad stellen. Den Streuselkuchen aus dem Ofen nehmen, in Stücke schneiden und mit dem Olivenölschaum aus dem Sahnesiphon servieren.

HAUPTGERICHTE MIT KARTOFFELN, REIS, NUDELN & GEMÜSE

Brötchen-Speck-Auflauf
mit Apfelmeerrettich

Für 4 Personen	*Zubereitungszeit: ca. 20 Min. (plus ca. 40 Min. Garzeit)*
3 Brötchen (vom Vortag)	in feine Würfel schneiden und ca. 10 Minuten in
70 ml warmer Milch	einweichen.
	Inzwischen
3 Schalotten	schälen und in feine Würfel schneiden.
100 g Frühstücksspeck	in kleine Würfel schneiden.
1 Bund Petersilie	waschen, trocken schütteln, die Blättchen abzupfen und fein hacken. Den Backofen auf 170 °C vorheizen. Die Schalotten- und Speckwürfel in
50 g Butterschmalz	glasig dünsten. Anschließend vom Herd nehmen, mit der Petersilie und
2 Eigelb	sorgfältig unter die eingeweichten Brötchen mischen und alles mit
Salz, Pfeffer und Muskatnuss	kräftig würzen.
3 Eiweiß	mit
1 Prise Salz	steif schlagen und vorsichtig unter den Brötchenteig heben. Eine Auflaufform (ca. 1 l Inhalt) mit
2 EL Butter	einfetten und mit
40 g Semmelbröseln	ausstreuen. Die Brötchenmasse in die Form füllen und glatt streichen. Die Form mit Alufolie fest verschließen, in einen etwa gleich hohen Topf stellen und diesen ca. 1 cm hoch mit Wasser füllen. Den Brötchen-Speck-Auflauf im Ofen 35 bis 40 Minuten garen. Inzwischen
1 mittelgroßen säuerlichen Apfel (z. B. Boskoop)	schälen und fein reiben.
100 g Meerrettich	schälen und ebenfalls fein reiben. Je 3 EL geriebenen Apfel und Meerrettich mit
1 TL Zitronensaft und 1 EL Schnittlauchröllchen	mischen und mit
Salz und Pfeffer	abschmecken. Die Form vorsichtig aus dem Wasserbad nehmen, den Auflauf in vier Portionen teilen und mit dem Apfelmeerrettich servieren.

Mein Tipp:
Den Brötchen-Speck-Auflauf können Sie auch sehr gut als Beilage zu Fleischgerichten mit Sauce servieren, z. B. zu einem Wildragout oder einem klassischen Gulasch.
Nehmen Sie statt der Auflaufform doch einmal eine Gugelhupfform. Den Auflauf dann stürzen und erst bei Tisch in Stücke schneiden.
Der Auflauf lässt sich auch gut aufpeppen. Probieren Sie einmal hart gekochte Eier, die Sie mit in die Form legen. Für eine Luxusvariante können Sie den Speck durch in Würfel geschnittene Gänsestopfleber ersetzen.

HAUPTGERICHTE MIT KARTOFFELN, REIS, NUDELN & GEMÜSE

Nudelschnitten *mit Tomaten*

Für 12 Stücke *Zubereitungszeit: ca. 1 Std.*

Je 2 Schalotten und Knoblauchzehen schälen und in feine Würfel schneiden.

50 g Butter in einem Topf zerlassen, die Schalotten und den Knoblauch darin glasig dünsten. Mit

1 EL Mehl bestäuben und kurz mitschwitzen lassen. Dann mit

100 ml trockenem Weißwein ablöschen und

150 ml Geflügel- oder Gemüsebrühe und 100 g Sahne angießen. Die Sauce bei milder Hitze ca. 10 Minuten sanft köcheln und dann vollständig abkühlen lassen.

Je 200 g grüne und weiße schmale Bandnudeln in reichlich kochendem

Salzwasser nach Packungsanweisung bissfest garen. Abgießen, gut abtropfen lassen, in eine Schüssel geben und abkühlen lassen. Backofen auf 200 °C vorheizen. Die Sahnesauce mit

5 Eiern verquirlen und zu den Nudeln in die Schüssel geben. Die Auflaufmasse gut durchmischen und mit

Salz und Pfeffer würzen. Die Auflaufmasse auf einem mit Backpapier ausgelegten tiefen Backblech (ca. 20 x 30 cm) verteilen.

6 Cocktailtomaten waschen, halbieren und auf den Nudeln verteilen. Alles großzügig mit

100 g geriebenem Gratinkäse bestreuen und im Ofen auf der mittleren Schiene 20 bis 25 Minuten backen. Den Nudelauflauf aus dem Ofen nehmen, etwas abkühlen lassen und in Stücke schneiden.

Spargeltarte *mit Basilikum und Parmaschinken*

Für 4–6 Personen *Zubereitungszeit: ca. 50 Min. (plus ca. 1 Std. Kühlzeit und ca. 30 Min. Backzeit für den Teig)*

250 g Mehl, 125 g kalte Butter, 1 Eigelb und 1 Prise Salz mit 50 ml Wasser zu einem glatten Teig verkneten, in Frischhaltefolie wickeln und ca. 1 Stunde kühl stellen. Den Backofen auf 180 °C vorheizen. Ein tiefes Backblech (ca. 20 x 30 cm) mit Backpapier auslegen. Die Arbeitsfläche mit

etwas Mehl bestäuben, den Teig darauf dünn ausrollen und das Blech damit auskleiden. Den Teigboden mit einer Gabel mehrmals einstechen, mit Backpapier belegen und

400 g getrocknete Hülsenfrüchte (z. B. Linsen) darauf verteilen. Den Teigboden im Ofen ca. 10 Minuten vorbacken.
150 g Sahne und 3 Eier in einer Schüssel verquirlen und mit
Salz, Pfeffer und Muskatnuss würzen.
1 Bund Basilikum waschen, trocken schütteln und die Blättchen von den Stielen zupfen. Den Teigboden herausnehmen und den Ofen eingeschaltet lassen. Den Boden gleichmäßig mit

4 Scheiben Parmaschinken belegen, die Basilikumblättchen darauf verteilen und mit der Sahne-Eier-Mischung begießen.

8–12 vorgegarte grüne Stangen Spargel nebeneinander auf den Guss legen und mit
50 g geriebenem Parmesan bestreuen. Die Tarte im Ofen auf der mittleren Schiene ca. 30 Minuten goldbraun backen.

Gebackener Blumenkohl
mit Sauce tartare

Für 4 Personen	*Zubereitungszeit: ca. 50 Min.*
1 Blumenkohl (ca. 700 g)	putzen, in kleine Röschen zerteilen und waschen. Die Blumenkohlröschen in kochendem
Salzwasser	3 bis 4 Minuten bissfest blanchieren, kurz abschrecken und gut abtropfen lassen.
	Für die Sauce tartare
1 Ei	hart kochen, kurz abschrecken, pellen und in kleine Würfel schneiden.
2 Essiggurken	abtropfen lassen und ebenfalls in kleine Würfel schneiden.
20 g eingelegte Kapern	abtropfen lassen und fein hacken.
2 Schalotten	schälen und in feine Würfel schneiden.
200 g Mayonnaise und 100 g Naturjoghurt	verrühren. Essiggurken, Kapern, Schalotten und das Ei sowie
je 1 EL fein gehackten Kerbel und fein gehackte Petersilie	vorsichtig unterrühren. Die Sauce mit
Salz und Pfeffer	würzig abschmecken und beiseitestellen.
	Für den Blumenkohl
2 Kümmelstangen (à 70 g, vom Vortag)	mit dem Mixer oder dem Pürierstab fein zermahlen und in eine flache Schale geben.
1 TL Kümmelsamen	dazugeben.
2 Eier	verquirlen. Die Blumenkohlröschen zunächst in
60 g Mehl	wenden, dann durch die Eier ziehen und zuletzt in den Kümmelbröseln panieren.
300 ml Öl zum Frittieren	auf ca. 170 °C erhitzen. Die Röschen darin portionsweise goldgelb ausbacken und kurz auf Küchenkrepp abtropfen lassen. Mit
Salz	würzen und mit der Sauce tartare anrichten.

Mein Tipp:
Blumenkohl wird wegen seiner guten Bekömmlichkeit und seines vorzüglichen Geschmacks sehr geschätzt. Und preiswert ist er allemal. Da Blumenkohl schlecht lagerbar ist (er hält sich maximal 4 Tage im Kühlschrank), sollten Sie ihn möglichst rasch nach dem Kauf verarbeiten.
Die Sauce tartare passt auch zu anderen frittierten Gemüsesorten hervorragend, z. B. zu Kohlrabi, Möhren, Champignons und Auberginenscheiben. Der gebackene Blumenkohl schmeckt auch als Beilage zu kurz gebratenem Fleisch oder Fisch.

HAUPTGERICHTE MIT KARTOFFELN, REIS, NUDELN & GEMÜSE

Gefüllte Zucchini *mit Feta und Hackfleisch*

Für 4 Personen

1 Brötchen (vom Vortag)
50 ml warmer Milch
4 mittelgroße Zucchini

200 g Schafskäse (Feta)
80 g entsteinte schwarze Oliven
50 g Schalotten und
2 Knoblauchzehen
4 EL Olivenöl
70 ml trockenem Weißwein
200 g Hackfleisch
(halb und halb)
2 Eiern und
2 EL Thymianblättchen
Salz und Pfeffer
100 g geriebenem Parmesan

200 g Crème fraîche, den Saft
von 1 Zitrone, Salz und Pfeffer
frischem Baguette

Zubereitungszeit: ca. 45 Min.
Den Backofen auf 180 °C vorheizen.
in Würfel schneiden und ca. 10 Minuten in
einweichen. Inzwischen
putzen, waschen, längs halbieren und die Kerne mit einem Teelöffel
entfernen.
in feine Würfel schneiden.
fein hacken.

schälen und in feine Würfel schneiden. Die Schalottenwürfel in
glasig dünsten. Mit
ablöschen. Mit dem Käse und den Oliven zu

geben. Das eingeweichte Brötchen ausdrücken, mit Knoblauchwürfeln,

unter das Hack mischen und alles mit
würzen. Die Hackmasse in die Zucchinihälften geben und mit
bestreuen. Die Gemüseschiffchen in eine große Auflaufform setzen und
im Ofen auf der mittleren Schiene ca. 20 Minuten garen.
Inzwischen

zu einer Sauce verrühren. Die Zucchinihälften mit der Sauce und
servieren.

Mein Tipp:
Achten Sie darauf, dass die Zucchini nicht zu groß sind – sonst schmecken sie oft leicht bitter.

Sellerie-Kirsch-Tarte *mit Spinat*

Für 6 Personen *Zubereitungszeit: ca. 1 ¼ Std. (plus ca. 1 Std. Kühlzeit für den Teig)*

200 g Mehl, 150 g weiche Butterwürfel, 1 Prise Salz	und 3 EL Wasser rasch zu einem glatten Teig verkneten. Den Teig in Frischhaltefolie wickeln und ca. 1 Stunde kühl stellen.
350 g Knollensellerie Salzwasser	putzen, schälen, in kleine Würfel schneiden und in reichlich kochendem ca. 2 Minuten bissfest blanchieren. Kalt abschrecken und gut abtropfen lassen.
300 g Blattspinat Salzwasser	verlesen, waschen und in reichlich kochendem ca. 30 Sekunden blanchieren. Kalt abschrecken, abtropfen lassen, gut ausdrücken und grob hacken.
300 g Sauerkirschen	waschen und entsteinen.
2 EL Honig	in einer Pfanne bei mittlerer Hitze karamellisieren. Die Kirschen darin kurz wenden und mit
4 EL Aceto balsamico	ablöschen. Vom Herd nehmen und abkühlen lassen. Nach der Kühlzeit des Teiges den Backofen auf 180 °C vorheizen. Die Arbeitsfläche mit
etwas Mehl	bestäuben und den Teig darauf zu einem Kreis mit 36 cm Durchmesser ausrollen. Eine Tarteform (28 cm Durchmesser) mit
1 TL Butter	einfetten und mit
etwas Mehl	bestäuben. Den Teig hineinlegen und einen Rand formen. Den Teigboden mit einer Gabel mehrmals einstechen. Spinat und Sellerie darauf verteilen und dann die Kirschen daraufgeben.
80 ml Geflügelfond, 150 g Sahne und Salz	verrühren.
1 Ei und 3 Eigelb	dazugeben und alles gut vermischen. Den Guss über die Tarte gießen und diese im Ofen auf der mittleren Schiene ca. 35 Minuten backen.

Pinienkern-Frühlingszwiebel-Risotto
mit Basilikumpesto

Für 4 Personen	*Zubereitungszeit: ca. 1 1/4 Std.*
500 ml Geflügelfond	erhitzen.
	Inzwischen
1 Schalotte	schälen, in feine Würfel schneiden und in
2 EL Butter	glasig dünsten.
200 g Risottoreis	dazugeben und unter Rühren ebenfalls glasig dünsten. Dann
100 ml trockenen Weißwein	angießen, alles mit
Salz und Pfeffer	kräftig würzen und bei milder Hitze unter ständigem Rühren einkochen lassen. So viel heißen Geflügelfond angießen, dass der Reis gerade bedeckt ist. Alles bei milder Hitze im offenen Topf unter ständigem Rühren köcheln lassen, bis der Reis die Flüssigkeit aufgenommen hat. Immer wieder so viel heißen Geflügelfond angießen, dass der Reis bedeckt ist, und alles einköcheln lassen. Dies so lange wiederholen, bis der Fond aufgebraucht ist.
	Inzwischen für das Pesto
100 g Basilikumblättchen	waschen und gut trocken tupfen.
2 Knoblauchzehen	schälen und grob zerkleinern.
100 g Pinienkerne	in einer Pfanne ohne Fett goldgelb rösten.
70 g Parmesan	fein reiben. Basilikum, Knoblauch und 1 EL Pinienkerne mit
200 ml Olivenöl	fein pürieren. Den Parmesan unterrühren und alles nochmals kurz aufmixen. Das Pesto mit
Salz und Pfeffer	würzig abschmecken und beiseitestellen.
2 Frühlingszwiebeln	putzen, waschen und in 1/2 cm dicke Ringe schneiden. In kochendem
Salzwasser	ca. 2 Minuten bissfest blanchieren, dann kurz abschrecken und gut abtropfen lassen.
50 g in Öl eingelegte, getrocknete Tomaten	mit Küchenkrepp abtupfen, in feine Streifen schneiden und in
2 EL Olivenöl	kurz andünsten.
40 g Parmesan	fein reiben und mit den Tomaten und
50 g kalter Butter	zum Binden unter den Risotto mischen. Zuletzt die restlichen Pinienkerne, Frühlingszwiebelringe und
1 EL gehackte gemischte Kräuter	untermischen. Den Risotto mit
Salz	würzig abschmecken, auf Tellern anrichten und mit dem Basilikumpesto beträufeln. Mit
Basilikumblättchen	garnieren.

Mein Tipp:
Damit der Risotto eine schön cremige Konsistenz bekommt, die einzelnen Reiskörner aber innen noch »Biss« haben, darf der Reis nur ganz langsam quellen. Deshalb immer nur wenig Flüssigkeit nach und nach hinzugießen! Als Kräuter eignen sich für den Risotto am besten Petersilie, Schnittlauch und Thymian.

Hauptgerichte mit Kartoffeln, Reis, Nudeln & Gemüse

Gemüsecurry
mit Basmatireis

Für 4 Personen	*Zubereitungszeit: ca. 40 Min.*
200 g Champignons	mit einem Pinsel oder feuchten Tuch von Erdresten befreien und putzen.
2 kleine Zucchini	putzen und waschen. Alles in dünne Scheiben schneiden.
100 g Zuckerschoten	putzen und waschen.
3 Tomaten	über Kreuz einritzen, kurz überbrühen, abschrecken und enthäuten. Anschließend vierteln, entkernen und in kleine Würfel schneiden.
200 g Petersilienwurzeln und 2 Schalotten	schälen und in dünne Scheiben bzw. feine Würfel schneiden.
150 g Basmatireis	kalt abbrausen, mit ca. 180 ml kaltem Wasser in einen Topf geben und ganz kurz aufkochen. Bei sehr milder Hitze zugedeckt ca. 10 Minuten weitergaren, dabei mehrmals umrühren. Inzwischen
1 Knoblauchzehe	ungeschält halbieren.
1 rote Chilischote	längs halbieren, die Kernchen mit einem spitzen Messer entfernen und die Schote waschen. Chili und Knoblauch in
1 EL Sesamöl	bei milder Hitze ca. 1 Minute braten.
1 ½ EL Currypulver und 200 ml ungesüßte Kokosmilch	hinzufügen, alles bei milder Hitze auf drei Viertel einkochen lassen und durch ein Sieb gießen.
1 ½ EL Sesamöl	im Wok oder in einer hohen Pfanne erhitzen. Die Petersilienwurzeln darin ca. 2 Minuten unter Rühren braten. Champignons, Zucchini, Zuckerschoten, Tomaten und Schalotten hinzufügen und ca. 2 Minuten mitbraten. Das Gemüse in die Currysauce geben, mit
Salz und Muskatnuss	abschmecken und mit dem Reis anrichten.

Mein Tipp:
Wenn Sie es so richtig scharf lieben, rühren Sie zum Schluss noch ein klein wenig Sambal Oelek unter das Curry.
Für dieses Rezept können Sie die Gemüsesorten je nach Angebot oder geschmacklichen Vorlieben variieren. Ich nehme auch sehr gern eine Kombination aus Chinakohl oder Mangold (in feine Streifen geschnitten), Shiitakepilzen und geschälter roter Paprika.

HAUPTGERICHTE MIT KARTOFFELN, REIS, NUDELN & GEMÜSE

Gorgonzolarisotto *mit Radicchio und Lammfilets*

Für 4 Personen   *Zubereitungszeit: ca. 40 Min.*

500 ml Geflügelfond	erhitzen. Inzwischen
1 Zwiebel	schälen, in feine Würfel schneiden und in
2 EL Olivenöl	glasig dünsten.
100 g Risottoreis	dazugeben und ebenfalls glasig dünsten. So viel heißen Geflügelfond zum Reis geben, dass dieser gerade bedeckt ist. Alles bei milder Hitze offen unter ständigem Rühren köcheln lassen, bis der Reis die Flüssigkeit vollständig aufgenommen hat. Immer wieder so viel heißen Geflügelfond angießen, dass der Reis gerade bedeckt ist, und unter ständigem Rühren einköcheln lassen. Dies so lange wiederholen, bis der Fond aufgebraucht ist. Inzwischen
2 EL Butter	in einer Pfanne zerlassen und
200 g Lammfilet	darin von allen Seiten ca. 5 Minuten braten. Herausnehmen, etwas ruhen lassen und schräg in Scheiben schneiden.
4 EL Olivenöl, 2 EL Aceto balsamico, Salz und Pfeffer	verrühren und die Lammscheiben darin ca. 15 Minuten marinieren.
100 g Gorgonzola	entrinden und in kleine Würfel schneiden.
2 Birnen (z. B. Williams Christ)	waschen und vierteln, die Kerngehäuse herausschneiden und die Birnen in schmale Spalten schneiden.
50 g Radicchio	putzen, waschen, trocken schleudern und in feine Streifen schneiden. Wenn der Risotto fertig ist, den Gorgonzola und den Radicchio untermischen. Den Risotto mit den Lammscheiben und den Birnen anrichten.

Steinpilzrisotto *mit Balsamico bianco*

Für 4 Personen *Zubereitungszeit: ca. 45 Min.*

600–700 ml Geflügelfond	erhitzen. Inzwischen
2 Schalotten	schälen, in feine Würfel schneiden und in
2 EL Olivenöl	glasig dünsten.
200 g Risottoreis	dazugeben und ebenfalls glasig dünsten. Mit
je 50 ml trockenem Weißwein und Balsamico bianco	ablöschen und die Flüssigkeit offen fast vollständig einkochen lassen. So viel heißen Geflügelfond zum Reis geben, dass dieser gerade bedeckt ist. Alles bei milder Hitze offen unter ständigem Rühren köcheln lassen, bis der Reis die Flüssigkeit vollständig aufgenommen hat. Immer wieder so viel heißen Geflügelfond angießen, dass der Reis gerade bedeckt ist, und unter ständigem Rühren einköcheln lassen. Dies so lange wiederholen, bis der Fond aufgebraucht ist. Inzwischen
400 g mittelgroße Steinpilze	mit einem feuchten Tuch oder einem Pinsel von Erdresten befreien, putzen und klein schneiden.
2 Schalotten	schälen und in feine Würfel schneiden.
4 EL Olivenöl	in einer Pfanne erhitzen und die Pilze darin anbraten. Die Schalottenwürfel dazugeben, glasig dünsten und mit
4 EL Balsamico bianco	ablöschen. Alles einmal aufkochen, dann
2 EL gehackte Petersilie	unterrühren und die Pilze mit
Salz und Pfeffer	würzen.
40 g geriebenen Parmesan und 2 EL geschlagene Sahne	unter den Risotto mischen, mit
Salz und Pfeffer	würzig abschmecken. Den Risotto mit den Steinpilzen anrichten.

Feine Bandnudeln
mit Trüffelrahmsauce

Für 4 Personen	Zubereitungszeit: ca. 50 Min. (plus ca. 1 Std. Kühlzeit für den Teig)
	Für den Nudelteig
300 g griffiges Nudelmehl, 3 Eier, 1 EL Olivenöl, 1 Prise Salz	und 2 EL lauwarmes Wasser zu einem glatten Teig verkneten. Den Teig in Frischhaltefolie wickeln und ca. 1 Stunde kühl stellen. Danach den Teig noch einmal gut durchkneten (er muss sehr trocken sein, darf aber nicht bröckeln) und in kleine Portionen teilen. Jede Portion mit der Nudelmaschine dünn ausrollen und dann mit dem Bandnudelvorsatz der Maschine in schmale Streifen schneiden. Oder die Arbeitsfläche mit
etwas Mehl	bestäuben, die Teigportionen darauf mit dem Nudelholz dünn ausrollen und in schmale Streifen schneiden.
	Für die Sauce
je 2 Schalotten und Knoblauchzehen	schälen und in feine Würfel schneiden.
2 EL Olivenöl	in einem Topf erhitzen, die Schalotten und den Knoblauch darin glasig dünsten. Mit
100 ml trockenem Weißwein	ablöschen und auf ein Drittel einkochen lassen.
200 ml Kalbsfond und 150 g Sahne	angießen und die Sauce bei starker Hitze unter Rühren offen köcheln lassen, bis sie sämig ist. Die Sauce mit
Salz und Pfeffer	würzen und
2 EL Trüffelöl	unterrühren.
	Die Nudeln in reichlich kochendem
Salzwasser	1 bis 2 Minuten bissfest garen. Abgießen, gut abtropfen lassen und in
3 EL flüssiger Butter	schwenken.
2 EL geschlagene Sahne und 3 EL Trüffelbutter	unter die Sauce rühren und mit dem Pürierstab schaumig aufmixen. Die Nudeln auf Tellern anrichten, die Sauce darüberträufeln und mit
Schnittlauchröllchen	bestreuen.

Mein Tipp:
Das griffige Mehl für den Teig bekommen Sie ebenso wie die Trüffelbutter in einem Feinkost- oder italienischen Lebensmittelgeschäft.
Mit frischem Trüffel werden die Bandnudeln noch edler: Dafür eine kleine Knolle schwarzen Trüffel (30 bis 50 g) fein hobeln, die Scheiben in 1 TL zerlassener Butter schwenken (die Wärme sorgt dafür, dass sich das feine Trüffelaroma besser entfalten kann) und über die Nudeln geben.

Hauptgerichte mit Kartoffeln, Reis, Nudeln & Gemüse

Nudelrisotto *mit Gemüse*

Für 4 Personen *Zubereitungszeit: ca. 35 Min.*

2 Schalotten und	
3 Knoblauchzehen	schälen und in feine Würfel schneiden.
80 g Staudensellerie	putzen, waschen und die harten Fäden abziehen.
1 kleine Möhre	putzen und schälen. Sellerie und Möhre in kleine Würfel schneiden.
40 g in Öl eingelegte, getrocknete Tomaten	mit Küchenkrepp abtupfen und ebenfalls in kleine Würfel schneiden. Das vorbereitete Gemüse in
2 EL Öl	glasig dünsten.
1 Lorbeerblatt und 350 g griechische Reiskornnudeln	untermischen und alles mit
100 ml trockenem Weißwein	ablöschen. Nach und nach
450 ml Geflügelfond	dazugeben und alles bei mittlerer Hitze unter vorsichtigem Rühren garen, bis die Nudeln bissfest sind. Inzwischen
70 g Parmesan	fein hobeln.
30 g Pinienkerne	in einer Pfanne ohne Fett goldgelb rösten. Den gegarten Nudelrisotto mit
Salz, Pfeffer und Muskatnuss Basilikumblättchen	abschmecken, auf Tellern anrichten und mit Parmesan, Pinienkernen und bestreuen.

Mein Tipp:
Reiskornnudeln bekommen Sie in griechischen und türkischen Lebensmittelgeschäften oder in der Spezialitätenabteilung Ihres Supermarkts. Ersatzweise können Sie auch kleine Suppennudeln (z. B. in Muschelform) nehmen.

HAUPTGERICHTE MIT KARTOFFELN, REIS, NUDELN & GEMÜSE

Tagliatelle *mit Heilbuttbolognese*

Für 4 Personen *Zubereitungszeit: ca. 1 ¼ Std.*

400 g Heilbuttfilet
(ohne Haut und Gräten) waschen, trocken tupfen und in sehr kleine Würfel schneiden.
1 Zwiebel und
2 Knoblauchzehen schälen, in feine Würfel schneiden und in einer beschichteten Pfanne in
2–3 EL Olivenöl glasig dünsten. Die Fischwürfel dazugeben und ca. 2 Minuten mitbraten. Alles aus der Pfanne nehmen und zugedeckt warm halten.
250 g Fleischtomaten über Kreuz einritzen, kurz überbrühen, abschrecken und enthäuten. Anschließend vierteln, entkernen und in kleine Würfel schneiden. Die Tomatenwürfel in die noch heiße Pfanne geben,
2 EL Tomatenmark unterrühren,
500 ml Geflügelfond angießen und
2 EL Oreganoblättchen untermischen. Alles unter Rühren offen auf die Hälfte einkochen lassen. Die Sauce dann fein pürieren und zugedeckt warm halten.
200 g Tagliatelle in reichlich kochendem
Salzwasser nach Packungsanweisung bissfest garen. Inzwischen
80 g Parmesan fein hobeln. Die fertigen Nudeln abgießen, gut abtropfen lassen und
3–4 EL Olivenöl vorsichtig untermischen.
3 EL gehacktes Basilikum und die Fischwürfel in die Tomatensauce geben und diese mit
Salz, Pfeffer und Chilipulver würzig abschmecken. Die Nudeln mit der Fischbolognese anrichten, mit dem Parmesan und
Basilikumblättchen bestreuen.

Mein Tipp:
Heilbutt eignet sich hervorragend für meine Fischbolognese, denn er ist sehr aromatisch und enthält relativ viel Fett, sodass er beim Garen nicht trocken wird. Ersatzweise können Sie auch Lachs, Saibling oder Steinbutt nehmen.

Erbsen-Rucola-Ravioli
mit Zitronen-Kapern-Sauce

Für 4 Personen *Zubereitungszeit: ca. 1 Std. (plus ca. 1 Std. Kühlzeit für den Teig)*

400 g griffiges Hartweizenmehl, 4 Eier, 2 EL Olivenöl und Salz zu einem glatten, geschmeidigen Teig verkneten. Den Teig in Frischhaltefolie wickeln und ca. 1 Stunde kühl stellen. Inzwischen

200 g tiefgekühlte Erbsen in reichlich kochendem Wasser ca. 2 Minuten blanchieren. Kalt abschrecken und gut abtropfen lassen.

2–3 Schalotten schälen, in feine Würfel schneiden und in

60 g Butter so lange braten, bis die Butter eine nussbraune Farbe hat. Die Erbsen in einem Küchentuch gut auspressen, damit die Füllung nicht zu feucht wird. Mit den Schalotten und der braunen Butter im Mixer pürieren, mit

Salz, Muskatnuss und Zucker abschmecken und beiseitestellen.

1 Bund Rucola putzen, waschen, trocken schleudern und sehr fein hacken. Das Erbsenpüree durch ein feines Sieb streichen, mit dem Rucola mischen und kühl stellen.

Für die Sauce

1 Schalotte schälen, in feine Würfel schneiden und in

50 g Butter glasig dünsten. Mit

2 EL Zitronensaft und 200 ml Geflügelfond ablöschen.

100 g Sahne dazugeben und die Sauce auf die Hälfte einkochen lassen.

2 Zitronen sorgfältig schälen und die Filets aus den Trennhäuten schneiden. Mit

2 EL Kapern und je 1 EL gehackter Petersilie, Crème fraîche und geschlagener Sahne in die Sauce geben und zugedeckt warm halten.

Die Arbeitsfläche mit

etwas Mehl bestäuben, die Hälfte des Nudelteigs darauf zu einer dünnen Teigplatte ausrollen und auf ein sauberes Küchentuch legen. Das Rucola-Erbsen-Püree mit einem Teelöffel in kleinen Portionen im Abstand von ca. 5 cm auf die Teigplatte setzen.

1 Ei verquirlen und den Teig zwischen den Häufchen damit bestreichen. Die zweite Hälfte des Nudelteigs ebenfalls dünn ausrollen, auf die vorbereitete Teigplatte legen und leicht andrücken. Mit einem Messer oder einem Teigrad Ravioli (à 5 cm Kantenlänge) ausschneiden und die Ränder fest andrücken. Die Ravioli in reichlich kochendes

Salzwasser geben, die Hitze reduzieren und die Nudeln im leicht siedenden Wasser offen ca. 4 Minuten garen. Die Ravioli herausnehmen, gut abtropfen lassen und mit der Zitronen-Kapern-Sauce servieren.

Mein Tipp:
Dazu passen Zuckerschoten: Dafür 100 g Zuckerschoten putzen, kurz in kochendem Salzwasser blanchieren, kalt abschrecken und abtropfen lassen. In 1 EL zerlassener Butter schwenken und mit Salz und 1 Prise Zucker abschmecken.

HAUPTGERICHTE MIT KARTOFFELN, REIS, NUDELN & GEMÜSE

Hauptgerichte mit Kartoffeln, Reis, Nudeln & Gemüse

Knöpfle *à la Johann*

Für 4 Personen	*Zubereitungszeit: ca. 40 Min.*
	Für die Sauce
4 Tomaten	über Kreuz einritzen, kurz überbrühen, abschrecken und enthäuten. Anschließend vierteln, entkernen und in kleine Würfel schneiden.
300 g gekochten Schinken	in breite Streifen schneiden.
2 Schalotten	schälen, in feine Würfel schneiden und mit dem Schinken in
3 EL Butter	andünsten.
300 g Sahne und	
100 ml Geflügelbrühe	angießen und die Sauce einköcheln lassen, bis sie leicht sämig wird. Mit
Salz und Pfeffer	abschmecken und warm halten.
	Für die Knöpfle
400 g Mehl, 7 Eigelb, Salz, Pfeffer, Muskatnuss	und ca. 120 ml Wasser in einer Schüssel verrühren und den Teig so lange kräftig schlagen, bis sich kleine Bläschen bilden.
Reichlich Salzwasser	zum Kochen bringen. Den Teig durch eine Knöpflepresse (Spätzlepresse) ins Wasser drücken, alles einmal gut aufkochen lassen und die oben schwimmenden Knöpfle mit einem Sieblöffel herausnehmen. Mit
Salz und Muskatnuss	würzen, in
3 EL zerlassener Butter	schwenken und auf Tellern anrichten.
1 EL gehackte Petersilie, 1 EL geschlagene Sahne	und die Tomatenwürfel unter die Sauce mischen. Die Sauce über die Nudeln geben und alles mit
80 g geriebenem Parmesan	bestreuen.

Mein Tipp:
Statt der Knöpflepresse können Sie auch einen Spätzlehobel nehmen. Die Nudeln werden dann etwas länger und dünner, schmecken aber genauso gut.

Penne *mit Lammbolognese*

Für 4 Personen	*Zubereitungszeit: ca. 50 Min.*
300 g Möhren	putzen und schälen.
200 g Staudensellerie	putzen, waschen und die harten Fäden abziehen. Beides in sehr feine Würfel schneiden.
100 g durchwachsenen Speck	ebenfalls in sehr feine Würfel schneiden.
200 g Schalotten und 5 Knoblauchzehen	schälen und in sehr feine Würfel schneiden.
Je 1 Oregano- und Rosmarinzweig	waschen und trocken schütteln, die Blättchen bzw. Nadeln abzupfen und grob hacken. Für die Nudeln reichlich
Salzwasser	zum Kochen bringen. Inzwischen
400 g Lammhackfleisch	in
3 EL Olivenöl	kross anbraten. Möhren-, Sellerie-, Schalotten- und Knoblauchwürfel 2 bis 3 Minuten mitbraten.
2 EL Tomatenmark	unterrühren und kurz anrösten. Die Speckwürfel ebenfalls kurz mitbraten.
2 Dosen gewürfelte Tomaten (à 400 g)	untermischen.
200 ml trockenen Weißwein, 600 ml Lammfond	und zwei Drittel der Kräuter unterrühren. Die Sauce offen köcheln lassen, bis sie sämig ist.
300 g Penne	ins kochende Nudelwasser geben und nach Packungsanweisung bissfest garen. Die Nudeln abgießen und abtropfen lassen. Anschließend mit
etwas Olivenöl	beträufeln, mit
Salz und Pfeffer	würzen und mit der Lammbolognese anrichten.
80 g Parmesan	darüberhobeln und die restlichen Kräuter darüberstreuen.

Kohlrabilasagne
mit Tomaten und Rucola

Für 4 Personen	*Zubereitungszeit: ca. 45 Min. (plus ca. 45 Min. Garzeit)*
700 g Kohlrabi und	
300 g Petersilienwurzeln	putzen, schälen und in ½ cm dicke Scheiben hobeln oder schneiden. Die Scheiben in kochendem
Salzwasser	1 bis 2 Minuten blanchieren, kurz abschrecken und zwischen zwei Tüchern gut trocken tupfen.
150 g Rucola	putzen, waschen, ca. 10 Sekunden in kochendem
Salzwasser	blanchieren, abschrecken und gut trocken tupfen.
2 Fleischtomaten	über Kreuz einritzen, kurz überbrühen, abschrecken und enthäuten. Anschließend vierteln, entkernen und in schmale Streifen schneiden. Für die Sauce
3 Schalotten	schälen, in feine Würfel schneiden und in
2 EL Butter	glasig dünsten.
375 ml Kalbsfond,	
150 ml trockenen Weißwein	
und 180 g Sahne	angießen und alles unter Rühren auf ein Drittel einkochen lassen. Die Sauce durch ein Sieb gießen, mit
Salz und Pfeffer	abschmecken und vom Herd nehmen. Mit dem Pürierstab kurz aufmixen und
3 EL geschlagene Sahne	unterheben.
2 Schalotten	schälen und in feine Würfel schneiden. Mit den Kohlrabi- und Petersilienwurzelscheiben in
3 EL Butter	glasig dünsten. Die Sauce darübergießen, den Topf vom Herd nehmen und das Gemüseragout mit
Salz, Pfeffer und Muskatnuss	abschmecken. Den Rucola sowie
je 1 EL gehackte Petersilie und	
gehackten Estragon	untermischen und das Ragout auskühlen lassen.
10 Lasagneplatten	in reichlich kochendem
Salzwasser	ca. 6 Minuten bissfest kochen, kalt abbrausen und gut trocken tupfen. Den Backofen auf 180 °C vorheizen.
250 g Parmesan	fein reiben. Eine flache Auflaufform (ca. 20 x 25 cm) mit
1 TL Olivenöl	einfetten und 2 Lasagneblätter nebeneinander hineinlegen. Das kalte Gemüseragout, die restlichen Lasagneplatten, die Tomatenstreifen und den Parmesan abwechselnd in die Form schichten. Dabei jede Schicht mit
Salz und Pfeffer	kräftig würzen. Die Lasagne mit einer Lage aus Nudelplatten abschließen.
2 Eigelb,	
100 g Sahne und Salz	verquirlen und über die Lasagne gießen. Die Kohlrabilasagne mit
50 g Sonnenblumenkernen	bestreuen und im Ofen auf der mittleren Schiene 40 bis 50 Minuten goldbraun backen.

Mein Tipp:
Kohlrabi ist in der Küche äußerst vielseitig einsetzbar, denn sein milder Geschmack harmoniert bestens mit anderen Zutaten. Kaufen Sie immer möglichst kleine Knollen, denn große sind oft holzig. Übrigens: Kohlrabi kann man auch roh essen, etwa mit einem Joghurtdip. Dafür 150 g Naturjoghurt, 2 EL Olivenöl mit Limone, den Saft von 1 Limette, Salz und Pfeffer aufmixen.

Hauptgerichte mit Kartoffeln, Reis, Nudeln & Gemüse

Ei im Nudelnest
auf Rahmspinat

Für 4 Personen	*Zubereitungszeit: ca. 1 Std.*
400 g tiefgekühlten Blattspinat	auftauen lassen.
2 Schalotten und	
1 Knoblauchzehe	schälen und in feine Würfel schneiden. Beides in
50 g Butter	andünsten. Mit
1 EL Mehl	bestäuben und ca. 1 Minute weiterdünsten. Anschließend mit
100 ml trockenem Weißwein	ablöschen.
150 ml Geflügelbrühe	
und 150 g Sahne	angießen, die Sahnesauce mit
Salz, Pfeffer	
und Muskatnuss	würzen und bei milder Hitze 10 Minuten sanft köcheln lassen. Inzwischen
250 g schmale Nudeln (Tagliatelle oder Spaghetti)	
Salzwasser	in reichlich kochendem nach Packungsanweisung bissfest garen. Acht Portionsförmchen mit
ca. 50 g weicher Butter	einfetten. Die Nudeln abgießen, gut abtropfen lassen, kalt abschrecken und zu 8 Nestern aufrollen. Die Nudelnester in die Förmchen setzen.
8 Eier	einzeln aufschlagen und jeweils 1 Ei vorsichtig auf jedes Nudelnest gleiten lassen – die Eigelbe sollten dabei unbeschädigt bleiben. Die Förmchen nebeneinander in einen Dämpfeinsatz geben. Einen zum Dämpfeinsatz passenden Topf etwa zur Hälfte mit heißem Wasser füllen, den Dämpfeinsatz einsetzen und die Eier im Nudelnest darin zugedeckt bei 70 bis 75 °C (Temperatur gelegentlich überprüfen) ca. 15 Minuten garen. Den aufgetauten Blattspinat gut ausdrücken und grob hacken. Mit der Sahnesauce und
50 g Butter	im Mixer fein pürieren. Den Rahmspinat in einem Topf kurz aufkochen und nochmals mit
Salz, Pfeffer	
und Muskatnuss	abschmecken. Die Nudelnester vorsichtig aus den Förmchen lösen. Mit
Salz und Pfeffer	würzen, mit dem Rahmspinat anrichten und nach Belieben mit
etwas brauner Butter	beträufelt servieren.

Mein Tipp:
Statt der Portionsförmchen kann man für die Nudelnester auch kleine ofenfeste Kaffee- oder Teetassen verwenden.
Besonders edel wird das Gericht, wenn Sie etwas Trüffelöl unter den Rahmspinat rühren und weiße Trüffel über das Ei hobeln.

HAUPTGERICHTE MIT KARTOFFELN, REIS, NUDELN & GEMÜSE

Hauptgerichte mit Fisch & Meeresfrüchten

Gefüllte Dorade
mit Risotto

Für 4 Personen	*Zubereitungszeit: ca. 1 1/4 Std.*
2 küchenfertige Doraden	innen und außen waschen und trocken tupfen. Das Fischfleisch am Rücken von jeder Seite bis zur Mittellinie hin vorsichtig mit einem scharfen Messer von den Gräten ablösen.
	Für die Füllung
3–4 Scheiben Toastbrot	entrinden und in feine Würfel schneiden.
Je 2 Schalotten und Knoblauchzehen	schälen, in feine Würfel schneiden und bei mittlerer Hitze in
3 EL Olivenöl	goldbraun braten. Das Toastbrot hinzufügen und ebenfalls goldbraun braten. Die Toastbrotmischung vom Herd nehmen.
30 g entsteinte schwarze Oliven	fein hacken, mit
je 1/2 EL gehacktem Thymian und Rosmarin, 2 EL Olivenöl	
mit Limone, 1 Eigelb	und der Toastbrotmischung verkneten und mit
Salz und Pfeffer	würzen. Die Doraden in den Einschnitten mit
1 EL Olivenöl	bestreichen und die Füllung vorsichtig mit einem Teelöffel hineingeben. Die Doraden mit Küchengarn umwickeln. Auf beiden Seiten mit
Salz und Pfeffer	würzen und in
etwas Mehl	wenden.
	Für den Risotto
500 ml Fischfond	erhitzen. Inzwischen
1 Zwiebel	schälen, in feine Würfel schneiden und in
2 EL Butter	glasig dünsten.
200 g Risottoreis	kurz mitdünsten, bis er glasig ist. So viel
trockenen Weißwein	angießen, dass der Reis gerade bedeckt ist, und die Flüssigkeit bei milder Hitze fast vollständig einkochen lassen. Dann so viel heißen Fischfond zum Reis geben, dass dieser gerade bedeckt ist. Alles bei milder Hitze offen unter ständigem Rühren köcheln lassen, bis der Reis die Flüssigkeit vollständig aufgenommen hat. Immer wieder so viel heißen Fischfond angießen, dass der Reis gerade bedeckt ist, und unter ständigem Rühren einköcheln lassen. Dies so lange wiederholen, bis der Fond aufgebraucht ist.
50 g geriebenen Parmesan und 4 EL Butter	unterrühren. Den Risotto mit
Salz und Pfeffer	würzen und zugedeckt warm halten.
	Die Doraden in einer beschichteten Pfanne in
5 EL Olivenöl	von jeder Seite 3 bis 4 Minuten braten, bis sie sehr kross sind. Zum Servieren die Filets mit der Füllung von den Gräten lösen und mit dem Risotto anrichten.

Mein Tipp:
Das Vorbereiten der Doraden zum Füllen ist etwas aufwändiger. Sollten Sie im Umgang mit Fisch noch wenig Erfahrung haben, bitten Sie doch Ihren Fischhändler, das fachgerechte Filetieren der Fische für Sie zu übernehmen. Zum Ablöschen des Risottos können Sie einen Teil des Weißweins auch einmal durch trockenen Vermouth ersetzen – er sorgt für ein etwas kräftigeres Aroma.

HAUPTGERICHTE MIT FISCH & MEERESFRÜCHTEN

Loup de Mer in der Salzkruste
mit Tomatenvinaigrette

Für 4 Personen	*Zubereitungszeit: ca. 1½ Std.*
300 g Tomaten	über Kreuz einritzen, kurz überbrühen, kalt abschrecken und enthäuten. Anschließend vierteln, entkernen und in kleine Würfel schneiden.
2 Schalotten	schälen, in feine Würfel schneiden und in
6 EL Olivenöl	glasig dünsten. Mit
50 ml Balsamico bianco	ablöschen, alles einmal aufkochen und vom Herd nehmen. Die Tomatenwürfel und
2 EL gehackten Estragon	untermischen, die Vinaigrette mit
Salz und Pfeffer	würzen und beiseitestellen. Den Backofen auf 200 °C vorheizen.
3 Schalotten und 2 Knoblauchzehen	schälen und in feine Scheiben schneiden.
1 küchenfertigen Loup de Mer (mit Kopf, ca. 2 kg)	innen und außen waschen und trocken tupfen. Die Bauchhöhle mit den Knoblauch- und Schalottenscheiben sowie mit
je 3 Rosmarin- und Thymianzweigen	füllen und mit Holzzahnstochern verschließen.
2½ kg grobes Meersalz, ca. 6 Eiweiß (200 g), 150 g Mehl	und 100 ml Wasser zu einer Masse verrühren. Die Hälfte davon als Oval (dieses muss etwas größer als der Fisch sein) auf ein Backblech geben und flach drücken. Den Fisch darauflegen, mit der restlichen Salzmasse bedecken und diese leicht andrücken. Den Fisch im Ofen auf der mittleren Schiene ca. 50 Minuten garen. Inzwischen
600 g kleine festkochende Kartoffeln	waschen und in
Salzwasser	als Pellkartoffeln garen. Die Kartoffeln abgießen, kurz ausdampfen lassen und noch warm pellen.
3 EL Butter **Salz und Pfeffer**	in einer Pfanne zerlassen und die Kartoffeln darin goldbraun anbraten. Mit würzen und zugedeckt warm halten. Den Fisch aus dem Ofen nehmen und mit der Salzhülle auf eine große Platte setzen. Die Tomatenvinaigrette wieder leicht erwärmen. Am Tisch von der Salzkruste oben vorsichtig einen Deckel abklopfen und die Fischhaut entfernen. Die Filets herauslösen und mit der Vinaigrette und den Kartoffeln servieren.

Mein Tipp:

In der Salzkruste werden immer nur ganze Fische gegart. Ihre Haut schützt das zarte Fischfleisch vor dem Salz.
Loup de Mer – oder Wolfsbarsch – ist ein edler und magerer Mittelmeerfisch mit festem, weißem Fleisch und wenig Gräten. Er eignet sich bestens für die Zubereitung in der Salzkruste. Sollten Sie keinen Loup de Mer bekommen, sind Doraden eine gute Alternative.

HAUPTGERICHTE MIT FISCH & MEERESFRÜCHTEN

Lachs im Blätterteig
mit Champagner-Estragon-Sauce

Für 4 Personen   *Zubereitungszeit: ca. 45 Min.*

100 g Zanderfilet (ohne Haut) waschen, trocken tupfen und eventuell vorhandene Gräten entfernen. Das Filet in kleine Würfel schneiden und ca. 20 Minuten ins Gefrierfach legen.

300 g Lachsfilet (ohne Haut)
Salz und Pfeffer waschen, trocken tupfen und eventuell vorhandene Gräten entfernen. Mit würzen.

100 g Blattspinat
Salzwasser verlesen, waschen und in reichlich kochendem ca. 30 Sekunden blanchieren. Kurz abschrecken, auf Küchenkrepp abtropfen lassen und zu einer Matte (ca. 10 x 20 cm groß) ausrollen (siehe Tipp). Den Backofen auf 220 °C vorheizen. Die Zanderwürfel mit

70 g Sahne, 1 Eiweiß, 2 EL trockenen Vermouth (z. B. Noilly Prat), Salz und Pfeffer fein pürieren. Die Farce auf den Spinat streichen, den Lachs darauflegen und vorsichtig in die Spinatmatte einrollen.

1 Eigelb verquirlen.

400 g fertig ausgerollten Blätterteig aus dem Kühlregal (20 x 30 cm groß) in 2 gleich große Stücke schneiden. Die eine Teigplatte mit dem Eigelb bestreichen und das Lachspäckchen daraufsetzen. Die zweite Teigplatte darauflegen, eng um den Lachs formen und die Teigränder zusammendrücken. Überstehende Teigränder abschneiden, damit ein sauberes Teigpaket entsteht. Dieses auf ein mit Backpapier ausgelegtes Backblech setzen und im Ofen auf der mittleren Schiene ca. 15 Minuten backen. Inzwischen

1 Schalotte
1 EL Butter schälen, in feine Würfel schneiden und in glasig dünsten.

Je 100 ml Fischfond und Champagner sowie
100 g Sahne
Salz und Pfeffer
1 EL gehackten Estragon angießen und die Sauce auf die Hälfte einkochen lassen. Mit würzen und unterrühren.

40 g kalte Butter in Würfel schneiden und unter die Sauce rühren. Die Sauce mit dem Pürierstab schaumig aufmixen. Den Lachs im Blätterteig mit einem Elektromesser oder scharfen Brotmesser in Scheiben schneiden und mit der Champagner-Estragon-Sauce anrichten.

Mein Tipp:
Und so wird die Spinatmatte gemacht: Den abgetropften, nicht ausgedrückten Spinat leicht auseinander zupfen, auf ein sauberes Stofftuch legen, mit einem zweiten Stofftuch bedecken und dann mit einem Nudelholz flach rollen. Hübsch sieht es aus, wenn Sie aus den Blätterteigresten Ornamente ausstechen und diese mit etwas Eigelb auf das Teigpaket »kleben«.

HAUPTGERICHTE MIT FISCH & MEERESFRÜCHTEN

Kabeljau in Filoteig
mit Kräuter-Crème-fraîche

Für 4 Personen	*Zubereitungszeit: ca. 45 Min.*
300 g Blattspinat	verlesen, gründlich waschen und ca. 10 Sekunden in kochendem
Salzwasser	blanchieren. Kurz abschrecken und vorsichtig ausdrücken.
200 g Schalotten und	
1 Knoblauchzehe	schälen und in feine Würfel schneiden. Die Schalotten in
5 EL Olivenöl	glasig dünsten. Den Knoblauch kurz mitdünsten, dann den Spinat dazugeben, alles gut mischen, mit
Salz und Pfeffer	kräftig würzen und abkühlen lassen. Inzwischen den Backofen auf 190 °C vorheizen. Ein Stofftuch mit
etwas Mehl	bestäuben.
4 Blätter griechischen Filoteig (20 x 20 cm groß)	aus der Packung nehmen. 2 Filoteigblätter nebeneinander auf das Stofftuch legen, dünn mit
etwas Olivenöl	bestreichen und mit den anderen 2 Teigblättern bedecken. Jeweils eine Hälfte der Teigblätter mit
insgesamt 100 g Semmelbröseln	bestreuen und jeweils die Hälfte des Spinats daraufgeben.
500 g Kabeljaufilet (ohne Haut)	waschen und trocken tupfen, eventuell vorhandene Gräten entfernen und das Filet in 2 gleich große, lange Stücke schneiden. Diese auf den Spinat legen und die Teigblätter mithilfe des Tuchs wie einen Strudel fest aufrollen. Die Enden fest zusammendrücken. Die Oberfläche der beiden Strudel mit
1 verquirlten Eigelb	bestreichen und mit
2 EL Sesamsamen	bestreuen. Die Strudel vorsichtig mit den Nähten nach unten auf ein Backblech setzen und im Ofen auf der mittleren Schiene 8 bis 10 Minuten backen. Die Strudel quer halbieren und mit
8 EL Kräuter-Crème-fraîche	servieren.

Mein Tipp:
Griechischer Filoteig wird ganz schlicht aus Weizenmehl, Wasser, Salz und 1 Schuss Olivenöl zubereitet. Heutzutage macht ihn aber sogar in Griechenland fast keiner mehr selbst, daher kann man ihn dort – wie auch hierzulande – in Form von gekühlten oder tiefgekühlten Teigblättern kaufen. Da Filoteig rasch austrocknet und dann brüchig wird, muss man ihn verarbeiten, solange er noch feucht ist. Tiefgekühlte Filoteigblätter müssen Sie vor der Verarbeitung einzeln flach auslegen und dann auftauen lassen, ähnlich wie bei Tiefkühl-Blätterteig. Die Semmelbrösel saugen die Feuchtigkeit vom Spinat auf und sorgen so dafür, dass der Teig beim Backen nicht durchweicht.

HAUPTGERICHTE MIT FISCH & MEERESFRÜCHTEN

209

Saiblingsstrudel
auf Schwarzwurzelragout

Für 4 Personen	*Zubereitungszeit: ca. 1 1/4 Std.*
400 g Blattspinat	verlesen, waschen, tropfnass in einen Topf geben und bei milder Hitze ca. 1 Minute zusammenfallen lassen.
600 g Schwarzwurzeln	unter fließendem kaltem Wasser gründlich abbürsten. Dann putzen, schälen und in ca. 3 mm dicke Scheiben hobeln oder schneiden.
2 Schalotten und 1 Knoblauchzehe	schälen, in feine Würfel schneiden und in
4 EL Butter	glasig dünsten. Die Schwarzwurzelscheiben dazugeben und kurz mitdünsten. Mit
1 EL Mehl	bestäuben und mit
100 ml trockenem Weißwein	ablöschen.
120 ml Fischfond und 100 g Sahne	angießen, alles mit
Salz, Pfeffer und Muskatnuss	würzen und die Schwarzwurzeln zugedeckt 4 Minuten bissfest garen.
5 Saiblingsfilets (ohne Haut und Gräten)	waschen, trocken tupfen und in 2 cm große Würfel schneiden.
2 Schalotten und 1 Knoblauchzehe	schälen, in feine Würfel schneiden und in
2 EL Olivenöl	andünsten. Den Backofen auf 220 °C vorheizen. Den Spinat gut ausdrücken, grob hacken und mit den Schalotten, dem Knoblauch und den Fischwürfeln mischen. Alles mit
Salz, Pfeffer und dem Saft von 1 Zitrone	würzen.
200 g fertig ausgerollten Strudelteig (aus dem Kühlregal, ca. 40 x 40 cm)	auf die Arbeitsplatte legen und die Spinat-Fisch-Mischung darauf in der Mitte in einer länglichen Bahn verteilen. Den Strudelteig vorsichtig zusammenrollen, die seitlichen Enden fest zusammendrücken und den Strudel mit der Naht nach unten auf ein mit Backpapier ausgelegtes Backblech legen.
1 Eigelb	verquirlen und die Oberseite des Strudels damit bestreichen. Den Strudel im Ofen auf der mittleren Schiene 15 bis 20 Minuten goldbraun backen.
1 Tomate	über Kreuz einritzen, kurz überbrühen, kalt abschrecken und enthäuten. Anschließend vierteln, entkernen, in kleine Würfel schneiden und zu den Schwarzwurzeln geben. Zuletzt
2 EL gehackten Dill und 1–2 EL geschlagene Sahne	unterheben. Den Saiblingsstrudel in Stücke schneiden und mit dem Schwarzwurzelragout anrichten.

Mein Tipp:
Bürsten Sie die Schwarzwurzeln immer unter fließendem Wasser, damit alle Sandrückstände restlos abgespült werden. Außerdem empfiehlt es sich, beim Verarbeiten Latex-Einweghandschuhe zu tragen, damit der Saft die Hände nicht verfärbt.

HAUPTGERICHTE MIT FISCH & MEERESFRÜCHTEN

211

Zanderfilet mit Kartoffelkruste
auf Rahmsauerkraut

Für 4 Personen — *Zubereitungszeit: ca. 1 1/4 Std.*

600 g frisches Sauerkraut in einem Sieb gründlich mit kaltem Wasser abbrausen und dann gut ausdrücken.

100 g Zwiebeln schälen, in feine Würfel schneiden und in

3 EL Butterschmalz glasig dünsten. Das Sauerkraut dazugeben und bei milder Hitze zugedeckt 10 bis 15 Minuten schmoren (es darf nicht bräunen). Dann alles mit

100 ml trockenem Weißwein und 150 ml Gemüsebrühe ablöschen und

300 g Sahne angießen.

1 Lorbeerblatt, 1 Gewürznelke, 5 zerdrückte schwarze Pfefferkörner und Salz dazugeben und das Kraut bei mittlerer Hitze offen ca. 25 Minuten garen. Inzwischen

1 Tomate über Kreuz einritzen, kurz überbrühen, abschrecken und enthäuten. Anschließend vierteln, entkernen und in kleine Würfel schneiden.

2 Petersilienstiele waschen, trocken schütteln, die Blättchen abzupfen und fein hacken.

4 Zanderfilets (mit Haut, à 150 g) waschen, trocken tupfen und eventuell vorhandene Gräten entfernen. Die Filets mit

Salz und Pfeffer würzen.

2 große festkochende Kartoffeln schälen, waschen und grob raspeln. Die Zanderfilets mit den Hautseiten nach unten auf ein Küchenbrett legen und mit den Raspeln belegen.

1 EL Speisestärke mit etwas kaltem Wasser anrühren und das gegarte, noch leicht köchelnde Sauerkraut damit unter Rühren binden. Tomatenwürfel, Petersilie und

2 EL geschlagene Sahne unterheben und das Rahmsauerkraut zugedeckt warm halten.

2 EL Butterschmalz in einer beschichteten Pfanne erhitzen. Die Fischfilets mit den Kartoffelseiten nach unten vorsichtig hineinlegen und bei mittlerer Hitze so lange braten, bis die Kartoffeln hellbraun sind. Dann die Filets mit 2 Pfannenwendern vorsichtig wenden und

2 Thymianzweige, 1 Rosmarinzweig und 3 ungeschälte, leicht angedrückte Knoblauchzehen in die Pfanne geben. Die Fischfilets auf den Hautseiten ca. 3 Minuten braten, bis die Haut kross ist. Zuletzt alles mit

Salz und Pfeffer würzen und mit dem Rahmsauerkraut anrichten.

Mein Tipp:
Statt mit Kartoffelraspeln können Sie die Zanderfilets auch dachziegelartig mit hauchdünn gehobelten Kartoffelscheiben belegen.
Sauerkraut und Fisch sind ein ideales Paar – nur zu sauer darf das Kraut nicht sein. In diesem Rezept bindet die Sahne die Säure und verstärkt zudem das feine Aroma des Krauts.

HAUPTGERICHTE MIT FISCH & MEERESFRÜCHTEN

Gebratener Zander *mit Haselnussvinaigrette*

Für 4 Personen	*Zubereitungszeit: ca. 40 Min.*
30 g Haselnusskerne	fein hacken, in einer Pfanne ohne Fett hellbraun rösten und abkühlen lassen.
1 Schalotte	schälen, in feine Würfel schneiden, mit
25 ml Gemüsebrühe	aufkochen und auf die Hälfte einkochen lassen.
3 EL Aceto balsamico	unterrühren und alles mit
Salz, Pfeffer und Zucker	abschmecken.
6 EL Nussöl	unterschlagen. Die gerösteten Nüsse und
1 EL gehackte Petersilie	untermischen und die Vinaigrette zugedeckt warm halten.
150 g Basmatireis	kalt abbrausen, mit ca. 180 ml kaltem Wasser in einen Topf geben und ganz kurz aufkochen lassen. Anschließend bei sehr milder Hitze zugedeckt ca. 10 Minuten garen, dabei mehrmals umrühren.
4 Zanderfilets (mit Haut, à 150 g)	waschen, trocken tupfen, eventuell vorhandene Gräten entfernen und die Haut rautenförmig einritzen (nicht zu tief schneiden).
2 Knoblauchzehen	schälen und in feine Würfel schneiden. Die Fischfilets mit den Hautseiten nach oben in einer großen beschichteten Pfanne in
3 EL Olivenöl	ca. 1 Minute anbraten.
Je 2 Thymian- und Rosmarinzweige	
Salz und Pfeffer	sowie die Knoblauchwürfel dazugeben. Die Filets vorsichtig wenden, mit würzen und weitere 6 bis 7 Minuten braten. Den Zander mit dem Reis und der Vinaigrette anrichten.

Mein Tipp:
Es ist zwar mühsam, die feinen Schuppen auf der Zanderhaut selbst zu entfernen, aber der Aufwand lohnt sich. Die Haut schützt den Fisch beim Garen und gibt außerdem ihr ganzes Aroma an das Fischfleisch ab.

Lachs mit Meerrettichkruste *auf Lauchgemüse*

Für 4 Personen	*Zubereitungszeit: ca. 45 Min.*
4 Weißbrotscheiben	entrinden und mit dem Pürierstab zerbröseln.
100 g zimmerwarme Butter	schaumig rühren. Sorgfältig mit dem Weißbrot,
2 EL geriebenem Meerrettich,	
Salz und Pfeffer	mischen. In einen großen Gefrierbeutel geben, zu einer ½ cm dicken Platte ausrollen und ca. 15 Minuten ins Gefrierfach legen. Inzwischen den Backofengrill einschalten.
300 g jungen Lauch	putzen, längs vierteln, in ½ cm große Würfel schneiden und waschen.
60 g in Öl eingelegte, getrocknete Tomaten	auf Küchenkrepp abtropfen lassen und in feine Würfel schneiden.
5 Tomaten	über Kreuz einritzen, kurz überbrühen, abschrecken und enthäuten. Anschließend vierteln, entkernen und in kleine Würfel schneiden.
Je 2 Schalotten und Knoblauchzehen	schälen, in feine Würfel schneiden und in
3 EL Olivenöl	glasig dünsten. Die Lauch- und alle Tomatenwürfel kurz mitdünsten, mit
Salz und Pfeffer	abschmecken und zugedeckt warm halten.
600 g Lachsfilet (ohne Haut)	waschen, trocken tupfen und eventuell vorhandene Gräten entfernen. Den Lachs in 4 gleich große Stücke schneiden, mit
Salz und Pfeffer	würzen und in
2 EL Olivenöl	von beiden Seiten kurz anbraten. Anschließend auf ein mit Alufolie ausgelegtes Blech legen. Die Meerrettichbutter in 4 gleich große Stücke schneiden und auf den Lachs legen. Die Fischfilets unter dem Backofengrill 4 bis 5 Minuten goldgelb überbacken. Mit dem Lauchgemüse anrichten.

Mein Tipp:
Schneiden Sie vom Lachsfilet vor dem Würzen alle dunklen bzw. grauen Teile ab. Diese sehen nicht nur unschön aus, sie schmecken oft auch leicht tranig.

// # Heilbutt mit Polentahaube
und rahmigen Spitzmorcheln

Für 4 Personen	*Zubereitungszeit: ca. 1 1/4 Std.*
50 g getrocknete Spitzmorcheln	in 200 ml Wasser ca. 30 Minuten einweichen. Inzwischen
250 ml Milch und 50 g Butter	aufkochen und mit
Salz und Pfeffer	würzen.
60 g Polentagrieß	unter ständigem Rühren dazugeben und alles bei mittlerer Hitze weiterköcheln lassen, bis sich die Polentamasse vom Topfboden löst. Die Polenta vom Herd nehmen und etwas abkühlen lassen.
1 Ei	trennen. Das Eiweiß mit
1 Prise Salz	steif schlagen und beiseitestellen. Das Eigelb unter die Polenta rühren und diese vollständig abkühlen lassen. Die Morcheln aus dem Einweichwasser nehmen und gut ausdrücken. Das Pilzwasser zum Reinigen durch einen Kaffeefilter gießen und 50 ml davon abmessen.
Je 2 Schalotten und Knoblauchzehen	schälen, in feine Würfel schneiden und in
2 EL Olivenöl mit Limone	glasig dünsten. Mit
40 ml trockenem Weißwein	ablöschen,
2 Thymianzweige, 80 g Sahne	und das abgemessene Pilzwasser dazugeben und die Sauce bei mittlerer Hitze sämig einkochen lassen. Die Morcheln untermischen und die Sauce beiseitestellen. Den Backofengrill einschalten.
4 Heilbuttfilets (ohne Haut und Gräten, à ca. 100 g)	waschen, trocken tupfen und in einer Pfanne in
2 EL Olivenöl	von jeder Seite ca. 2 Minuten anbraten.
1 Rosmarinzweig, 2 Thymianzweige und 2 halbierte, ungeschälte Knoblauchzehen	dazugeben und die Fischfilets mit
Salz und Pfeffer	würzen. Alles aus der Pfanne nehmen und in eine große Auflaufform legen. Den Eischnee und
1 EL Schnittlauchröllchen	unter die Polentamasse heben und diese auf die Fischfilets streichen. Unter dem Grill auf der zweiten Schiene von oben ca. 5 Minuten goldbraun gratinieren. Inzwischen die Morchelsauce wieder erwärmen.
2 EL geschlagene Sahne und 1 EL gehackte Petersilie	unterrühren und die Sauce mit
Salz und Pfeffer	würzen. Die Heilbuttfilets mit der Morchelsauce auf Tellern anrichten.

Mein Tipp:
Sie können die Sauce natürlich auch mit frischen Morcheln zubereiten, dann sparen Sie sich das Einweichen. Frische Morcheln haben allerdings nur von Mai bis Mitte Juni Saison, während getrocknete Morcheln das ganze Jahr über erhältlich sind.
Statt Heilbutt können Sie auch Steinbutt verwenden. Oder servieren Sie den Fisch anstelle der Morchelsauce mit einer Tomatensauce, die Sie mit Basilikum verfeinern.

HAUPTGERICHTE MIT FISCH & MEERESFRÜCHTEN

Panierte Schollenfilets
mit Paprikaschaum und Knoblauchnudeln

Für 4 Personen	*Zubereitungszeit: ca. 1 Std.*
2 gelbe Paprikaschoten	längs halbieren, entkernen, waschen und in Stücke schneiden.
50 g Schalotten	schälen, in feine Würfel schneiden und in
2 EL Butter	glasig dünsten. Die Paprikastücke dazugeben und ebenfalls leicht andünsten.
150 ml Gemüsebrühe und 200 g Sahne	angießen und die Paprika bei mittlerer Hitze zugedeckt ca. 10 Minuten garen. Das Gemüse fein pürieren und durch ein Sieb in einen Topf streichen.
50 g eiskalte Butter	in kleine Würfel schneiden, in die Sauce einrühren und diese mit
Salz, Pfeffer und etwas Zitronensaft	würzig abschmecken. Zum Schluss
1 EL geschlagene Sahne	unterheben und den Paprikaschaum zugedeckt warm halten.
200 g feine Bandnudeln	in reichlich kochendem
Salzwasser	nach Packungsanweisung bissfest garen. Inzwischen
4 Schollenfilets (ohne Haut, à 100 g)	waschen, trocken tupfen und eventuell vorhandene Gräten entfernen. Die Filets mit
Salz und grob geschrotetem Pfeffer	würzen.
120 g Schalotten	schälen, in sehr feine Würfel schneiden und in
3 EL Butter	glasig dünsten. Abkühlen lassen, dann
1 EL gehackte Petersilie und 80 g Semmelbrösel	untermischen.
2 Eier und 1 EL Sahne	verquirlen. Die Nudeln abgießen, kurz abschrecken und gut abtropfen lassen.
1 Tomate	über Kreuz einritzen, kurz überbrühen, abschrecken und enthäuten. Anschließend vierteln, entkernen und in Streifen schneiden.
3 Knoblauchzehen	schälen, in feine Scheiben schneiden und in
3 EL Olivenöl	goldgelb braten. Die Nudeln dazugeben, gut durchschwenken und mit
Salz und Pfeffer	würzen. Die Tomatenwürfel mit
1 EL Thymianblättchen und 2 EL Olivenöl	unter die Nudeln mischen. Zugedeckt warm halten. Die Fischfilets zuerst in
50 g Mehl	wenden, dann durch die Eier ziehen und zuletzt in der Semmelbrösel-mischung panieren.
60 g Butterschmalz	in einer beschichteten Pfanne erhitzen.
2 Thymianzweige	zum Aromatisieren hineingeben und die Fischfilets darin bei milder Hitze von jeder Seite ca. 2 Minuten braten, bis sie goldgelb sind. Die Schollenfilets mit dem Paprikaschaum und den Nudeln servieren.

Mein Tipp:
Braten Sie die Schollenfilets immer nur bei mittlerer Hitze, damit die Panade nicht zu schnell dunkel wird. Statt der Schollenfilets können Sie auch einmal Waller-, Heilbutt- oder Seelachsfilets verwenden.

HAUPTGERICHTE MIT FISCH & MEERESFRÜCHTEN

Forelle in der Folie *mit Salzkartoffeln*

Für 4 Personen — *Zubereitungszeit: ca. 45 Min.*

Den Backofen auf 180 °C vorheizen.

4 küchenfertige Regenbogenforellen (à 300–400 g) innen und außen waschen, trocken tupfen und die Bauchhöhlen mit insgesamt

je 4 Dill- und Petersilienstielen füllen. Die Fische jeweils auf ein großes Stück Alufolie legen und mit

Salz und Pfeffer würzen.

2 Zitronen sorgfältig schälen, sodass auch die weiße Haut mit entfernt wird, und die Fruchtfilets herausschneiden.

100 g Möhren und 4 Frühlingszwiebeln putzen, schälen bzw. waschen und in feine Würfel schneiden.

2 Schalotten schälen und ebenfalls in feine Würfel schneiden. Das Gemüse in

4 EL Butter andünsten. Die Zitronenfilets,

100 ml trockenen Weißwein, etwas gemahlenen Koriander und 2 EL gehackten Dill hinzufügen und alles mit

Salz und Pfeffer würzen. Das Gemüse auf den Forellen verteilen, die Folie zu festen Päckchen verschließen und die Fische im Ofen auf der mittleren Schiene 15 bis 20 Minuten garen. Inzwischen

400 g vorwiegend festkochende Kartoffeln schälen, vierteln und in

Salzwasser garen. Abgießen, etwas ausdampfen lassen,

2 ½ EL Butter dazugeben und mit

Salz und Muskatnuss würzen. Zu den Forellen servieren.

Gebratene Scholle *mit Kräuterkartoffeln*

Für 4 Personen	*Zubereitungszeit: ca. 50 Min.*
300 g kleine neue Kartoffeln	gut waschen und in
Salzwasser	als Pellkartoffeln garen. Inzwischen
8 Schollenfilets	
(ohne Haut, à 70 g)	waschen, trocken tupfen und eventuell vorhandene Gräten entfernen. Die Filets mit dem
Saft von 1 Zitrone	beträufeln und mit
Salz und Pfeffer	würzen.
60 g dünne durchwachsene Speckscheiben	in feine Würfel schneiden.
3 Schalotten	schälen und ebenfalls in feine Würfel schneiden. Beides in
1 EL Butter	andünsten. Auf Küchenkrepp abtropfen und abkühlen lassen und mit
150 g Semmelbröseln	mischen.
4 Eier und 1 EL Senf	verrühren. Die Kartoffeln abgießen, kurz ausdampfen lassen und pellen. Die Schollenfilets zuerst in
80 g Mehl	wenden, dann durch die Eiermischung ziehen und zuletzt mit den Specksemmelbröseln panieren. Die Kartoffeln in einer Pfanne in
50 g Butter	leicht bräunen. Mit
Salz und Pfeffer	würzen und
je 1 EL gehackte Petersilie, gehackten Kerbel und gehackten Estragon	untermischen. Die Fischfilets in
3 EL Butterschmalz	von jeder Seite 2 bis 3 Minuten braten, bis sie goldgelb sind. Auf Küchenkrepp abtropfen lassen, anschließend mit
Salz und Pfeffer	würzen. Mit den Kartoffeln anrichten und mit
Dillspitzen	garnieren.

Steinbutt in Limettenkruste
mit gegrillter Mango und Pekannuss-Chili-Sauce

Für 4 Personen	*Zubereitungszeit: ca. 45 Min.*
2 unbehandelte Limetten	heiß waschen, gut abtrocknen und die Schale mit einem Zestenreißer in schmalen Streifen abziehen.
100 ml Fischfond	erhitzen.
1 TL Speisestärke	mit wenig kaltem Wasser anrühren und den Fond damit leicht binden. Dann die Limettenzesten und
50 g Pekannusskerne	unterrühren, die Sauce mit
Salz und Chili aus der Gewürzmühle (ersatzweise Chilipulver)	würzen und warm halten.
1 unbehandelte Limette	heiß waschen, gut abtrocknen und die Schale fein abreiben.
60 g weiche Butter	cremig rühren. Die Limettenschale und
1 EL Olivenöl mit Limone	unterrühren. Die Buttermasse mit
Salz, Pfeffer, gemahlenem Koriander und Chili aus der Gewürzmühle (ersatzweise Chilipulver)	würzen und alles gut verrühren.
70 g Weißbrot	entrinden, im Mixer fein zerbröseln und unter die Butter rühren.
150 g Basmatireis	kalt abbrausen, mit ca. 200 ml Wasser und
1 Prise Salz	in einen Topf geben und kurz aufkochen. Anschließend zugedeckt bei sehr milder Hitze 12 bis 14 Minuten garen, dabei gelegentlich umrühren. Dann warm halten.
	Inzwischen
2 kleine Mangos	mit dem Sparschäler schälen und das Fruchtfleisch in großen Stücken vom Stein schneiden. Den Backofengrill einschalten.
650 g Steinbuttfilet (ohne Haut und Gräten)	waschen und trocken tupfen. Mit
Salz und gemahlenem Koriander	würzen und in 12 gleich große Stücke schneiden.
4 EL Butterschmalz	portionsweise in einer Pfanne erhitzen und die Fischstücke darin von jeder Seite 2 Minuten braten. Herausnehmen und in eine große Auflaufform legen. Die Buttermasse daraufstreichen und den Fisch unter dem Grill auf der zweiten Schiene von oben ca. 5 Minuten goldbraun gratinieren.
	Inzwischen
1 TL Sesamöl	in einer Grillpfanne erhitzen und die Mangostücke darin mit den Schnittflächen nach unten anbraten. Die Fischfilets mit der Mango, dem Reis und der Pekannuss-Chili-Sauce anrichten.

Mein Tipp:
Schlaue Resteverwertung: Pressen Sie die Limette, von der Sie die Zesten abgezogen haben, aus und verwenden Sie den Saft zum Aromatisieren von Speisen, Getränken oder Gebäck. Der Saft lässt sich übrigens auch problemlos einfrieren.

HAUPTGERICHTE MIT FISCH & MEERESFRÜCHTEN

Seelachs mit Tomatenkruste *auf Spinatgemüse*

Für 4 Personen	*Zubereitungszeit: ca. 1 Std.*
250 g Blattspinat	putzen, waschen und abtropfen lassen.
2 Schalotten und 1 Knoblauchzehe	schälen, in feine Würfel schneiden und in einem großen Topf in
2 EL Olivenöl	glasig dünsten. Den Spinat dazugeben und bei mittlerer Hitze unter mehrmaligem Wenden 1 bis 2 Minuten zusammenfallen lassen. Mit
Salz, Pfeffer und Muskatnuss	würzen. Dann
120 g Sahne	angießen und etwas einkochen lassen. Den Spinat zugedeckt warm halten. Den Backofengrill einschalten.
50 g Toastbrot (vom Vortag)	mit dem Pürierstab fein zerbröseln.
80 g Butter	mit dem Handrührgerät schaumig rühren.
3 EL Tomatenmark mit Basilikum	unterrühren, dann die Toastbrotbrösel untermischen. Einen großen ofenfesten Teller mit
2 EL Olivenöl	beträufeln.
600 g Seelachsfilet (ohne Haut)	waschen, trocken tupfen und eventuell vorhandene Gräten entfernen. Den Fisch mit dem
Saft von 1 Zitrone	beträufeln und mit
Salz und Pfeffer	würzen. Dann in 4 gleich große Stück schneiden, auf den Teller legen und ca. 1 cm dick mit der Tomatenmasse bestreichen. Den Fisch unter dem Backofengrill auf der mittleren Schiene ca. 6 Minuten gratinieren. Vorsichtig vom Teller heben und mit dem Spinat auf Tellern anrichten.

Mein Tipp:
Die Tomatenkruste gibt dem Seelachs die richtige Würze. Sollten Sie das Tomatenmark mit Basilikum nicht bekommen, können Sie stattdessen normales Tomatenmark nehmen und 1 TL fein gehacktes Basilikum untermischen.

Gebratene Rotbarbe *auf Bouillabaisse-Gemüse*

Für 4 Personen	*Zubereitungszeit: ca. 1 Std.*
	Den Backofen auf 200 °C vorheizen.
½ **Lauchstange**	putzen, längs halbieren und sorgfältig waschen.
1 **große Möhre**	putzen und schälen.
1 **Fenchelknolle**	putzen und waschen. Alles in feine Stifte schneiden und in
3 **EL Olivenöl**	andünsten. Mit
Salz, Pfeffer und	
1 **TL Safranfäden**	würzen und mit
50 **ml trockenem Weißwein**	ablöschen.
100 **ml Fischfond**	angießen und das Gemüse bei milder Hitze zugedeckt bissfest garen.
12 **frische Perlzwiebeln**	schälen, halbieren und bei mittlerer Hitze in
2 **EL Olivenöl und**	
1 **TL Zucker**	glasig dünsten. In eine Auflaufform geben und im Ofen auf der mittleren Schiene zugedeckt ca. 10 Minuten garen. Anschließend unter das Gemüse mischen.
50 **g Butter**	in kleine Würfel schneiden und ebenfalls vorsichtig untermischen. Das Gemüse zugedeckt warm halten.
4 **küchenfertige Rotbarben (à 150 g)**	waschen und trocken tupfen.
2 **EL Olivenöl**	in einer Pfanne erhitzen und
2 **Thymianzweige und** 2 **angedrückte, ungeschälte Knoblauchzehen**	hineingeben. Die Rotbarben im Würzöl von jeder Seite 3 bis 4 Minuten braten. Mit
Salz und Pfeffer	würzen und mit dem Gemüse und den gebratenen Kräutern anrichten.

Seeteufelmedaillons mit Pestokruste
und geschmorten Paprika

Für 4 Personen

Zubereitungszeit: ca. 1 Std.
Für die geschmorten Paprika den Backofen auf 220 °C vorheizen.

Je 2 gelbe und rote Paprikaschoten
4 EL Olivenöl
2 leicht angedrückte, ungeschälte Knoblauchzehen
und je 2 Thymian- und Rosmarinzweige
Salz und Pfeffer

längs vierteln, entkernen und waschen. Ein Backblech mit einfetten und die Paprika mit der Hautseite nach oben darauflegen.

darübergeben und alles mit würzen. Die Paprikaschoten im Ofen auf der mittleren Schiene ca. 20 Minuten schmoren.
Inzwischen für das Pesto

2 EL Pinienkerne
3 Scheiben Toastbrot
1 Bund Basilikum (ca. 60 g)

in einer Pfanne ohne Fett anrösten.
in Würfel schneiden und mit dem Pürierstab fein zerbröseln.
waschen, trocken schütteln und die Blättchen von den Stielen zupfen. Einige Blättchen für die Garnitur beiseitelegen, die restlichen mit

80 ml Olivenöl, 1 geschälten Knoblauchzehe, Salz
80 g weiche Butter

und den Pinienkernen fein pürieren. Nach und nach untermixen. Dann die Toastbrotbrösel unterheben. Die Paprikaschoten aus dem Ofen nehmen, etwas abkühlen lassen und die Haut abziehen. Die Schoten mit dem Schmorsaft zugedeckt warm halten.

8 Seeteufelmedaillons (à 60 g)
3 EL Olivenöl

waschen und trocken tupfen.
in einer Pfanne erhitzen und die Medaillons darin von jeder Seite 1 bis 2 Minuten braten. Mit

Salz, Pfeffer und Zitronensaft

würzen. Den Backofengrill einschalten. Jedes Medaillon ca. 1 cm dick mit dem Basilikumpesto bestreichen und unter dem Grill ca. 3 Minuten gratinieren. Die Paprikaschoten nach Belieben in mundgerechte Stücke schneiden und mit dem Schmorsaft auf Teller verteilen. Die Seeteufelmedaillons darauf anrichten und mit den beiseitegelegten Basilikumblättchen garnieren.

Mein Tipp:
Seeteufel hat festes und sehr saftiges Fleisch. Braten Sie ihn immer nur ganz kurz, sodass er innen noch leicht glasig ist – dann schmeckt er am besten. Durch das Garen im Ofen werden die Paprikaschoten butterweich und bekommen ein leichtes Röstaroma, das hervorragend zu ihrer würzigen Süße passt.

HAUPTGERICHTE MIT FISCH & MEERESFRÜCHTEN

227

Überbackene Lachscannelloni
mit Mangoldgemüse

Für 4 Personen	*Zubereitungszeit: ca. 55 Min.*
8 grüne Lasagneplatten	in reichlich kochendem
Salzwasser	ca. 6 Minuten bissfest garen. Kurz abschrecken, etwas abtropfen lassen und nebeneinander auf einem Stofftuch auslegen. Eine Auflaufform mit
1 TL Butter	ausfetten.
500 g Lachsfilet	
(Mittelstück, ohne Haut)	waschen, trocken tupfen und eventuell vorhandene Gräten entfernen. Das Filet in 8 ca. 2 cm breite Streifen schneiden. Diese mit dem
Saft von 1 Zitrone	beträufeln, mit
Salz und Pfeffer	würzen und vorsichtig in die Lasagneplatten einwickeln. Die Lachscannelloni nebeneinander (jeweils mit der Naht nach unten) in die Auflaufform legen. Den Backofen auf 200 °C vorheizen.
100 ml trockenen Weißwein	
und 3 Eigelb	über einem heißen Wasserbad schaumig aufschlagen. Vom Wasserbad nehmen und
100 g weiche Butter	nach und nach unterrühren. Die Sauce mit
Salz, Cayennepfeffer und	
dem Saft von ½ Zitrone	abschmecken und
1 EL geschlagene Sahne	unterheben. Die Sauce über die Cannelloni gießen.
30 g Parmesan	fein reiben und über die Cannelloni streuen. Die Lachscannelloni im Ofen auf der mittleren Schiene ca. 12 Minuten garen. Inzwischen für das Mangoldgemüse von
1 Mangoldstaude (ca. 600 g)	die Blätter abtrennen, putzen und waschen. Die grünen Blattteile von den weißen Stielen abschneiden, Stiele und Blätter getrennt in feine Streifen schneiden.
Je 1 Schalotte und	
Knoblauchzehe	schälen und in feine Würfel schneiden.
3 EL Öl und 1 EL Butter	in einem großen Topf erhitzen. Die Mangoldstiele sowie die Schalotten- und Knoblauchwürfel darin kurz andünsten und mit
1 EL Mehl	bestäuben.
80 ml Geflügelfond und	
50 ml trockenen Weißwein	angießen und das Gemüse bei milder Hitze zugedeckt ca. 5 Minuten dünsten. Dann mit
Salz, Pfeffer und	
etwas Zitronensaft	würzen. Die Mangoldblätter untermischen und alles weitere 2 Minuten dünsten. Die Cannelloni mit dem Mangoldgemüse anrichten und mit
Dillspitzen	garnieren.

Mein Tipp:
Da gekochte Lasagneblätter rasch zusammenkleben, sollten Sie sie nach dem Abtropfen immer nebeneinander auslegen – am besten auf einem großen Küchenbrett, einem sauberen Stofftuch oder einem Stück Frischhaltefolie. Mangold hat ein würziges Aroma, das ein wenig an Spinat und Nüsse erinnert. Seine Haupterntezeit ist von Mai bis September. Er ist maximal 2 Tage im Kühlschrank lagerbar, daher sollten Sie ihn direkt am Einkaufstag verarbeiten.

HAUPTGERICHTE MIT FISCH & MEERESFRÜCHTEN

Überbackene Lachsforellenfilets
mit Brunnenkressesalat

Für 4 Personen	*Zubereitungszeit: ca. 50 Min.*
2 Lachsforellenfilets	
(à ca. 200 g)	von den Bauchlappen befreien. Die Haut abziehen und eventuell noch vorhandene Gräten entfernen. Die Filets waschen und mit Küchenkrepp trocken tupfen. Vier kleine ofenfeste Teller (sie müssen nebeneinander in den Backofen passen) mit
2 EL Olivenöl	bestreichen. Die Filets schräg in ½ bis 1 cm breite Scheiben schneiden und auf die Teller verteilen (die Scheiben dürfen dabei nicht übereinander liegen). Die Forellenfilets mit
Salz, Pfeffer und gemahlenem Koriander	würzen. Den Backofengrill einschalten.
2 Schalotten	schälen, in feine Würfel schneiden und in
2 EL Butter	glasig dünsten.
2 EL trockenen Vermouth (z. B. Noilly Prat), 100 ml Fischfond und 60 g Sahne	dazugeben und auf ein Drittel einkochen lassen.
60 g eiskalte Butter	in kleine Würfel schneiden und mit dem Pürierstab unter die nicht mehr kochende Sauce mixen, bis sie bindet. Anschließend
2 EL geschlagene Sahne	mit dem Pürierstab untermixen. Die Fischfilets mit der aufgeschäumten Sauce beträufeln und unter dem Backofengrill auf der mittleren Schiene 4 bis 5 Minuten überbacken, bis alles schön gebräunt ist. Inzwischen für den Salat
120 g Brunnenkresse	verlesen, waschen und trocken schleudern.
6 Radieschen	putzen, waschen und in feine Stifte schneiden. Die Radieschenstifte und die Brunnenkresse mit
4 EL Walnussöl, etwas Balsamico bianco, Salz und Pfeffer	mischen. Die gratinierten Forellenfilets aus dem Backofen nehmen und den Kressesalat jeweils in die Mitte geben.

Mein Tipp:
Sollten Sie keine Brunnenkresse bekommen, eignet sich auch nussig-würziger Rucola für dieses Gericht.
Statt Walnussöl können Sie ersatzweise auch ein anderes Nussöl (z. B. Haselnussöl) verwenden.
Zu den überbackenen Fischfilets passen hervorragend Baguettescheiben, die man kurz in der Pfanne von beiden Seiten in etwas Nussöl anröstet.

HAUPTGERICHTE MIT FISCH & MEERESFRÜCHTEN

In Folie gegarte Lachsforelle
auf Kräutercreme

Für 4 Personen	*Zubereitungszeit: ca. 1 Std.*
150 g gemischte Kräuter (Petersilie, Kerbel, Estragon, Schnittlauch, Kresse, Pimpernelle, Dill, Sauerampfer)	waschen, trocken schütteln und die Blättchen von den Stielen zupfen. Zwei Drittel der Kräuter mit
150 g Crème fraîche, 3 EL Mayonnaise und 1 TL Senf	mit dem Pürierstab fein pürieren. Die Kräutercreme mit
Salz, Cayennepfeffer	und dem
Saft von 1 Zitrone	abschmecken. Den Backofen auf 160 °C vorheizen. Ein großes Stück Alufolie mit
2 EL Olivenöl	beträufeln und gleichmäßig mit
Salz, Pfeffer und der abgeriebenen Schale von 1 unbehandelten Zitrone	bestreuen.
2 Lachsforellenfilets (ohne Haut und Gräten, à 300 g)	waschen und trocken tupfen. Ein Lachsforellenfilet auf die Alufolie legen, das zweite Fischfilet darauflegen, mit
Salz, Pfeffer und der abgeriebenen Schale von 1 unbehandelten Zitrone	würzen.
2 EL Olivenöl	über den Fisch träufeln und mit einem zweiten Stück Alufolie bedecken. Die Folien an den Rändern zusammenfalten und gut verschließen. Den eingepackten Fisch im Ofen auf der mittleren Schiene ca. 15 Minuten garen.
16 kleine festkochende Kartoffeln	waschen und in
Salzwasser	als Pellkartoffeln garen. Die Kartoffeln abgießen, kurz ausdampfen lassen, pellen und halbieren.
3 EL Butter	zerlassen und die Kartoffeln darin schwenken, dabei mit
Salz und Pfeffer	würzen. Die Lachsforellenfilets aus dem Ofen nehmen, aus der Folie packen, mit einem scharfen Messer in Stücke schneiden und auf der Kräutercreme anrichten. Die restlichen Kräuter mit
1 EL Olivenöl, Salz und Pfeffer	mischen und mit den Kartoffeln um den Fisch verteilen.

Hauptgerichte mit Fisch & Meeresfrüchten

Im Lauchmantel gebratener Heilbutt
mit Petersilienbutter und Stampfkartoffeln

Für 4 Personen	*Zubereitungszeit: ca. 55 Min.*
1 Lauchstange	putzen, längs halbieren, waschen, kurz in
Salzwasser	blanchieren und abschrecken. Die Lauchblätter ablösen und in 4 Portionen nebeneinander auf ein Schneidebrett legen.
4 Heilbuttfilets (ohne Haut, à 120 g)	waschen, trocken tupfen und eventuell vorhandene Gräten entfernen. Die Filets auf den Lauch legen, fest einrollen und den Lauch mit Holzzahnstochern feststecken.
600 g kleine mehlig kochende Kartoffeln	schälen, halbieren und in
Salzwasser	garen. Inzwischen für die Petersilienbutter
3 Schalotten	schälen, in feine Würfel schneiden und in
50 g Butter	glasig dünsten.
60 g gehackte Petersilie und den Saft von 1 Zitrone	dazugeben.
150 g eiskalte Butter	in Würfel schneiden und mit dem Pürierstab unter die nicht mehr kochende Sauce mixen. Die Petersilienbutter mit
Salz und Pfeffer	abschmecken und warm halten. Die Kartoffeln abgießen und ausdampfen lassen.
150 ml Milch, 4 EL Butter, Salz, Pfeffer und Muskatnuss	aufkochen. Die Kartoffeln mit der Gewürzmilch übergießen, zerstampfen und eventuell mit
Salz und Pfeffer	nachwürzen. Die Stampfkartoffeln warm stellen.
1 Schalotte	schälen und in Streifen schneiden.
1 Knoblauchzehe	schälen und in feine Würfel schneiden. Die Fischpäckchen in einer Pfanne in
3 EL Olivenöl	vorsichtig von beiden Seiten anbraten. Die Schalottenstreifen und die Knoblauchwürfel dazugeben.
1 EL Butter	in der Pfanne erhitzen und die Fischpäckchen damit mehrmals übergießen (so bleibt der Fisch saftig).
2 Thymianzweige	waschen, trocken schütteln, hinzufügen und alles 2 bis 3 Minuten ziehen lassen. Die Fischpäckchen mit den Stampfkartoffeln und der Petersilienbutter anrichten.

Mein Tipp:
Auch wenn die Lauchstreifen mit Zahnstochern fixiert sind, empfehle ich Ihnen, die Päckchen zuerst mit der »Naht« nach unten anzubraten. So kleben die Lauchenden durch die Brathitze schnell zusammen (sie »verbacken«) und die Päckchen halten wesentlich besser zusammen.
Statt Heilbutt können Sie auch Kabeljau oder Rotbarsch verwenden.

HAUPTGERICHTE MIT FISCH & MEERESFRÜCHTEN

Fischfrikadellen
auf geschmorten Gurken

Für 4 Personen	*Zubereitungszeit: ca. 1 Std.*
Je 200 g Lachs- und Zanderfilet (ohne Haut)	in große Würfel schneiden und durch die feine Scheibe des Fleischwolfs drehen oder in sehr feine Würfel schneiden.
Je 80 g Lauch, Möhren und Staudensellerie	putzen, waschen bzw. schälen und in kleine Würfel schneiden. Mit dem Fisch und
1 Eiweiß	gut vermischen.
1 TL Speisestärke	untermischen und die Masse mit
1 Msp. gehackter Ingwerwurzel, Salz, Pfeffer und Chili	abschmecken.
1 EL gehacktes Koriandergrün	untermischen.
4 Schmorgurken (600 g)	putzen, waschen – wenn nötig schälen – und längs halbieren. Die Kernchen mit einem Teelöffel entfernen und die Gurken in Halbmonde schneiden.
1 Limette	heiß waschen, gut abtrocknen und die Schale fein abreiben. Die Limette auspressen.
1 Tomate	über Kreuz einritzen, kurz überbrühen, abschrecken und enthäuten. Anschließend vierteln, entkernen und in kleine Würfel schneiden.
2 Schalotten	schälen, in feine Würfel schneiden und in
1 EL Butter	glasig dünsten. Die Gurken hinzufügen. Alles mit dem Limettensaft und
Salz	würzen und zugedeckt schmoren, bis die Flüssigkeit fast eingekocht ist.
120 g Crème fraîche und 1–2 EL gehackten Dill	untermischen und das Gemüse mit
Salz und Pfeffer	abschmecken. Zuletzt die Tomatenwürfel und die Limettenschale untermischen und die Gurken zugedeckt warm halten.
3–4 EL Olivenöl	in einer Pfanne erhitzen. Aus der Fischmasse mit angefeuchteten Händen kleine Bällchen formen, diese etwas flach drücken und von beiden Seiten langsam goldbraun braten. Die Fischfrikadellen mit dem Gurkengemüse servieren.

Mein Tipp:
Für die Frikadellen können Sie auch Seelachs, Schellfisch, Steinbutt oder Kabeljau nehmen.
Eine schöne Kruste bekommen die Frikadellen, wenn Sie sie vor dem Braten in selbst gemachten Weißbrotbröseln wenden. Dazu ein altbackenes Weißbrot entrinden und mit dem Pürierstab fein zerbröseln. Nehmen Sie bitte keine Semmelbrösel, sie machen die Frikadellen trocken.

HAUPTGERICHTE MIT FISCH & MEERESFRÜCHTEN

Gefüllte Forellenfilets
mit Kräutersabayon

Für 4 Personen *Zubereitungszeit: ca. 1 Std.*

½ Zucchino, je 50 g rote und gelbe Paprikaschote und 60 g Aubergine	putzen, waschen und in feine Würfel schneiden.
1 Knoblauchzehe und 3 Schalotten	schälen, in feine Würfel schneiden und in
2 EL Butter	glasig dünsten. Die Gemüsewürfel dazugeben und kurz mitdünsten. Dann alles kräftig mit
Salz und Pfeffer	würzen und
1 TL Tomatenmark	unterrühren. Die Mischung in eine Schüssel geben,
1 TL gehacktes Basilikum und 1 EL gehackte Petersilie	untermischen und alles abkühlen lassen.
1 EL Ricotta (ital. Frischkäse)	untermischen.
4 Forellenfilets (mit Haut, à 150 g)	waschen, trocken tupfen und eventuell vorhandene Gräten entfernen. Die Filets mit den Hautseiten nach unten auf ein Küchenbrett legen und mit
Salz und Pfeffer	würzen. Dann jeweils auf einer Hälfte mit je einem Viertel der Gemüsefüllung bestreichen.
4 Basilikumblättchen	waschen, trocken tupfen und darauflegen, die nicht bestrichenen Filetteile darüberklappen und mit Holzzahnstochern feststecken. Die Filets in einen Dämpfeinsatz legen.
½ unbehandelte Limette	heiß waschen, gut abtrocknen und die Schale mit einem Zestenreißer in feinen Streifen abziehen.
Je 2 rote Zwiebeln und Knoblauchzehen	schälen und in feine Würfel schneiden. Mit der Limettenschale in einem zum Dämpfeinsatz passenden Topf in
2 EL Butter	andünsten. Mit
50 ml weißem Portwein und 150 ml trockenem Weißwein	ablöschen,
100 ml Fischfond	angießen und den Sud mit
Salz und Pfeffer	würzen. Den Dämpfeinsatz einhängen und die Fischfilets bei milder Hitze zugedeckt ca. 5 Minuten dämpfen. Dann herausnehmen und die Haut vorsichtig abziehen. Die Fischfilets zugedeckt warm halten. Den Sud auf 200 ml einkochen lassen und durch ein Sieb in eine Schlagschüssel gießen.
4 Eigelb	unterrühren und alles über einem heißen Wasserbad cremig aufschlagen.
50 g eiskalte Butter	in kleine Würfel schneiden und in das Sabayon einrühren. Alles mit
Salz und Pfeffer	würzen und
je 1 EL fein gehackte Petersilie, fein gehackten Estragon und Kerbel sowie 1 EL Schnittlauchröllchen	unterrühren. Mit den Fischfilets anrichten.

Mein Tipp:
Als Beilage passen zu den feinen Fischfilets am besten Salzkartoffeln (ca. 500 g für 4 Personen).

HAUPTGERICHTE MIT FISCH & MEERESFRÜCHTEN

Gedämpfter Seeteufel
mit Rohkostsalat und Macadamianuss-Dressing

Für 4 Personen — *Zubereitungszeit: ca. 1 1/4 Std.*

50 ml Balsamico bianco, Salz, Pfeffer und Zucker	in einer Schüssel verrühren. Nach und nach
100 ml Macadamianussöl und 2 EL Ahornsirup	unterrühren.
70 g geröstete, gesalzene Macadamianüsse	fein hacken und unter das Dressing mischen.
1 Salatgurke	schälen, längs halbieren, die Kerne mit einem Teelöffel entfernen und die Gurke in Stifte schneiden.
200 g Rotkohl	putzen, waschen und in feine Streifen schneiden oder hobeln.
10 Radieschen	putzen und waschen, zuerst in Scheiben und dann in Streifen schneiden.
Je 1 rote und gelbe Paprikaschote	längs vierteln, entkernen, waschen und mit dem Sparschäler schälen. Die Schoten in Streifen schneiden.
1 rote Zwiebel	schälen und in Streifen schneiden.
12 Cocktailtomaten	waschen und halbieren.
1 Möhre	putzen, schälen und in dünne Stifte schneiden. Alle Gemüsesorten in eine Schüssel geben und den Salat mit dem Macadamianuss-Dressing mischen.
3 Stangen Zitronengras	putzen und fein schneiden. Mit
600 ml Fischfond und 50 ml Noilly Prat	in einem Topf zum Kochen bringen.
30 g Ingwerwurzel und 3 Schalotten	schälen und in feine Würfel schneiden. Beides mit
5 Korianderzweigen	in den Topf geben und erneut aufkochen.
500 g Seeteufelfilet (ohne Haut und Gräten)	waschen, trocken tupfen und mit
Fleur de Sel (Meersalz) und Pfeffer	würzen. In einen zum Topf passenden Dämpfeinsatz legen und zugedeckt je nach Dicke des Fisches 8 bis 15 Minuten über dem leicht köchelnden Sud dämpfen. Inzwischen
150 g gemischte Kräuter (z. B. Dill, Petersilie, Sauerampfer, Kerbel, Borretsch, Schnittlauch)	waschen, trocken schütteln, die Blättchen von den Stielen zupfen und fein hacken. Den Seeteufel aus dem Dämpfeinsatz nehmen und in den gehackten Kräutern wälzen. Den Seeteufel in Stücke schneiden und auf dem Salat anrichten.

Hauptgerichte mit Fisch & Meeresfrüchten

Gedämpfte Fischröllchen
mit Zitronengrasschaum

Für 4 Personen	*Zubereitungszeit: ca. 1 Std.*
120 g Basmatireis	kalt abbrausen, mit ca. 140 ml kaltem Wasser in einen Topf geben und kurz aufkochen. Anschließend bei sehr milder Hitze zugedeckt ca. 10 Minuten garen, dabei mehrmals umrühren. Den heißen Reis auf einem großen Backblech flach verteilen, damit er schneller auskühlt, denn er kann nur kalt gebraten werden. Inzwischen
¼ Lauchstange	putzen und waschen.
1 große Möhre und	
¼ Sellerieknolle	putzen und schälen. Das Gemüse in 6 cm lange und ca. 3 mm dünne Stifte schneiden und getrennt in
Salzwasser	bissfest blanchieren, abschrecken und gut abtropfen lassen.
4 Schollenfilets	
(ohne Haut, à 100 g)	waschen, trocken tupfen und eventuell vorhandene Gräten entfernen. Mit den ehemaligen Hautseiten nach oben auf die Arbeitsplatte legen. Mit
Salz und Pfeffer	würzen. Die Gemüsestreifen quer auf die Filets legen, diese aufrollen und mit Holzzahnstochern feststecken.
1 Schalotte und	
20 g Ingwerwurzel	schälen und in Streifen schneiden.
1 Knoblauchzehe	schälen und vierteln.
3 Stangen Zitronengras	putzen, waschen und in kleine Stücke schneiden.
200 ml Fischfond	mit den klein geschnittenen Zutaten in einem Topf aufkochen. Die Fischröllchen in einen zum Topf passenden Dämpfeinsatz setzen und zugedeckt ca. 6 Minuten über dem Fond dämpfen. Herausnehmen und zugedeckt warm halten. Den Dämpffond mit
70 g Sahne	aufkochen und ca. 10 Minuten langsam einköcheln lassen. Durch ein Sieb gießen und mit dem
Saft von 1 Limette, Salz,	
Pfeffer und Zucker	abschmecken.
50 g eiskalte Butter	in Würfel schneiden und mit dem Pürierstab untermixen.
1 EL geschlagene Sahne	unterheben.
50 g Butter	in einer Pfanne erhitzen und
2 TL Zitronenthymian- oder	
Thymianblättchen	darin kurz andünsten. Den Reis in der Butter braten und mit
Salz und Pfeffer	abschmecken. Mit den Fischröllchen und dem Zitronengrasschaum anrichten.

Mein Tipp:
In der Regel rollt man Fischfilets immer mit der ehemaligen Hautseite nach innen auf. Denn diese zieht sich beim Garen zusammen und hält so die Röllchen in Form. Sie erkennen diese Seite an ihrer sehr glatten Oberfläche, die häufig noch kleine hellgraue und glänzende Stellen hat.
Wenn es einmal etwas Besonderes sein soll, können Sie statt der Schollenfilets edle Seezungenfilets verwenden.

HAUPTGERICHTE MIT FISCH & MEERESFRÜCHTEN

Gebratener Zander
mit getrüffeltem Rahmwirsing und Zwiebelmarmelade

Für 4 Personen	*Zubereitungszeit: ca. 1 Std.*
2 rote Zwiebeln	schälen, in feine Würfel schneiden und in
2 EL Olivenöl	andünsten.
2 EL Zucker	darüberstreuen und karamellisieren. Mit
150 ml trockenem Rotwein und 100 ml rotem Portwein	ablöschen und bei milder Hitze ca. 15 Minuten einköcheln lassen. Anschließend mit
Salz und Pfeffer	würzen und
100 g kalte Butterwürfel	nach und nach unterrühren. Die Zwiebelmarmelade warm halten. Für den Rahmwirsing
½ Kopf Wirsing (ca. 450 g)	putzen, waschen, in die einzelnen Blätter teilen und diese in Streifen schneiden. In einer Pfanne in
2 EL Olivenöl	andünsten.
150 ml Geflügelfond und 100 g Sahne	dazugeben, die Hitze reduzieren und den Wirsing zugedeckt ca. 10 Minuten weich garen. Für den Zander
2 Zanderfilets (mit Haut und ohne Gräten, à 400 g)	waschen, trocken tupfen und jeweils halbieren. Mit dem
Saft von 1 Zitrone	beträufeln und mit
Salz und Pfeffer	würzen.
3 EL Butterschmalz	in einer Pfanne erhitzen und die Fischstücke darin auf der Hautseite ca. 4 Minuten braten. Dann vorsichtig wenden und auf der zweiten Seite 1 weitere Minute braten. Den Rahmwirsing mit
Salz und Pfeffer	würzen.
1 TL Speisestärke	mit etwas kaltem Wasser glatt rühren und den Rahmwirsing damit binden. Zuletzt mit
40 g Trüffelbutter	verfeinern. Den gebratenen Zander auf dem getrüffelten Rahmwirsing anrichten und mit der Zwiebelmarmelade garnieren.

Mein Tipp:
Eine besonders edle Note bekommt das Gericht, wenn Sie am Schluss noch etwas frische Trüffel darüberhobeln.
Die rote Zwiebelmarmelade ist nicht nur eine wunderbar fruchtige Ergänzung zu diesem Fischgericht – sie schmeckt beispielsweise auch ganz hervorragend als Dip zu pikantem Käse oder auch zu gebratener Entenbrust. Noch raffinierter wird die Marmelade, wenn Sie Rosinen oder klein geschnittene getrocknete Früchte (wie Kirschen oder Pflaumen) untermischen.

Hauptgerichte mit Fisch & Meeresfrüchten

Gebratener Zander
auf grünem und weißem Petersilienwurzelpüree

Für 4 Personen *Zubereitungszeit: ca. 50 Min.*

1 kleine gegarte Rote-Bete-Knolle	schälen und in kleine Würfel schneiden.
50 g gegarte und geschälte Maronen	klein hacken.
1 Schalotte	schälen, in feine Würfel schneiden und in
3–4 EL Rapsöl	andünsten. Mit
2 EL Balsamico bianco	ablöschen, die Rote Bete und die Maronen untermischen. Die Vinaigrette mit
Salz und Pfeffer	abschmecken. Für das Püree
1 Bund Petersilie	waschen, trocken schütteln und die Blättchen von den Stielen zupfen.
600 g Petersilienwurzeln	putzen, schälen und in kleine Würfel schneiden. In kochendem
Salzwasser	weich garen, abgießen und abtropfen lassen. Die Hälfte der Petersilienwurzeln mit den Petersilienblättchen und
50 g weicher Butter	im Mixer fein pürieren. Das Püree mit
Salz, Pfeffer und Muskatnuss	abschmecken und warm halten. Die restlichen Petersilienwurzeln und
50 g weiche Butter	ebenfalls im Mixer fein pürieren, mit
Salz, Pfeffer und Muskatnuss	abschmecken und warm halten.
600 g Zanderfilet (mit Haut und ohne Gräten)	waschen, trocken tupfen und in 4 Stücke schneiden. Mit dem
Saft von 1 Zitrone	beträufeln und mit
Salz und Pfeffer	würzen. Die Fischstücke in
etwas Mehl	wenden und in einer Pfanne in
2–3 EL Olivenöl	mit
2 Thymianzweigen, 1 Rosmarinzweig und 2 angedrückten Knoblauchzehen	auf der Hautseite ca. 5 Minuten braten. Dann wenden und auf der zweiten Seite 1 weitere Minute braten.

Das grüne und weiße Petersilienwurzelpüree auf Teller verteilen, den gebratenen Zander darauf anrichten und alles mit der Rote-Bete-Maronen-Vinaigrette beträufeln.

Mein Tipp:
Petersilienwurzeln sind ein traditionelles heimisches Gemüse, das lange Zeit fast in Vergessenheit geraten war. In den letzten Jahren hat es aber ein glänzendes Comeback gefeiert. Die Knollen ähneln mit ihrem leicht nussigen Aroma Petersilie und Knollensellerie. Das Grün der Wurzeln eignet sich – wie glatte Petersilie – als Küchenkraut.

HAUPTGERICHTE MIT FISCH & MEERESFRÜCHTEN

Gegrillte Seeteufelsatés
auf Papaya-Zuckerschoten-Salat

Für 4 Personen	Zubereitungszeit: ca. 30 Min. (plus mind. 1 Std. Marinierzeit für die Spieße)
8 Stangen Zitronengras	putzen, waschen und am oberen Ende spitz zuschneiden.
16 Seeteufelmedaillons	waschen, trocken tupfen und je 2 Medaillons auf 1 Zitronengrasspieß stecken. Die Spieße in eine große, flache Schale legen und mit
Salz und Pfeffer	würzen.
Je 1 Schalotte und Knoblauchzehe	schälen und in feine Würfel schneiden.
1 rote Chilischote	längs halbieren, die Kernchen mit einem spitzen Messer entfernen, die Schote waschen und ebenfalls in feine Würfel schneiden. Schalotten-, Knoblauch- und Chiliwürfel mit
2 EL Sesamöl, 3 EL Olivenöl mit Limone und 2 EL heller Sojasauce	zu einer Marinade verrühren. Über die Spieße gießen und diese zugedeckt mindestens 1 Stunde im Kühlschrank durchziehen lassen. Dabei mehrmals wenden. Inzwischen
1 Papaya	halbieren und die Kerne entfernen, die Hälften schälen und in dünne Scheiben schneiden.
150 g Zuckerschoten Salzwasser	putzen, waschen und eventuell diagonal halbieren. In reichlich kochendem ca. 2 Minuten blanchieren. Dann kalt abschrecken und gut abtropfen lassen. Aus
½ roten Chilischote	die Kernchen mit einem spitzen Messer entfernen, die Schote waschen und in feine Würfel schneiden. Mit
2 EL Weißweinessig, 1 EL Sesamöl, 1 EL Olivenöl mit Limone und 1 EL Ahornsirup	zu einer Vinaigrette verrühren.
1 Knoblauchzehe und 1 dünne Scheibe Ingwerwurzel	schälen, in feine Würfel schneiden und mit
1 EL gehacktem Koriandergrün	unter die Vinaigrette rühren. Die Papayastreifen und die Zuckerschoten mit der Vinaigrette vermischen und den Salat mit
Salz, Pfeffer und Zucker	abschmecken. Die marinierten Spieße in einer beschichteten Grillpfanne ohne Fett von jeder Seite 2 bis 3 Minuten braten. Die Seeteufelsatés auf dem Papaya-Zuckerschoten-Salat anrichten und mit
Korianderblättchen	garnieren.

Mein Tipp:
Zum Braten der Spieße benötigt man kein Fett, da die Marinade schon reichlich Öl enthält.
Zitronengras ist ein schilfartiges Gewürzgras, das vor allem in der thailändischen Küche verwendet wird. Seinen Namen verdankt es dem starken Zitronenduft, den es beim Zerreiben verströmt. Sie bekommen Zitronengras in Asienläden oder gut sortierten Gemüseabteilungen bzw. -fachgeschäften.

HAUPTGERICHTE MIT FISCH & MEERESFRÜCHTEN

249

Gebratene Rotbarbe *auf Knoblauchspaghetti*

Für 4 Personen — *Zubereitungszeit: ca. 1 Std.*

4 Knoblauchzehen schälen und grob zerkleinern.

5 Petersilienstiele waschen, trocken schütteln und die Blättchen von den Stielen zupfen. Knoblauch und Petersilie mit

100 ml Olivenöl fein pürieren.

150 g Spaghetti in reichlich kochendem

Salzwasser nach Packungsanweisung bissfest garen. Die Nudeln abgießen, gut abtropfen lassen, mit dem Knoblauch-Petersilien-Püree sorgfältig mischen und zugedeckt warm halten.

2 Schalotten schälen und in feine Würfel schneiden.

1 Tomate über Kreuz einritzen, kurz überbrühen, kalt abschrecken und enthäuten. Anschließend vierteln, entkernen und in kleine Würfel schneiden.

8 küchenfertige, kleine Rotbarben (à ca. 60 g) innen und außen waschen und trocken tupfen. Mit

1–2 TL Zitronensaft, Salz und Pfeffer würzen, in

etwas Mehl wenden und in einer beschichteten Pfanne in

4–6 EL Olivenöl von jeder Seite kross anbraten. Die Schalotten- und Tomatenwürfel sowie

je 2 Rosmarin- und Thymianzweige und

4 EL Butter dazugeben und die Fische bei mittlerer Hitze weitere 6 Minuten braten. Die Knoblauchspaghetti auf Teller verteilen und die Rotbarben darauf anrichten. Etwas von der Bratbutter mit den Tomaten- und Schalottenwürfeln über die Fische träufeln.

Seezungenröllchen *aus dem Aromadampf*

Für 4 Personen *Zubereitungszeit: ca. 45 Min.*

250 g Lachsfilet (ohne Haut und Gräten) und 8 Seezungenfilets (à 50 g)	waschen und trocken tupfen. Den Lachs mit einem scharfen Messer in 16 ca. 5 mm dünne Scheiben schneiden. Auf jedes Seezungenfilet 2 Lachsscheiben legen, aufrollen und mit Küchengarn festbinden.
150 g Zuckerschoten	putzen, waschen und diagonal halbieren.
12 grüne Stangen Spargel	waschen, im unteren Drittel schälen, dritteln und mit den Zuckerschoten in reichlich kochendem
Salzwasser	ca. 2 Minuten bissfest blanchieren. Kalt abschrecken und abtropfen lassen.
2 Schalotten und 30 g Ingwerwurzel	schälen und in Scheiben schneiden.
3 Stangen Zitronengras	putzen, waschen und mit einer schweren Pfanne flach drücken.
200 ml Fischfond	in einem Topf mit Schalotten, Ingwer und Zitronengras aufkochen. Die Seezungenröllchen mit
Salz, Pfeffer und dem Saft von 1 Limette	würzen, in einen zum Topf passenden Dämpfeinsatz setzen und zugedeckt 6 bis 8 Minuten über dem kochenden Fond dämpfen. Herausnehmen und warm halten.
100 g Sahne	in den Sud gießen und alles auf ein Drittel einkochen lassen.
3 EL Olivenöl	erhitzen, die Zuckerschoten und den Spargel darin anbraten, dabei mit
1 EL Zucker	bestreuen und leicht karamellisieren. Das Gemüse mit
Salz und Pfeffer	würzen. Das Küchengarn von den Seezungenröllchen entfernen, die Röllchen halbieren und mit dem Gemüse anrichten. Die Sahnesauce durch ein feines Sieb streichen,
den Saft von 1 Limette, Salz, Pfeffer, 2 EL geschlagene Sahne und 50 g Butter	unterrühren, mit dem Pürierstab schaumig aufmixen und darübergeben.

Waller im Sud
auf Gemüseragout

Für 4 Personen	*Zubereitungszeit: ca. 50 Min.*
4 Wallerfilets (ohne Haut, à 150 g) Salz und Pfeffer	waschen, trocken tupfen und eventuell vorhandene Gräten entfernen. Mit würzen.
Je 100 g Knollensellerie und Möhre	putzen, schälen und in sehr dünne Stifte schneiden.
½ Lauchstange	putzen, längs halbieren, waschen und in ca. 5 cm lange, feine Streifen schneiden. Die Gemüsestreifen in einen großen Dämpfeinsatz geben und die Filets darauflegen. Für das Gemüseragout
je 100 g Blumenkohl und Romanesco Salzwasser	putzen, in kleine Röschen zerteilen, waschen, kurz in reichlich blanchieren und abschrecken.
Je 1 Schalotte und Knoblauchzehe 2 EL Öl	schälen, in feine Würfel schneiden und in glasig dünsten.
100 ml trockenen Weißwein und 400 ml Gemüsebrühe Salz, Pfeffer und Muskatnuss	angießen. Mit würzen und auf zwei Drittel einkochen lassen. Die Blumenkohl- und Romanescoröschen dazugeben, das Gemüseragout einmal aufkochen, mit
Chilipulver	abschmecken und zugedeckt warm halten.
4 EL Butter	in einem zum Dämpfeinsatz passenden Kochtopf erhitzen.
2 Schalotten	schälen, in sehr feine Würfel schneiden und darin glasig dünsten.
250 ml trockenen Weißwein und 2 EL trockenen Vermouth (z. B. Noilly Prat)	angießen und aufkochen lassen. Die Fischfilets über dem Sud 3 bis 5 Minuten zugedeckt dämpfen (sie sollten innen noch glasig sein, das Gemüse sollte noch Biss haben). Das Gemüseragout auf Tellern anrichten und mit
1 EL Schnittlauchröllchen	bestreuen. Die Fischfilets daraufsetzen und mit den Gemüsestreifen bestreuen. Zuletzt alles mit
2 EL frisch gehobeltem Meerrettich	bestreuen.

Mein Tipp:
Noch viel schneller und sehr einfach lassen sich die Gemüsestreifen mit dem Gemüsehobel herstellen: Zuerst Möhre und Sellerie in sehr dünne Scheiben hobeln und diese anschließend mit dem Messer in feine Streifen schneiden.
Drehen Sie die Temperatur zurück, wenn die Dämpfflüssigkeit kocht und Sie den Einsatz aufgesetzt haben. Auch so entwickelt die Flüssigkeit ausreichend Dampf zum Garen.
Achten Sie darauf, dass Ihr Fisch nur so lange gegart wird, bis er innen wirklich noch leicht glasig ist.

HAUPTGERICHTE MIT FISCH & MEERESFRÜCHTEN

Fischfrikassee
mit Gewürzreis

Für 4 Personen — *Zubereitungszeit: ca. 45 Min. (plus ca. 30 Min. Quellzeit für den Reis)*

300 g Basmatireis	in einem Sieb kalt abbrausen und in einer Schüssel in ca. 460 ml Wasser 30 Minuten quellen lassen. In einer zweiten Schüssel 450 ml Wasser mit
1 Prise Safran, 5 Kardamomkapseln, 1 Prise gemahlener Nelke, 1 Zimtstange (5 cm), 3 Lorbeerblättern und 1 Prise Salz	verrühren.
3 EL Butterschmalz	in einem hohen Topf erhitzen, den abgetropften Reis darin glasig dünsten. Das Gewürzwasser angießen, alles einmal unter Rühren aufkochen, den Herd abschalten (bei Gas auf sehr kleine Flamme schalten) und den Reis zugedeckt 15 bis 20 Minuten quellen lassen. Der Deckel darf dabei nicht geöffnet werden. Inzwischen für das Frikassee
2 Schalotten	schälen und in Streifen schneiden.
2 Knoblauchzehen	schälen und in feine Würfel schneiden. Beides in
2 EL Butter	glasig dünsten. Mit
1 TL Currypulver	bestäuben und mit
150 ml trockenem Weißwein und 200 ml Fischfond	ablöschen.
400 g Zanderfilet (ohne Haut)	waschen, trocken tupfen und eventuell vorhandene Gräten entfernen. Das Filet in 3 cm große Würfel schneiden und in einen Dämpfeinsatz legen, der in den Topf mit der köchelnden Currysauce passt. Den Fisch über der Sauce bei mittlerer Hitze zugedeckt 3 bis 5 Minuten dämpfen. Warm halten.
200 g Sahne Salz und Pfeffer	unter die Currysauce rühren, alles sämig einköcheln lassen und mit abschmecken.
40 g eiskalte Butter	in kleine Würfel schneiden und unter die nicht mehr köchelnde Currysauce mixen. Den Fisch hinzufügen und warm halten.
Je 50 g Möhre, Staudensellerie und Lauch	putzen, waschen bzw. schälen, in Scheiben oder mundgerechte Würfel schneiden, in kochendem
Salzwasser 1 EL gehackten Dill und 2 EL geschlagene Sahne	bissfest blanchieren und in das Fischfrikassee geben. Zuletzt unterheben und das Frikassee mit dem Gewürzreis servieren.

Mein Tipp:
Statt Zander können Sie auch Heilbutt, Rotbarsch oder Seelachs nehmen. Wenn Sie keinen Dämpfeinsatz haben oder Ihnen das Dämpfen zu aufwendig ist, können Sie auch zunächst die Currysauce zubereiten und die rohen Fischwürfel darin bei milder Hitze 6 bis 8 Minuten gar ziehen lassen. Dann die Gemüsewürfel – wie im Rezept beschrieben – hinzufügen und den Dill und die geschlagene Sahne unterheben.

HAUPTGERICHTE MIT FISCH & MEERESFRÜCHTEN

Gegrillter Thunfisch
mit Couscous-Gemüse-Salat

Für 4 Personen	*Zubereitungszeit: ca. 40 Min. (plus 2–3 Std. Marinierzeit)*
600 g Thunfischfilet (ohne Haut)	waschen, trocken tupfen und eventuell vorhandene Gräten entfernen. Das Filet in 3 cm große Würfel schneiden.
Je 1 rote und grüne Paprikaschote	längs halbieren, entkernen, waschen und ebenfalls in 3 cm große Würfel schneiden.
1 Zucchino	putzen, waschen, längs halbieren und in Scheiben schneiden.
1 Knoblauchzehe	schälen, in feine Würfel schneiden und mit dem
Saft von 2 Limetten, 100 ml Olivenöl, Salz und Pfeffer sowie 3 gehackten Thymianzweigen	verrühren. Den Fisch und das Gemüse in der Marinade im Kühlschrank zugedeckt 2 bis 3 Stunden ziehen lassen. Danach abtropfen lassen und abwechselnd auf 8 Spieße stecken. Die Würzmarinade beiseitestellen. Für den Couscous 300 ml Wasser mit
Salz	aufkochen, über
250 g Instant-Couscous	gießen und diesen ca. 5 Minuten ziehen lassen.
Je ½ rote, grüne und gelbe Paprikaschote	entkernen, waschen und in feine Würfel schneiden.
1 EL Pinienkerne	in einer Pfanne ohne Fett goldbraun rösten.
1 Schalotte, 40 g Ingwerwurzel und 1 Knoblauchzehe	schälen und in feine Würfel schneiden.
1 EL braunen Zucker	bei milder Hitze in
2 EL Olivenöl	schmelzen lassen. Die Schalotten-, die Ingwer- und die Knoblauchwürfel darin kurz andünsten. Die Paprikawürfel und die Pinienkerne dazugeben,
je 50 ml Balsamico bianco und Fischfond	angießen, alles einmal aufkochen und vom Herd nehmen.
4 EL Olivenöl	unter ständigem Rühren einlaufen lassen und die Marinade unter den noch warmen Couscous mischen. Mit
Salz, Chilipulver und 1 EL gehackter Petersilie	abschmecken. Die Spieße in einer Grillpfanne oder auf dem Gartengrill 4 bis 5 Minuten von allen Seiten braten. Danach mit ein wenig Thunfischmarinade bestreichen, mit
Salz und Pfeffer	würzen und mit dem Couscoussalat servieren.

Mein Tipp:
Gerade zum Braten von dicken Fisch- und Fleischstücken ist eine Grillpfanne ideal. Da das Bratgut nicht vollflächig, sondern nur auf den Rippen aufliegt, bekommt es nur mittlere Hitze, die langsam und gleichmäßig bis in das Innere des Bratguts vordringt. Fisch und Fleisch bleiben so innen schön saftig und sehen zudem durch das typische Grillmuster auch gut aus.
Couscous (Weizengrieß) kommt aus Nordafrika. Wegen seiner kurzen Quellzeit ist er ideal für die schnelle Küche.

HAUPTGERICHTE MIT FISCH & MEERESFRÜCHTEN

Makkaroni mit Muscheln
und gebratenen Knoblauchgarnelen

Für 4 Personen   *Zubereitungszeit: ca. 40 Min.*

2 kg Muscheln (Venusmuscheln, Miesmuscheln oder eine Mischung aus beiden)	gründlich putzen (siehe Tipp), waschen und bereits geöffnete Muscheln aussortieren.
Salzwasser	Für die Nudeln reichlich zum Kochen bringen. Inzwischen
1 Zwiebel und 3 Knoblauchzehen	schälen und in feine Würfel schneiden.
½ Bund Schnittlauch	waschen, trocken schütteln und in Röllchen schneiden.
1 rote Chilischote	längs halbieren und die Kernchen mit einem spitzen Messer entfernen, die Schote waschen und in feine Würfel schneiden.
170 g Makkaroni	im kochenden Salzwasser nach Packungsanweisung bissfest garen. Inzwischen die Zwiebel- und die Knoblauchwürfel sowie die Schnittlauchröllchen in einem sehr großen Topf in
3 EL Olivenöl 250 ml trockenen Weißwein	andünsten. Die abgetropften Muscheln hinzufügen, die Chiliwürfel und dazugeben und alles einmal aufkochen lassen. Die Muscheln zugedeckt 5 bis 7 Minuten garen, bis sie sich geöffnet haben. Geschlossene Muscheln aussortieren und wegwerfen.
8 küchenfertige Riesengarnelen (bis auf das Schwanzstück geschält)	waschen und sorgfältig trocken tupfen. In einer Pfanne
3 EL Olivenöl Salz und Pfeffer	erhitzen und die Garnelen darin anbraten. Anschließend mit würzen.
3 Knoblauchzehen 1 EL gehacktem Koriandergrün	ungeschält halbieren, kurz mitbraten, wieder entfernen und alles mit bestreuen. Die gegarten Muscheln mit
Salz und Pfeffer	würzen und
4 EL Butter	unterrühren. Die gegarten Nudeln abgießen, abtropfen lassen und in einer Pfanne mit
2 EL Olivenöl und 80 g geriebenem Parmesan	schwenken. Mit den Garnelen und den Muscheln mit Sud anrichten.

Mein Tipp:
So werden Muscheln geputzt: Zuerst bürstet man sie unter fließendem kaltem Wasser kräftig ab und schabt eventuell vorhandene Kalkablagerungen auf den Schalen mit einem kleinen Küchenmesser vorsichtig ab. Anschließend greift man mit Daumen und Zeigefinger bei jeder Muschel den Bart (die Haftfäden) und zieht ihn vorsichtig, aber kräftig aus der Muschel heraus.
Kochen Sie nur unbeschädigte und ungeöffnete Muscheln. Und sortieren Sie nach dem Kochen ungeöffnete Muscheln aus, denn sie könnten verdorben sein.

Hauptgerichte mit Fisch & Meeresfrüchten

Mit Miesmuscheln gefüllte Muschelnudeln
auf Weißweinsauce

Für 4 Personen	*Zubereitungszeit: ca. 1 1/2 Std.*
1 1/2 kg Miesmuscheln	gründlich putzen (siehe Tipp S. 258), waschen und bereits geöffnete Muscheln aussortieren.
3 Zwiebeln und 4 Knoblauchzehen	schälen, die Zwiebeln in feine Ringe, den Knoblauch in feine Scheiben schneiden. Beides in
3 EL Olivenöl	glasig dünsten. Die Muscheln hinzufügen,
250 ml trockenen Weißwein	angießen und
4 Thymianzweige	dazugeben. Die Muscheln zugedeckt bei milder Hitze ca. 5 Minuten garen, dann abgießen und dabei den Sud auffangen. Die Muscheln abkühlen lassen, geschlossene Muscheln aussortieren und wegwerfen. Das Fleisch aus den Muschelschalen lösen.
2 Schalotten und 3 Knoblauchzehen	schälen und in feine Würfel schneiden.
2 Tomaten	über Kreuz einritzen, kurz überbrühen, kalt abschrecken und enthäuten. Anschließend vierteln, entkernen und in kleine Würfel schneiden.
1 rote Paprikaschote	längs vierteln, entkernen, waschen, mit dem Sparschäler schälen und in kleine Würfel schneiden.
1 rote Chilischote	längs halbieren, die Kernchen mit einem spitzen Messer entfernen, die Schote waschen und in feine Würfel schneiden. Schalotten und Knoblauch in
3 EL Olivenöl	glasig dünsten. Die Muscheln kurz mitdünsten. Die Tomaten-, Paprika- und Chiliwürfel dazugeben und ebenfalls kurz mitdünsten. Alles mit
Salz und 1/2 EL gehacktem Estragon	würzen. 3 bis 4 EL Muschelsud dazugeben und aufkochen, die Muscheln dann zugedeckt beiseitestellen. Für die Sauce
2 Schalotten und 2 Knoblauchzehen	schälen, in feine Würfel schneiden und in
2 EL Olivenöl	glasig dünsten.
150 ml trockenen Weißwein	angießen und etwas einkochen lassen. Dann 150 ml Muschelsud angießen und die Flüssigkeit etwa auf die Hälfte einkochen lassen.
200 g große Muschelnudeln	in reichlich kochendem
Salzwasser	nach Packungsanweisung bissfest garen. Inzwischen den Backofen auf 180 °C vorheizen.
150 g Sahne	zur Weißweinsauce geben und sämig einkochen lassen. Die Sauce fein pürieren, mit
Salz und Pfeffer	würzen und in eine Auflaufform geben. Die Nudeln abgießen, mit dem Muschelragout füllen und auf die Sauce setzen. Die Nudeln mit
50 g geriebenem Parmesan	bestreuen und im Ofen auf der mittleren Schiene garen, bis der Käse geschmolzen ist.

Mein Tipp:
Nehmen Sie für die Sauce einen trockenen Weißwein bester Qualität. Ich bevorzuge für dieses Rezept einen Pinot Grigio.

HAUPTGERICHTE MIT FISCH & MEERESFRÜCHTEN

Thunfisch-Sashimi
mit Garnelentempura

Für 4 Personen	*Zubereitungszeit: ca. 1 Std. (plus 30 Min. Marinierzeit für den Fisch)*
1 Avocado	schälen, halbieren und den Kern herauslösen. Das Fruchtfleisch in Würfel schneiden und mit
etwas Zitronensaft	beträufeln.
1 Mango	mit dem Sparschäler schälen und das Fruchtfleisch zunächst vom Stein schneiden. Zwei Drittel der Mango in Würfel schneiden, das restliche Fruchtfleisch mit
3 EL Sesamöl und 2 EL Ahornsirup	pürieren. Das Mangopüree mit der
abgeriebenen Schale und dem Saft von 1 unbehandelten Limette	verrühren und mit
Salz, Pfeffer und Chili aus der Gewürzmühle (ersatzweise Chilipulver)	abschmecken. Die Mango- und Avocadowürfel unter das Püree mischen.
4 EL Sojasauce, 2 EL Pflaumenwein und 2 EL Sesamöl	in einer großen Schüssel verrühren und mit
Salz, 1 TL Wasabi (grüner Meerrettich) und 1 TL Zucker	abschmecken.
300 g sehr frisches Thunfischfilet (ohne Haut und Gräten)	waschen, trocken tupfen und mit einem scharfen Messer in dünne Scheiben schneiden. Die Thunfischscheiben in der Sojasaucen-Mischung marinieren und 30 Minuten kühl stellen.
1 Eigelb, 200 ml Eiswasser, 60 g Mehl und 60 g Speisestärke	mit
etwas Salz	in einer Schüssel zu einem glatten Teig verrühren.
12 Riesengarnelen	waschen, trocken tupfen und aus der Schale lösen. Die Garnelen am Rücken entlang einschneiden und den dunklen Darm entfernen. Zuerst in
Mehl	wenden und dann durch den Teig ziehen.
400 ml Öl zum Frittieren	auf ca. 170 °C erhitzen und die Garnelen darin goldbraun frittieren. Kurz auf Küchenkrepp abtropfen lassen und mit
Salz	würzen. Die marinierten Thunfischscheiben auf Tellern auslegen, das Mango-Avocado-Ragout darauf anrichten, je 3 Garnelentempura daraufsetzen und mit
Kresse- und Korianderblättchen	garniert servieren.

HAUPTGERICHTE MIT FISCH & MEERESFRÜCHTEN

Tintenfischragout
mit grünen Nudeln

Für 4 Personen — Zubereitungszeit: ca. 45 Min. (plus ca. 1 Std. Einweichzeit für die Pilze)

20 g getrocknete Mu-Err-Pilze	ca. 1 Stunde in kaltem Wasser einweichen, anschließend in feine Streifen schneiden.
1 Knoblauchzehe	schälen und in feine Würfel schneiden.
80 g rote Zwiebeln	schälen und in Streifen schneiden.
180 g Brokkoli	putzen, in Röschen zerteilen und waschen.
1 Tomate	über Kreuz einritzen, kurz überbrühen, abschrecken und enthäuten. Anschließend vierteln, entkernen und in Streifen schneiden.
1 kleine rote Chilischote	längs halbieren und die Kernchen mit einem spitzen Messer entfernen, die Schote waschen und in feine Streifen schneiden.
500 g küchenfertige Tintenfischtuben (vom Kalmar)	unter fließendem kaltem Wasser waschen, trocken tupfen und in 1 cm breite Ringe schneiden. Für die Nudeln reichlich
Salzwasser	zum Kochen bringen. Inzwischen die Knoblauchwürfel und die Zwiebelstreifen in
3 EL Sesamöl	glasig dünsten. Die Brokkoliröschen und die Pilzstreifen kurz mitdünsten, die Tintenfischringe untermischen und
100 ml Fischfond	angießen. Die Tomaten- und Chilistreifen untermischen und alles kurz aufkochen lassen.
1 TL Speisestärke	mit wenig kaltem Wasser anrühren und das Ragout damit binden. Mit
Salz, Pfeffer und 1 EL gehacktem Koriandergrün	abschmecken und zugedeckt warm halten.
170 g grüne Bandnudeln	im Salzwasser nach Packungsanweisung bissfest garen, abgießen und abtropfen lassen.
3 EL Butter	erhitzen und die Nudeln darin schwenken. Mit dem Tintenfischragout anrichten und
80 g Parmesan	darüberhobeln.

Mein Tipp:
Tintenfisch ist beim Garen sehr empfindlich. Wird er nur kurz gegart, ist er weich und schmackhaft. Gart man ihn zu lange, wird er fest und zäh. Servieren Sie das Tintenfischragout statt mit Nudeln auch einmal mit frisch gebackenem Pizzabrot.

Hauptgerichte mit Fisch & Meeresfrüchten

Gefüllte Calamari
mit warmer Paprika-Oliven-Vinaigrette

Für 4 Personen — *Zubereitungszeit: ca. 1 1/4 Std.*

800 g küchenfertige Calamari (Tintenfischtuben)	unter fließendem kaltem Wasser waschen und trocken tupfen.
1 Tomate	über Kreuz einritzen, kurz überbrühen, kalt abschrecken und enthäuten. Anschließend vierteln, entkernen und in kleine Würfel schneiden.
1 Schalotte	schälen, in feine Würfel schneiden und in
2 EL Olivenöl	glasig dünsten. Die Tomatenwürfel dazugeben und bei mittlerer Hitze weich dünsten. Durch ein feines Sieb streichen, mit
Salz und Pfeffer	würzen und kühl stellen.
2 Basilikumstiele	waschen und trocken schütteln, die Blättchen von den Stielen zupfen und fein hacken.
140 g gemischtes Gemüse (z. B. Möhre, Knollensellerie, Zucchino)	putzen, schälen bzw. waschen und in sehr kleine Würfel schneiden. In reichlich kochendem
Salzwasser	ca. 1 Minute bissfest blanchieren. Kalt abschrecken, gut abtropfen lassen und mit dem Basilikum unter die Tomatenpaste rühren.
100 g Mozzarella	abtropfen lassen, in sehr kleine Würfel schneiden und ebenfalls zur Tomatenpaste geben, mit
Salz und Pfeffer	würzen. Die Füllung (am besten mit einem Spritzbeutel ohne Tülle) in die Calamari geben und diese mit Holzzahnstochern verschließen. Für die Vinaigrette
2 rote Paprikaschoten	längs vierteln, entkernen, waschen bzw. nach Belieben schälen und in kleine Würfel schneiden.
14 entsteinte schwarze Oliven	halbieren. Mit den Paprikawürfeln in
6 EL Olivenöl	bei mittlerer Hitze ca. 5 Minuten braten und mit
Salz, Pfeffer und 1 TL edelsüßem Paprikapulver	würzen.
2 EL Balsamico bianco	untermischen und die Vinaigrette zugedeckt warm halten.
120 g Mehl und 1 TL edelsüßes Paprikapulver	mischen. Die gefüllten Calamari zuerst darin wenden, dann durch
2 verquirlte Eier	ziehen und zuletzt mit
150 g Semmelbröseln	panieren. Die Panade gut andrücken.
200 ml Öl zum Frittieren	auf ca. 170 °C erhitzen und die Calamari darin goldgelb ausbacken. Auf Küchenkrepp abtropfen lassen und mit der lauwarmen Vinaigrette anrichten.

Mein Tipp:
Verschließen Sie die Tintenfischtuben sehr sorgfältig, damit die Füllung beim Ausbacken nicht auslaufen kann.
Sie können die Calamari auch einmal mit einer Mischung aus gekochtem Reis und in Öl eingelegten, getrockneten Tomaten (in kleinen Würfeln) füllen.

Hauptgerichte mit Fisch & Meeresfrüchten

Hauptgerichte mit Geflügel

Plattes Huhn
mit Prinzessbohnen

Für 4 Personen	*Zubereitungszeit: ca. 1½ Std.*
	Den Backofen auf 200 °C vorheizen. Den Rückenknochen von
1 küchenfertigen Hähnchen (ca. 1 kg)	mit einer Geflügelschere durchtrennen. Das Hähnchen waschen und trocken tupfen.
1 Rosmarinzweig	waschen, trocken schütteln und die Nadeln abzupfen. In die Brust und die Keulen kleine Schlitze schneiden und die Nadeln hineinstecken. Das Hähnchen kräftig platt drücken und mit
Salz, Pfeffer und edelsüßem Paprikapulver	würzen.
3 Schalotten	ungeschält halbieren.
1 Knoblauchknolle	ungeschält vierteln.
200 g Staudensellerie	putzen, waschen, die harten Fäden abziehen und den Sellerie in grobe Stücke schneiden. Mit den Schalotten und dem Knoblauch auf ein Backblech geben. Das Hähnchen darauflegen, mit Alufolie bedecken, mit einer umgedrehten ofenfesten Pfanne beschweren und im Ofen auf der zweiten Schiene von unten ca. 30 Minuten braten.
50 ml Olivenöl und den Saft von 1 Zitrone	verrühren. Das Hähnchen herausnehmen, Pfanne und Alufolie entfernen und die Haut mit der Ölmischung bestreichen. Anschließend das Hähnchen (ohne Pfanne und Alufolie) nochmals ca. 30 Minuten braten. Inzwischen
300 g Prinzessbohnen	putzen, waschen und in reichlich kochendem
Salzwasser	6 bis 8 Minuten bissfest blanchieren. Kurz abschrecken und gut abtropfen lassen.
60 g durchwachsenen Speck	in kleine Würfel schneiden.
1 Schalotte	schälen, in feine Würfel schneiden und mit dem Speck in
2 EL Butter	andünsten. Die Bohnen dazugeben, mit
Salz und Pfeffer	würzen und
1 TL gehacktes Bohnenkraut	untermischen. Zugedeckt warm halten. Das Hähnchen vom Blech nehmen und im ausgeschalteten Ofen warm halten. Den Bratensatz mit
120 ml trockenem Weißwein	loskochen, durch ein Sieb gießen, kurz aufkochen und vom Herd nehmen.
40 g eiskalte Butter	in kleine Würfel schneiden und unterrühren. Die Sauce mit
Salz und Pfeffer	abschmecken und schaumig aufmixen. Das Hähnchen zerteilen und mit Bohnen und Sauce anrichten.

Mein Tipp:
Hierzu passen Rosmarinkartoffeln, die auch im Backofen zubereitet werden: 500 g neue Kartoffeln waschen, halbieren oder vierteln. Mit 2 gewürfelten Schalotten, 50 g feinen Speckstreifen, 150 g Staudensellerie, 2 Knoblauchzehen (beides in Scheiben) und 2 Rosmarinzweigen in einer ofenfesten Pfanne mischen, salzen und pfeffern. Die Pfanne nach 15 Minuten Garzeit für das Huhn auf die obere Schiene stellen und die Kartoffeln ca. 45 Minuten garen. Vorsicht: In diesem Fall den Backofen auf 180 °C Umluft einstellen.

HAUPTGERICHTE MIT GEFLÜGEL

Unter der Haut gefülltes Perlhuhn
mit Limettenspitzkohl

Für 4 Personen
Zubereitungszeit: ca. 2 ¼ Std.

2 Schalotten und 1 Knoblauchzehe	schälen, in feine Würfel schneiden und in
2 EL Butter	glasig dünsten. Dann vom Herd nehmen und mit
je 1 TL Rosmarin, Kerbel und Petersilie (alles gehackt), Salz und Pfeffer	vermischen.
2 EL Steinpilzpulver	unterrühren und die Füllung abkühlen lassen. Dann
100 g weiche Butter	schaumig rühren und mit der Kräutermischung verrühren. Die Füllung 30 Minuten kühl stellen.
1 küchenfertiges Perlhuhn (ca. 1,2 kg)	innen und außen waschen und trocken tupfen. Die Haut vorsichtig vom Fleisch lösen (dabei dürfen keine Löcher und Risse entstehen, aus denen die Füllung austreten könnte). Die Füllung mit einem Spritzbeutel zwischen Haut und Fleisch spritzen und gleichmäßig verteilen. Die Einfüllstellen mit Holzzahnstochern zustecken und das Perlhuhn innen und außen gut mit
Salz und Pfeffer	würzen. Den Backofen auf 150 °C vorheizen.
½ Stange Lauch, 1 Möhre und ¼ Knollensellerie	putzen, waschen bzw. schälen und in Würfel schneiden.
½ Zwiebel und 3 Knoblauchzehen	schälen und ebenfalls in Würfel schneiden.
4 EL Olivenöl	in einem Bräter erhitzen und das Huhn darin von allen Seiten kräftig anbraten. Das Gemüse und den Knoblauch kurz mitrösten und
500 ml Geflügelfond	angießen. Das Perlhuhn im Ofen auf der mittleren Schiene offen ca. 30 Minuten garen, dabei öfter mit dem Fond begießen. Die Ofentemperatur auf 120 °C herunterschalten und das Huhn ca. 40 Minuten fertig garen. Für den Limettenspitzkohl
400 g Spitzkohl	putzen, waschen und in feine Streifen schneiden.
1 unbehandelte Limette	heiß waschen, gut abtrocknen und die Schale mit einem Zestenreißer in Streifen abziehen. Die Limette auspressen. Den Backofengrill einschalten.
60 g Zucker	in einem Topf karamellisieren, die Limettenzesten dazugeben und mit
70 ml trockenem Weißwein Salz, Pfeffer und gemahlenem Kümmel	und dem Limettensaft unter Rühren ablöschen. Den Kohl dazugeben, mit kräftig würzen und bei milder Hitze zugedeckt 15 Minuten garen. Das Perlhuhn unter dem Grill ca. 10 Minuten grillen, bis die Haut schön kross ist. Das Perlhuhn mit dem Limettenspitzkohl servieren.

Mein Tipp:
Dazu passen rahmige Bratkartoffeln: Dafür 250 g kleine festkochende Kartoffeln garen. Abgießen, ausdampfen lassen, warm pellen und in Scheiben schneiden. In 2 EL Butterschmalz knusprig braten, auf Küchenkrepp abtropfen lassen. 50 g Bauchspeckstreifen und 2 in Ringe geschnittene Schalotten im Bratfett kross anbraten. 3 EL trockenen Weißwein und 60 g Sahne angießen und sämig einkochen lassen, salzen und pfeffern. Kartoffeln dazugeben und durchschwenken. Zuletzt 1 EL geschlagene Sahne und 1 EL gehackte Petersilie unterheben.

HAUPTGERICHTE MIT GEFLÜGEL

Lackierte Perlhuhnbrust
mit lauwarmem Linsensalat und Artischocken

Für 4 Personen	*Zubereitungszeit: ca. 1 1/2 Std. (plus ca. 12 Std. Einweichzeit für die Linsen)*
150 g braune Linsen	über Nacht in kaltem Wasser einweichen.
12 kleine Artischocken	waschen, die holzigen äußeren Blätter entfernen und den Stiel schälen. Die Artischocken je nach Größe halbieren oder vierteln, mit
etwas Zitronensaft	beträufeln und beiseitelegen.
1 kleine Möhre, **1/2 Stange Lauch und** **1/4 Sellerieknolle**	putzen, schälen und in kleine Würfel schneiden.
2 Schalotten	schälen und ebenso wie
30 g durchwachsenen Speck	in feine Würfel schneiden.
3 EL Olivenöl	in einem Topf erhitzen und die Gemüse- und Speckwürfel darin andünsten. Die Linsen in ein Sieb abgießen, abtropfen lassen und hinzufügen.
500 ml Geflügelbrühe	angießen und unter gelegentlichem Rühren auf ein Drittel einkochen lassen.
1 TL Senf, **1 EL Tomatenmark** **und 3 EL Aceto balsamico**	unterrühren.
50 g kalte Butterwürfel und **2 EL gehackte Petersilie**	unter die Linsen mischen und mit
Salz und Pfeffer	würzen. Den Backofengrill einschalten. Für die Marinade
1 EL Aceto balsamico, **2 EL Honig, 1 EL Sojasauce,** **Salz und Pfeffer**	in einer Schüssel verrühren.
4 Perlhuhnbrüste **(mit Haut, à 120 g)**	waschen und trocken tupfen.
2 EL Olivenöl	in einer Pfanne erhitzen und die Perlhuhnbrüste darin auf der Hautseite anbraten. Dann wenden und die Haut mit der Marinade bestreichen. Die Perlhuhnbrüste unter dem Grill 5 bis 8 Minuten garen und anschließend 10 Minuten ruhen lassen. Währenddessen immer wieder mit der Marinade bestreichen. Die Artischocken in der Pfanne in
3 EL Olivenöl	anbraten und mit
Salz und Pfeffer	würzen. Die Perlhuhnbrüste aufschneiden und mit dem lauwarmen Linsensalat und den gebratenen Artischocken anrichten. Zuletzt die Perlhuhnbrüste noch einmal mit der restlichen Marinade überziehen.

Hauptgerichte mit Geflügel

Knusprige Gans
mit Hefeteigfüllung

Für 6 Personen Zubereitungszeit: ca. 1 Std. (plus ca. 1 Std. Zeit zum Gehen der Füllung und 5 Std. Garzeit für die Gans)

110 g Butter	bei mittlerer Hitze zerlassen und mit
1 Ei, 1 Eigelb, 40 g Zucker und Salz	verrühren.
1/2 Würfel Hefe (21 g)	in
80 ml lauwarmer Milch	auflösen, mit
320 g Mehl	zu der Buttermasse geben und alles zu einem glatten Teig verkneten. Den Teig zugedeckt an einem warmen Ort ca. 30 Minuten gehen lassen.
1 küchenfertige Gans (ca. 4,5 kg) Salz und Pfeffer	innen und außen waschen, trocken tupfen und innen mit würzen.
Je 100 g getrocknete Aprikosen und Orangen	in kleine Würfel schneiden. Das Trockenobst mit
50 g Rosinen und 70 g Mandelblättchen	vorsichtig unter den gegangenen Hefeteig kneten und den Teig in die Bauchhöhle der Gans füllen. Die Öffnung mit Küchengarn zunähen oder mit Holzzahnstochern zustecken. Die Gans außen mit
2 EL Olivenöl	bestreichen, mit
Salz und Pfeffer	einreiben und bei Zimmertemperatur ca. 30 Minuten stehen lassen, damit der Teig noch einmal etwas gehen kann. Backofen auf 130 °C vorheizen. Die Gans in die Fettpfanne des Ofens legen,
ca. 200 ml Geflügelfond	angießen und die Gans im Ofen auf der unteren Schiene ca. 5 Stunden langsam garen, dabei alle 30 Minuten mit dem Fond begießen. Die Gans aus der Pfanne nehmen und auf einen Backofenrost setzen. Den Bratenfond in einen Topf gießen. Den Ofen auf 200 °C hochschalten.
4 EL Glucose- oder Fructosesirup, 1 EL Pektin und 1 TL flüssigen Süßstoff	unter Rühren erwärmen. Die Gans mit zwei Drittel der Mischung bestreichen und im Ofen auf der unteren Schiene so lange braten, bis sie knusprig und gut gebräunt ist. Den Bratenfond entfetten und eventuell etwas einkochen lassen. Die restliche Zuckerglasur dazugeben und die Sauce mit
Salz und Pfeffer	abschmecken. Die Gans tranchieren, die Hefeteigfüllung vorsichtig aus der Bauchhöhle schneiden, in Scheiben schneiden und mit dem Fleisch anrichten. Die Bratensauce dazu reichen.

Mein Tipp:
Dazu passt Apfelrotkohl: 1 Apfel schälen, entkernen und in Stifte schneiden. Mit 750 g Rotkohlstreifen, dem Saft von 1/2 Zitrone, 6 EL Rotweinessig, 1 Prise Salz und 2 EL Zucker mischen und zugedeckt 24 Stunden im Kühlschrank durchziehen lassen. 1 EL Zucker in 50 g Gänseschmalz karamellisieren, mit 2 EL Rotweinessig ablöschen und 150 g Zwiebelstreifen darin glasig dünsten. Den Rotkohl, 1 EL schwarzes Johannisbeergelee, 1 bis 2 Zimtstangen und 250 ml Rotwein untermischen, mit Salz und Pfeffer würzen und bei milder Hitze zugedeckt ca. 30 Minuten garen. Den Zimt vor dem Servieren entfernen.

Hauptgerichte mit Geflügel

277

Ente à l'orange
auf klassische Art

Für 4 Personen	Zubereitungszeit: ca. 1 1/2 Std. (plus ca. 2 Std. Garzeit für die Ente)
	Den Backofen auf 150 °C vorheizen.
3 Schalotten	schälen und grob zerkleinern.
1 Möhre	putzen, schälen, ebenfalls grob zerkleinern und mit den Schalotten,
1 Lorbeerblatt und	
1 Rosmarinzweig	in die Fettpfanne des Ofens geben.
1 küchenfertige Ente	
(1,5–1,8 kg)	innen und außen waschen, trocken tupfen und mit
Salz und Pfeffer	einreiben. Die Ente in einem Bräter in
2 EL Öl	von allen Seiten goldbraun anbraten. Dann auf das Gemüse setzen und
200 ml Orangensaft und	
150 ml dunklen Geflügelfond	angießen. Die Ente im Ofen auf der mittleren Schiene ca. 2 Stunden garen, dabei alle 20 Minuten mit dem Fond begießen. Die gegarte Ente kurz abkühlen lassen, Keulen und Brustfilets auslösen, in einen großen Topf legen und im Ofen bei 100 °C zugedeckt warm halten. Den Bratenfond in eine kleine Schüssel gießen.
80 g Zucker	bei mittlerer Hitze in einer Pfanne karamellisieren. Mit
200 ml Orangensaft	und dem Bratenfond ablöschen,
3 EL Balsamico bianco	hinzufügen und die Sauce offen ca. 30 Minuten auf die Hälfte einkochen lassen. Mit
Salz und Pfeffer	abschmecken.
1 EL Speisestärke	mit wenig kaltem Wasser anrühren und die Sauce damit binden.
1 unbehandelte Orange	heiß waschen, gut abtrocknen und die Schale mit einem Zestenreißer in schmalen Streifen abziehen. Die Orange sowie
1 weitere unbehandelte Orange	sorgfältig schälen und die Filets aus den Trennhäuten schneiden. Die Schalenstreifen ca. 1 Minute in kochendem Wasser blanchieren, in ein Sieb abgießen und abtropfen lassen. Mit den Orangenfilets zu den Entenstücken geben. Die Sauce zuerst durch ein Sieb und dann über die Ente gießen. Das Fleisch etwas durchziehen lassen und eventuell noch einmal kurz erwärmen.

Mein Tipp:
Dazu serviere ich gern Kräuter-Kartoffel-Taler: Dafür 500 g mehlig kochende Kartoffeln als Pellkartoffeln garen, abgießen, ausdampfen lassen und noch heiß pellen. Durch die Kartoffelpresse drücken und etwas abkühlen lassen. Dann 2 Eigelb unterrühren, alles mit Salz und Muskatnuss würzen und jeweils 2 EL Petersilie, Thymian und Estragon (alles gehackt) untermischen. Sollte die Kartoffelmasse noch zu klebrig sein, kann man 1 bis 2 EL Speisestärke untermischen. Die Arbeitsfläche und die Hände mit etwas Speisestärke bestäuben, den Teig mit den Händen zu flachen Talern formen und diese portionsweise in 4 EL Öl von jeder Seite goldbraun braten.

HAUPTGERICHTE MIT GEFLÜGEL

Entenbrust in Sesam-Honig-Kruste
mit Orangengraupen

Für 4 Personen	*Zubereitungszeit: ca. 50 Min.*
	Den Backofen auf 120 °C vorheizen.
2 Knoblauchzehen	ungeschält halbieren.
4 Entenbrustfilets (à 300 g)	waschen, trocken tupfen und auf der Hautseite rautenförmig einschneiden. Die Filets mit den Hautseiten nach unten in
2 EL Butterschmalz	kräftig anbraten und mit
Salz und Pfeffer	würzen. Den Knoblauch sowie
2 Thymianzweige und 1 Rosmarinzweig	dazugeben, die Entenbrüste wenden und von der anderen Seite ebenfalls kurz anbraten.
3 EL Butter	dazugeben und die Brüste damit glasieren. Die Filets mit den Kräutern auf ein mit Alufolie ausgelegtes Blech legen und im Ofen auf der mittleren Schiene ca. 20 Minuten garen.
	Inzwischen
100 g Graupen	in einem Sieb kalt abbrausen und in
500 ml Orangensaft	bei milder Hitze ca. 30 Minuten bissfest garen. Dabei zwischendurch immer wieder umrühren.
50 ml Geflügelfond, 80 g Honig, 75 g Butter, 2 EL Sojasauce und 100 g weiße Sesamsamen	in einem Topf unter Rühren so lange einköcheln lassen, bis eine dickflüssige Masse entstanden ist. Mit
Salz und Chilipulver	würzen und auskühlen lassen. Den Backofengrill einschalten. Die fertigen Entenbrüste auf den Hautseiten mit der Sesammasse bestreichen und unter dem Backofengrill so lange überbacken, bis die Kruste eine schöne goldbraune Farbe hat.
	Die Graupen mit
Salz und Chilipulver	abschmecken,
50 g Butter	und nach Belieben unbehandelte Orangenzesten vorsichtig unterheben. Die Entenbrüste in Scheiben schneiden und mit den Graupen anrichten.

Mein Tipp:
Graupen (geschälte, polierte Gerstenkörner) kennt man oft nur noch aus Großmutters Küche. Doch mittlerweile erleben sie ein kulinarisches Comeback. Sie sind einfach zu garen und lassen sich – ähnlich wie Reis – äußerst vielfältig mit anderen Zutaten kombinieren.

HAUPTGERICHTE MIT GEFLÜGEL

Marinierte Hähnchenschenkel
mit Rucolasalat und Zitronen-Meerrettich-Vinaigrette

Für 4 Personen	Zubereitungszeit: ca. 1 1/4 Std. (plus ca. 24 Std. Marinierzeit für das Fleisch)
4 Hähnchenschenkel	waschen, trocken tupfen, jeweils zwischen Ober- und Unterschenkel durchtrennen und in eine Auflaufform legen.
2 rote Chilischoten	längs halbieren, die Kernchen mit einem spitzen Messer entfernen, die Schoten waschen und in feine Würfel schneiden.
1 Knoblauchzehe	schälen und in feine Würfel schneiden. Mit den Chiliwürfeln sowie mit
3 EL Sesamöl, 50 ml ungesüßter Kokosmilch und 4 Korianderstielen	mischen. Die Marinade über die Hähnchenteile gießen und diese zugedeckt mindestens 24 Stunden im Kühlschrank durchziehen lassen. Am nächsten Tag für den Salat
je 2 rote und gelbe Paprikaschoten und 1 grüne Paprikaschote	längs vierteln, entkernen, waschen, mit dem Sparschäler schälen und in sehr feine Streifen schneiden.
1 rote Zwiebel	schälen und ebenfalls in feine Streifen schneiden.
2 Bund Rucola	putzen, waschen, trocken schleudern und mit den Paprika- und Zwiebelstreifen mischen.
150 g Kichererbsen (aus der Dose)	abtropfen lassen und unterheben. Für die Vinaigrette
2 Schalotten und 30 g Ingwerwurzel	schälen und in feine Würfel schneiden. Mit
100 ml Olivenöl, dem Saft von 1 Zitrone und 1 EL frisch geriebenem Meerrettich	verrühren und mit
Salz und Pfeffer	kräftig abschmecken.
400 ml Öl zum Frittieren	auf ca. 170 °C erhitzen. Die Hähnchenteile aus der Marinade nehmen, trocken tupfen und im heißen Fett ca. 3 Minuten anfrittieren. Den Backofengrill einschalten.
2 EL Ketchup, 1 EL flüssigen Honig, Chili aus der Gewürzmühle (ersatzweise Chilipulver) und Salz	zu einer Paste verrühren. Die Hähnchenschenkel damit bestreichen, auf ein Backblech legen und unter dem Grill 8 bis 10 Minuten knusprig braten. Die Salatzutaten mit drei Viertel der Vinaigrette mischen und mit
Salz	abschmecken. Die Hähnchenteile mit dem Salat anrichten, mit der restlichen Vinaigrette beträufeln und mit
Korianderblättchen	garnieren.

Mein Tipp:
Kichererbsen haben eine sehr lange Garzeit, deshalb nehme ich für dieses Rezept bereits gegarte aus der Dose. Sie können aber natürlich auch getrocknete Kichererbsen verwenden. Diese müssen mindestens 12 Stunden, am besten über Nacht, in Wasser eingeweicht und dann ca. 1 Stunde gegart werden.

Hauptgerichte mit Geflügel

Rotweinhuhn
mit Tomaten-Pilz-Sauce

Für 4 Personen Zubereitungszeit: ca. 1½ Std.

1 küchenfertiges Hähnchen (ca. 1,2 kg) waschen, trocken tupfen und in 8 Stücke zerteilen. Dafür die Keulen abtrennen und im Gelenk durchschneiden. Die Bruststücke mitsamt den Flügeln abtrennen und quer halbieren. Die Hähnchenteile gut mit

Salz und Pfeffer einreiben.

100 g Dörrfleisch in grobe Würfel schneiden.

2 Knoblauchzehen schälen und in feine Würfel schneiden.

10 mittelgroße Champignons mit einem Pinsel oder einem feuchten Tuch von Erdresten befreien und putzen.

10 frische Perlzwiebeln schälen.

4 EL Butterschmalz in einer Kasserolle oder hohen Pfanne erhitzen und die Hähnchenteile darin bei starker Hitze von allen Seiten anbraten, bis sie gut gebräunt sind. Das Dörrfleisch dazugeben und ebenfalls gut anbraten. Knoblauch, Champignons und Perlzwiebeln hinzufügen und alles kurz mitbraten.

50 ml Cognac angießen und zum Flambieren mit einem langen Streichholz anzünden. Den Alkohol vollständig ausbrennen lassen.

250 ml trockenen Rotwein und 100 ml Geflügelfond angießen und alles zugedeckt 25 bis 30 Minuten köcheln lassen. Inzwischen für die Sauce

2 Tomaten über Kreuz einritzen, kurz überbrühen, abschrecken und enthäuten. Anschließend vierteln, entkernen und in grobe Würfel schneiden. Nach der Garzeit die Hähnchenteile herausnehmen und zugedeckt warm halten. Die Tomatenwürfel in die Sauce geben.

1 EL Speisestärke mit etwas kaltem Wasser anrühren. Die Rotweinsauce damit unter Rühren binden und mit

2 EL Portwein, 1 EL gehacktem Majoran und 1 EL Schnittlauchröllchen verfeinern. Zuletzt die Hähnchenteile wieder in die Sauce geben.

Mein Tipp:
Zum Rotweinhuhn passen als Beilage Kräuterknöpfle besonders gut. Verrühren Sie dafür 400 g Mehl, 7 Eigelb und 120 ml kaltes Wasser mit etwas Salz, Pfeffer und Muskatnuss und schlagen Sie den Teig so lange, bis sich kleine Bläschen bilden. Dann ½ TL Rosmarin, 1 EL Petersilie, 1 TL Thymian (alles fein gehackt) sowie 1 EL Schnittlauchröllchen unterrühren. Reichlich Salzwasser zum Kochen bringen und den Teig mit einer Knöpflepresse hineindrücken. Die Knöpfle einmal aufkochen lassen, dann mit einem Sieblöffel herausnehmen, kurz abschrecken und auf Küchenkrepp gut abtropfen lassen. Kurz vor dem Servieren die Knöpfle in 50 g Butter leicht anbraten, mit Salz, Pfeffer und Muskatnuss würzen und 1 EL gehackte Petersilie untermischen.

HAUPTGERICHTE MIT GEFLÜGEL

Maishähnchen *mit Apfel-Curry-Sauce*

Für 4 Personen	*Zubereitungszeit: ca. 50 Min.*
500 ml Apfelsaft	in einem Topf auf 150 ml einkochen lassen.
1 TL Currypulver	hinzufügen und
80 g kalte Butterwürfel	unterrühren. Die Apfel-Curry-Sauce mit
Salz	abschmecken und warm halten.
2 Schalotten und	
1 Knoblauchzehe	schälen und in feine Würfel schneiden.
2 EL Olivenöl	in einer Pfanne erhitzen, Schalotten und Knoblauch darin glasig dünsten.
300 g Blattspinat	verlesen, waschen und gut abtropfen lassen. In die Pfanne geben und zusammenfallen lassen. Mit
50 ml trockenem Weißwein und 100 ml Geflügelbrühe	ablöschen und
125 g Crème double	unterrühren. Den Spinat mit
Salz, Pfeffer und Muskatnuss	abschmecken.
4 Maishähnchenbrüste (à 150 g)	waschen, trocken tupfen, zwischen zwei Lagen geölter Frischhaltefolie mit einem Plattiereisen ohne Noppen flach klopfen und mit
Salz und Pfeffer	würzen. Die Schnitzel zuerst in
50 g Mehl	wenden, dann durch
2 verquirlte Eier	ziehen und zuletzt mit
150 g Kartoffelflocken (Fertigprodukt für Kartoffelpüree)	panieren.
80 g Butterschmalz	in einer Pfanne erhitzen und die Schnitzel darin von beiden Seiten goldbraun ausbacken. Kurz auf Küchenkrepp abtropfen lassen, die Schnitzel mit dem Spinat und der Apfel-Curry-Sauce servieren.

HAUPTGERICHTE MIT GEFLÜGEL

Wachteln *auf Zitronengraspolenta*

Für 4 Personen *Zubereitungszeit: ca. 1 ¼ Std.*

3 rote Zwiebeln und
20 g Ingwerwurzel schälen und in feine Würfel schneiden.
1 ungeschälte Knoblauchzehe andrücken.
3 EL Zucker bei mittlerer Hitze karamellisieren. Zwiebeln, Ingwer und Knoblauch darin kurz andünsten, dann

je 2 EL Hoisin-Sauce,
Pflaumenmus und Chilisauce
sowie 500 ml Pflaumenwein dazugeben und auf ein Drittel einkochen lassen. Die Sauce durch ein Sieb gießen und mit
Salz und Pfeffer würzen.
4 Pflaumen waschen, halbieren, entsteinen und in Spalten schneiden. In
2 EL Butter kurz andünsten, dann in die Sauce geben.
4 Stangen Zitronengras putzen, waschen, mit einem Messerrücken flach klopfen und in Stücke schneiden. Das Zitronengras mit
450 ml Geflügelfond aufkochen und ohne Hitze 10 Minuten ziehen lassen. Durch ein Sieb gießen und noch einmal aufkochen.
100 g Polentagrieß unter Rühren in den Fond streuen und bei milder Hitze zugedeckt ca. 20 Minuten quellen lassen.

40 g geriebenen Parmesan,
30 g Butterwürfel und
2 EL geschlagene Sahne untermischen. Die Polenta mit
Salz und Zitronensaft abschmecken und zugedeckt warm halten. Backofen auf 180 °C vorheizen.
4 küchenfertige Wachteln innen und außen waschen, trocken tupfen, mit
Salz und Pfeffer einreiben und in einer großen Pfanne in
3 EL Butterschmalz anbraten. Die Wachteln im Ofen auf der mittleren Schiene 6 bis 8 Minuten fertig garen. Die Pflaumensauce erwärmen. Die Wachtelbrüste und -keulen auslösen, mit der Sauce und der Zitronengraspolenta anrichten.

Entenbrust mit Maronenkruste
auf Kürbis-Orangen-Graupen

Für 4 Personen — *Zubereitungszeit: ca. 45 Min.*

250 g Hokkaidokürbis entkernen und samt Schale in kleine Würfel schneiden.
1 unbehandelte Saftorange heiß waschen und gut abtrocknen. Die Schale mit dem Sparschäler abziehen und in feine Streifen schneiden. Die Orange und
5 weitere Saftorangen auspressen.
100 g Graupen in einem Sieb kalt abbrausen, abtropfen lassen und in
2 EL Olivenöl andünsten. Mit dem Orangensaft ablöschen und unter gelegentlichem Rühren bei milder Hitze ca. 20 Minuten köcheln lassen.
Für die Entenbrust den Backofen auf 150 °C vorheizen.

4 Entenbrustfilets (à ca. 160 g, ohne Haut) waschen, trocken tupfen und in einer großen ofenfesten Pfanne in
2 EL Olivenöl von beiden Seiten anbraten. Mit
Salz und Pfeffer würzen und im Ofen auf der mittleren Schiene ca. 8 Minuten weitergaren.
1 Scheibe Toastbrot entrinden, in Würfel schneiden und mit
150 g gegarten und geschälten Maronen im Mixer fein mahlen.
100 g weiche Butter cremig schlagen, die Maronenbrösel und
1 TL Honig unterrühren. Die Entenbrüste aus dem Ofen nehmen, den Backofengrill einschalten. Die Maronenmasse ca. 1 cm dick auf die Entenbrüste streichen und das Fleisch unter dem Grill ca. 5 Minuten goldbraun gratinieren. Die Orangenschalenstreifen und die Kürbiswürfel unter die Graupen mischen und alles weitere 10 Minuten garen. Die Kürbis-Orangen-Graupen mit
Salz und Pfeffer abschmecken und mit
2 ½ EL Crème double verfeinern. Die Entenbrustfilets mit Maronenkruste in Scheiben schneiden und mit den Kürbis-Orangen-Graupen anrichten. Nach Belieben mit grob gehackten Kürbiskernen garnieren.

Mein Tipp:
Sie können die Maronen für dieses Gericht auch selbst garen und schälen: Dafür ca. 300 g Maronen mit einem spitzen Messer an der gewölbten Seite kreuzweise einschneiden. Die Maronen dann auf ein Backblech geben und im auf 200 °C vorgeheizten Backofen auf der mittleren Schiene 10 bis 15 Minuten backen, bis sich die Schalen öffnen. Die noch warmen Maronen schälen, dabei auch das innere Häutchen entfernen.

HAUPTGERICHTE MIT GEFLÜGEL

Hähnchenbrust im Speckmantel
mit getrüffeltem Pastasotto

Für 4 Personen	*Zubereitungszeit: ca. 50 Min.*
4 Hähnchenbrustfilets (ohne Haut, à 150 g)	waschen, trocken tupfen und mit
Salz und Pfeffer	würzen. Den Backofen auf 150 °C vorheizen.
12 Salbeiblätter	waschen und trocken tupfen, je 3 Salbeiblätter auf jede Hähnchenbrust legen.
20 Scheiben Frühstücksspeck	bereitlegen und je 5 Scheiben leicht überlappend nebeneinander auslegen. Je 1 Hähnchenbrust daraufsetzen und in den Speck einrollen.
2 EL Olivenöl	in einer ofenfesten Pfanne erhitzen, die Hähnchenbrüste darin rundum anbraten und im Ofen auf der mittleren Schiene 10 bis 15 Minuten fertig garen.
	Für das Pastasotto
50 g rote Zwiebeln	schälen und in feine Würfel schneiden.
1 EL Olivenöl	in einem Topf erhitzen und die Zwiebelwürfel darin leicht andünsten.
200 g Reisnudeln	unterrühren, mit
70 ml trockenem Weißwein	ablöschen und mit
Salz und Pfeffer	würzen.
200 ml heißen Geflügelfond	angießen und das Pastasotto bei mittlerer Hitze ca. 15 Minuten unter ständigem Rühren garen, bis die Reisnudeln bissfest sind, dabei nach und nach
200 ml heißen Geflügelfond	hinzufügen. Zuletzt
4 EL Trüffelbutter und 30 g geriebenen Parmesan	unterrühren und
je 1 EL gehackte Petersilie und Schnittlauchröllchen	unterheben. Das Pastasotto auf Tellern anrichten, die Hähnchenbrüste in Scheiben schneiden und daraufsetzen. Mit
Salbeiblättern	garnieren und mit etwas Bratfett begießen.

Mein Tipp:
Reisnudeln sind kleine Nudeln in Form und Größe von Reiskörnern. Man bekommt sie mittlerweile in jedem gut sortierten Supermarkt. Trüffelbutter erhalten Sie in Feinkostgeschäften – sie wird aus weißem Trüffel hergestellt und verleiht den Gerichten ein intensives Trüffelaroma.

HAUPTGERICHTE MIT GEFLÜGEL

Hähnchenbrust
mit Pfeffersauce und Wirsinggemüse

Für 4 Personen	*Zubereitungszeit: ca. 1 Std.*
	Für die Sauce
20 g weiße Pfefferkörner	in einem Mörser zerstoßen, in ein feines Sieb geben, dieses in kochendes Wasser hängen und den Pfeffer ca. 10 Minuten blanchieren.
50 g Schalotten	schälen, in feine Würfel schneiden und mit den abgetropften Pfefferkörnern in
2 EL Butter	glasig dünsten. Mit
150 ml Geflügelfond und	
150 g Sahne	ablöschen und auf die Hälfte einkochen lassen. Durch ein feines Sieb gießen und warm halten. Den Backofen auf 160 °C vorheizen.
1 Wirsing (500 g)	vierteln und den Strunk keilförmig herausschneiden. Die äußeren Wirsingblätter entfernen. Die restlichen Blätter ablösen und in Salzwasser ca. 1 Minute bissfest blanchieren. Abschrecken, trocken tupfen und die dicken Blattrippen herausschneiden. Die Blätter in mundgerechte Stücke schneiden und beiseitelegen.
4 Hähnchenbrustfilets (à ca. 150 g)	waschen, trocken tupfen, mit
Salz und Pfeffer	würzen und in
2 EL Olivenöl	von beiden Seiten kurz anbraten, bis sie Farbe angenommen haben. Die Pfanne in den Ofen stellen und die Hähnchenbrustfilets ca. 15 Minuten gar ziehen lassen.
	Inzwischen
50 g gekochten Schinken	in Würfel schneiden.
1 Schalotte	schälen, in feine Würfel schneiden und mit dem Schinken in
1 EL Butterschmalz	glasig dünsten. Mit
50 ml trockenem Weißwein	
und 80 g Sahne	ablöschen, mit
Salz und Pfeffer	würzen und etwas einkochen lassen. Den Wirsing untermischen und alles dünsten, bis eine cremige Masse entsteht. Mit
Muskatnuss	abschmecken und warm halten.
3 EL geschlagene Sahne	unter die Pfeffersauce heben. Den Wirsing auf Teller geben. Die Hähnchenbrustfilets in Scheiben schneiden, darauf anrichten, mit der Pfeffersauce beträufeln und mit
Kerbelblättchen	garnieren.

Mein Tipp:
Ich brate Hähnchenbrust immer erst kurz in der Pfanne an und gare sie anschließend im Backofen fertig. So wird das Fleisch außen schön braun und bleibt innen supersaftig. Dafür sorgt die Ofenwärme, die das Fleisch von allen Seiten »umschmeichelt«, sodass es langsam und gleichmäßig gart.
Durch das Blanchieren verlieren die Pfefferkörner an Schärfe, behalten aber ihr Aroma.

Hauptgerichte mit Geflügel

Putenröllchen
mit Zitronenthymianschaum

Für 4 Personen *Zubereitungszeit: ca. 1 1/4 Std.*
(plus ca. 1 Std. zum Durchziehen von Fond und Pesto)

250 ml kräftigen Geflügelfond und 1/2 Bund Zitronenthymian	einmal aufkochen. Vom Herd nehmen und ca. 1 Stunde durchziehen lassen. Inzwischen
1 EL Pinienkerne	in einer Pfanne ohne Fett goldgelb rösten und abkühlen lassen.
70 g Parmesan	fein reiben.
2 Knoblauchzehen	schälen.
100 g Rucola	putzen, waschen und trocken schleudern. Mit dem Knoblauch, den Pinienkernen und
200 ml Olivenöl	pürieren. Den Parmesan unterrühren, das Pesto mit
Salz	würzig abschmecken und zugedeckt ca. 1 Stunde kühl stellen. Dann
2 Schalotten	schälen, in feine Würfel schneiden und in
2 EL Butter	glasig dünsten. Den Geflügelfond durch ein Sieb dazugießen,
100 ml trockenen Weißwein	hinzufügen und alles auf die Hälfte einkochen lassen.
125 g Sahne	dazugeben und die Sauce unter Rühren auf ein Drittel einkochen lassen. Vom Herd nehmen, mit
Salz und Pfeffer	würzen und beiseitestellen. Für die Putenröllchen
100 g Mozzarella	abtropfen lassen und in 8 Scheiben schneiden.
8 Putenschnitzel (à 80 g)	waschen, trocken tupfen und zwischen zwei Lagen Frischhaltefolie sehr dünn klopfen. Die Schnitzel mit dem Pesto bestreichen und mit dem Mozzarella belegen. Die Längsseiten nach innen einschlagen, die Schnitzel wie Rouladen fest zusammenrollen und mit Holzspießchen feststecken. Mit
Pfeffer	kräftig würzen und in einer Pfanne in
3 EL Butterschmalz	goldbraun anbraten.
2 Thymianzweige, 1 Rosmarinzweig und 2 ungeschälte, halbierte Schalotten	mit in die Pfanne geben und alles ca. 6 Minuten weiterbraten. Die Röllchen erst dann mit
Salz	würzen.
2 EL Butter	in die Pfanne geben, die Putenröllchen damit glasieren und zugedeckt warm halten. Die Sauce erwärmen,
30 g eiskalte Butter	in kleinen Würfeln darunter rühren und die Sauce mit dem Pürierstab schaumig aufmixen. Zuletzt
2 EL geschlagene Sahne und 1 EL Zitronenthymianblättchen	unterheben. Die Putenröllchen mit dem Zitronenthymianschaum anrichten.

Mein Tipp:
Servieren Sie zu den Putenröllchen 250 g frische grüne Bandnudeln, die Sie nach dem Abtropfen noch kurz in 2 EL Butter schwenken und leicht salzen. Den Zitronenthymian kann man gut durch Estragon ersetzen. Und ganz Eilige können natürlich auch einmal fertiges Rucolapesto aus dem Glas verwenden.

HAUPTGERICHTE MIT GEFLÜGEL

Truthahnrouladen
mit Spargel und Weißweinsauce

Für 4 Personen	*Zubereitungszeit: ca. 1¼ Std.*
24 weiße Stangen Spargel	schälen und die Enden um ca. 2 cm kürzen. Die Stangen mit
Pfeffer und 1 Prise Zucker	in reichlich kochendem
Salzwasser	ca. 10 Minuten garen. Anschließend herausheben und abtropfen lassen. 400 ml Spargelfond abmessen und beiseitestellen.
600 g kleine festkochende Kartoffeln	schälen und in ca. 5 mm dicke Scheiben schneiden.
1 Zwiebel	schälen und in feine Würfel schneiden.
8 Truthahnschnitzel (à 50 g)	waschen, trocken tupfen und zwischen zwei Lagen geölter Frischhaltefolie mit einem Plattiereisen ohne Noppen flach klopfen. Die Schnitzel mit
Salz und Pfeffer	würzen und auf einer Seite dünn mit
3 EL Senf	bestreichen. Jeweils 3 Stangen Spargel quer auf ein Schnitzel legen, das Fleisch aufrollen und mit Küchengarn festbinden. Den Backofen auf 150 °C vorheizen.
4 EL Olivenöl	in einer ofenfesten Pfanne erhitzen, die Rouladen darin rundum anbraten und dann im Ofen auf der mittleren Schiene ca. 15 Minuten fertig garen. Inzwischen
3 EL Butter	in einem Topf zerlassen,
1 EL Mehl	unterrühren und kurz mitschwitzen lassen. Mit
50 ml trockenem Weißwein	ablöschen, den beiseitegestellten Spargelfond dazugießen und unter gelegentlichem Rühren um ein Drittel einkochen lassen.
50 g Parmesan	reiben.
1 Bund Estragon	waschen, trocken schütteln, die Blättchen von den Stielen zupfen und fein hacken. Parmesan und Estragon unter die Sauce rühren. Die Kartoffelscheiben trocken tupfen.
3 EL Butterschmalz	in einer Pfanne erhitzen und die Kartoffelscheiben darin goldbraun braten. Die Zwiebelwürfel hinzufügen und mitbraten, die Kartoffeln dabei mit
Salz und Pfeffer	würzen.
3 EL Butter	unterrühren. Die Schnitzel aus dem Ofen nehmen und das Küchengarn entfernen. Die Weißweinsauce mit
Salz, Pfeffer und 2 EL geschlagener Sahne	verfeinern. Die Rouladen mit der Sauce und den Bratkartoffeln servieren.

Mein Tipp:
Die Truthahnrouladen können Sie natürlich auch mit anderen Fleischsorten wie Schweine- oder Kalbsfleisch zubereiten.
Sollten Sie kein Plattiereisen zur Hand haben, klopfen Sie das Fleisch einfach mit dem Boden einer kleinen Pfanne oder eines Stieltopfs flach.

Hauptgerichte mit Geflügel

Piccata von der Pute
mit Makkaroni in weißem Tomatenrahm

Für 4 Personen	*Zubereitungszeit: ca. 1 ¼ Std.*
500 g vollreife Tomaten	waschen, vierteln und mit
150 ml Geflügelfond,	
2 EL Olivenöl, Salz und Pfeffer	fein pürieren. Mit
3 Thymianzweigen und	
3 EL trockenem Weißwein	in einem Topf kurz aufkochen. Ein Sieb mit einem sauberen Stofftuch auslegen und über einen Topf hängen. Das Tomatenpüree in das Sieb geben, den klaren Tomatensaft in den Topf abtropfen lassen und beiseitestellen.
400 g Putenbrust	waschen, trocken tupfen, in 8 Scheiben schneiden und zwischen zwei Lagen Frischhaltefolie mit einem Plattiereisen ohne Noppen flach klopfen.
2 EL trockenen Weißwein	mit
Salz und Pfeffer	verrühren. Die Fleischscheiben in eine Form legen und mit dem Wein übergießen.
3 Eier und	
100 g geriebenen Parmesan	verquirlen.
2 EL geschlagene Sahne	
und das gehackte Grün von	
1 Fenchelknolle	unterheben.
2 Schalotten und	
1 Knoblauchzehe	schälen, in feine Würfel schneiden und in
2 EL Olivenöl	glasig dünsten. Den beiseitegestellten Tomatensaft angießen und etwas einkochen lassen.
150 g Sahne	angießen und die Sauce auf ein Drittel einkochen lassen.
50 g eiskalte Butter	in kleine Würfel schneiden und untermixen.
50 g in Öl eingelegte, getrocknete Tomaten	trocken tupfen, in kleine Würfel schneiden und in die Sauce geben. Die Sauce zugedeckt warm halten.
100 g Makkaroni	in reichlich kochendem
Salzwasser	nach Packungsanweisung bissfest garen. Inzwischen die Putenbrustscheiben trocken tupfen, zuerst in
50 g Mehl	wenden, dann durch die Eier-Parmesan-Mischung ziehen und in
ca. 150 g Butterschmalz	von jeder Seite 2 bis 3 Minuten braten. Auf Küchenkrepp abtropfen lassen. Den Tomatenrahm mit
2 EL geschlagener Sahne und	
1 EL gehacktem Basilikum	verfeinern und mit
Salz und Pfeffer	würzen. Die Nudeln in ein Sieb abgießen, abtropfen lassen und mit der Sauce mischen. Die Putenschnitzel mit den Nudeln anrichten und mit
Basilikumblättchen	garniert servieren.

Mein Tipp:
Nehmen Sie für die Zubereitung des Tomatenrahms ausschließlich vollreife Tomaten. Nur sie haben das volle Aroma und enthalten wenig Säure. Statt der Makkaroni können Sie selbstverständlich auch andere Nudeln nehmen, z. B. Penne, Farfalle oder kleine Hörnchennudeln.

HAUPTGERICHTE MIT GEFLÜGEL

299

Putengeschnetzeltes
mit Rösti

Für 4 Personen	*Zubereitungszeit: ca. 1 ¼ Std.*
300 g Champignons	mit einem Pinsel oder einem feuchten Tuch von Erdresten befreien, putzen und in Scheiben schneiden.
100 g Zwiebeln	schälen und in feine Würfel schneiden.
600 g Putenbrust	waschen, trocken tupfen, in mundgerechte Streifen schneiden und in
4 EL Butterschmalz	portionsweise goldbraun braten. Herausnehmen und in einem Sieb abtropfen lassen.
1 EL Butter	in die heiße Pfanne geben und Pilze und Zwiebeln darin anbraten. Herausnehmen und beiseitestellen.
100 ml trockenen Weißwein, 200 ml Geflügelfond und 200 g Sahne Salz und Pfeffer	in der Pfanne auf zwei Drittel einkochen lassen und mit würzen.
1–2 TL Speisestärke	mit wenig kaltem Wasser anrühren, die köchelnde Sauce damit leicht binden und warm halten. Für die Rösti
800 g festkochende Kartoffeln	schälen und waschen, zuerst in 2 mm dicke Scheiben schneiden bzw. hobeln, dann in streichholzdicke Stäbchen schneiden.
1 EL Speisestärke Salz, Pfeffer und Muskatnuss	untermischen und alles mit würzen.
3 EL Öl	in einer beschichteten Pfanne erhitzen. Etwas von den Kartoffelstäbchen hineingeben und mit einem Pfannenwender zu einem Kreis flach drücken. Die Rösti auf der Unterseite bei mittlerer Hitze goldgelb braten, mit einem Pfannenwender oder einer Palette vorsichtig wenden und von der anderen Seite ebenfalls goldgelb braten. Danach mit
Salz und Pfeffer	würzen, auf Küchenkrepp legen und warm halten. Nach dem gleichen Prinzip weitere Rösti braten. Die Sahnesauce mit dem Pürierstab schaumig aufmixen. Fleisch, Pilze und Zwiebeln hineingeben und alles einmal kurz aufkochen. Zuletzt
3 EL geschlagene Sahne und 1 EL gehackte Petersilie	unterheben und das Geschnetzelte mit den Rösti servieren.

Mein Tipp:
Das Zuschneiden der Kartoffelstäbchen ist mein Geheimtipp für superknusprige Rösti. Denn beim Schneiden tritt weniger Stärke mit Wasser aus als beim üblichen Raspeln. Die Röstimasse ist so weniger feucht und wird beim Braten wundervoll kross.
Wenn's mal ganz schnell gehen soll, können Sie zum Putengeschnetzelten auch Basmatireis oder Salzkartoffeln servieren.
Auf dieselbe Weise können Sie auch Hähnchengeschnetzeltes zubereiten.

Hauptgerichte mit Geflügel

Hähnchennuggets *mit Gemüsecurry*

Für 4 Personen	*Zubereitungszeit: ca. 50 Min.*
150 g Zuckerschoten	putzen, waschen und diagonal halbieren.
2 Möhren	putzen, schälen und schräg in Scheiben schneiden.
4 Frühlingszwiebeln	putzen und waschen. Den hellen Teil in Stücke, das Grün in feine Ringe schneiden.
1 Pak Choi (ersatzweise Mangold)	putzen, waschen und in ca. 2 cm breite Streifen schneiden.
8 Mini-Maiskolben (aus dem Glas)	schräg vierteln.
½ Blumenkohl	putzen, waschen und in Röschen zerteilen.
6 Cocktailtomaten	waschen und halbieren.
4 Hähnchenbrustfilets (à 150 g)	waschen, trocken tupfen, in mundgerechte Stücke schneiden und mit
Salz und Pfeffer	würzen. Die Hähnchenteile zuerst in
50 g Mehl	wenden, dann durch
2 verquirlte Eier	ziehen und zuletzt mit
150 g Kokosflocken	panieren.
3 EL Sesamöl	im Wok erhitzen und Möhren, Mini-Mais und Blumenkohl darin scharf anbraten. Die Zuckerschoten und die Frühlingszwiebeln hinzufügen, zum Schluss Pak Choi, Cocktailtomaten und
1 TL gelbe Currypaste	unterheben.
120 ml ungesüßte Kokosmilch	zum Gemüse gießen, etwas köcheln lassen und das Gemüse mit
Salz, Pfeffer und Zucker	abschmecken.
100 g Butterschmalz	erhitzen und die Hähnchennuggets darin rundum goldbraun ausbacken. Kurz auf Küchenkrepp abtropfen lassen, mit dem Gemüsecurry anrichten und mit
Frühlingszwiebelringen	bestreut servieren.

Entenbällchen *mit Sesam und Basmatireis*

Für 4 Personen	*Zubereitungszeit: ca. 1 Std.*
250 g Entenhackfleisch	in einer Schüssel mit
3 EL Sweet-Chili-Sauce und 2 EL Sojasauce	mischen und mit
Salz und Pfeffer	würzen. Aus der Hackfleischmasse mit angefeuchteten Händen kleine Bällchen formen.
2 unbehandelte Orangen	heiß waschen, gut abtrocknen und mit dem Sparschäler schälen. Die Früchte und
3 Orangen	halbieren und auspressen.
50 g Ingwerwurzel	schälen und in feine Scheiben schneiden.
1 rote Chilischote	längs halbieren, die Kernchen mit einem spitzen Messer entfernen und die Schoten waschen. Den Orangensaft und die -schale in einem Topf mit
1 Zimtstange, 3 Sternanis, 5 Kardamomkapseln, 1 TL schwarzen Pfefferkörnern,	Ingwer und Chili aufkochen. Die Hitze etwas reduzieren, die Entenbällchen in einen zum Topf passenden Dämpfeinsatz setzen und zugedeckt über dem leicht kochenden Orangen-Gewürz-Sud 10 bis 12 Minuten dämpfen. Die Entenbällchen herausnehmen und warm halten.
150 g Basmatireis	kalt abbrausen, mit ca. 200 ml Wasser und
1 Prise Salz	in einem Topf kurz aufkochen. Anschließend zugedeckt bei sehr milder Hitze 12 bis 14 Minuten garen, dabei gelegentlich umrühren. Den Orangen-Gewürz-Sud durch ein Sieb in einen anderen Topf streichen und mit
2 EL Zucker und 1 EL Honig	sirupartig einkochen lassen. Die Fleischbällchen zuerst in dem Sirup glasieren, dann in
100 g gerösteten Sesamsamen	wälzen und auf Tellern anrichten. Mit dem restlichen Orangensirup und
4 EL Teriyaki-Sauce	beträufeln und mit dem Basmatireis servieren.

Geflügelsaté
mit süßem Gurkensalat

Für 4 Personen — *Zubereitungszeit: ca. 45 Min.*

400 g Hähnchenbrustfilet	waschen, trocken tupfen und durch die mittlere Scheibe des Fleischwolfs drehen oder sehr fein hacken.
3 Schalotten, 1 Knoblauchzehe und 40 g Ingwerwurzel	schälen, in feine Würfel schneiden, in
2 EL Butter	glasig dünsten und zum Hackfleisch geben.
1 Eigelb und 1 EL gehacktes Koriandergrün	untermischen und alles mit
Chilipulver und Salz	abschmecken. Die sehr weiche Hackmasse in 8 Portionen teilen, jeweils wie Fleischröllchen vorsichtig um die dünneren Enden von
8 Stangen Zitronengras	formen und in
60 g gemischten Sesamsamen	wenden.

Für den Salat

1 grüne Chilischote	längs halbieren und die Kernchen mit einem spitzen Messer entfernen, die Schote waschen und in feine Würfel schneiden.
3 Schalotten und 1 Knoblauchzehe	schälen, in feine Würfel schneiden und mit den Chiliwürfeln in
2 EL Olivenöl	glasig dünsten.
300 ml ungesüßte Kokosmilch und 2 EL Honig	dazugeben und alles auf die Hälfte einkochen lassen.
2 Salatgurken (à 400 g)	schälen, längs halbieren und die Kerne mit einem Teelöffel entfernen. Die Gurken in 2 cm große Würfel schneiden, mit der Kokossauce übergießen, alles mischen und mit
2 EL Sweet-Chili-Sauce, Salz, Chilipulver und gehacktem Koriandergrün	abschmecken. Die Satéspießchen in
3 EL Sesamöl	goldbraun braten. Mit dem Gurkensalat servieren und mit
Koriandergrün	garnieren.

Mein Tipp:
Wenn Sie Ihre Hände leicht anfeuchten oder Latex-Einweghandschuhe anziehen, klebt die Hackmasse nicht so und lässt sich besser um die Zitronengrasstangen formen. Sie hält außerdem besser am Zitronengras, wenn Sie die Stangen ganz zu Beginn mit einem Messerrücken leicht anklopfen, um die Oberfläche etwas aufzurauen. Außerdem kann dadurch das feine Zitrusaroma besser austreten.

Sollten Sie kein Zitronengras bekommen, formen Sie die Hackmasse ganz vorsichtig zu Röllchen, braten Sie diese und stecken Sie sie erst danach auf lange Holzspießchen. Oder Sie formen kleine Frikadellen aus dem Hackteig. Um Ihren Satés dennoch etwas Zitrusaroma zu verleihen, mischen Sie zuvor noch ca. 1/2 TL fein abgeriebene, unbehandelte Limettenschale unter die Hackmasse.

HAUPTGERICHTE MIT GEFLÜGEL

Gänsefrikadellen
mit getrüffeltem Wirsingrahmgemüse

Für 4 Personen	*Zubereitungszeit: ca. 50 Min.*
2 Brötchen (vom Vortag)	in Würfel schneiden, in eine Schüssel geben, mit
250 ml lauwarmer Milch	begießen und 5 Minuten einweichen.
600 g Gänsefleisch (aus der Keule, ohne Knochen, Haut und Fett)	in Streifen schneiden, durch den Fleischwolf drehen und in eine Schüssel geben.
2 Schalotten und 1 Knoblauchzehe	schälen und in feine Würfel schneiden.
3 EL Butter	zerlassen und die Schalotten und den Knoblauch darin glasig dünsten.
50 g Sahne	angießen, etwas einkochen und dann abkühlen lassen. Die eingeweichten Brötchen gut ausdrücken und mit
1 Ei, 1 EL Honig, 1 EL Trüffelöl	und der Sahnemischung zu dem Gänsehackfleisch geben und alles gut vermischen. Die Masse kräftig mit
Salz, Pfeffer und 1 EL gehacktem Majoran	würzen. Backofen auf 130 °C vorheizen. Aus der Hackfleischmasse mit angefeuchteten Händen runde Bällchen formen und etwas flach drücken.
50 g Butterschmalz	in einer ofenfesten Pfanne erhitzen und die Gänsefrikadellen darin von beiden Seiten goldbraun anbraten. Anschließend im Ofen auf der mittleren Schiene ca. 15 Minuten fertig garen.
1 kleinen Kopf Wirsing (ca. 400 g)	putzen, waschen und in Rauten schneiden.
Je 2 Schalotten und Knoblauchzehen	schälen und in feine Würfel schneiden.
3 EL Butterschmalz	erhitzen und die Wirsingrauten mit den Schalotten und dem Knoblauch darin andünsten. Mit
50 ml weißem Portwein	ablöschen,
100 ml Geflügelfond und 150 g Sahne	angießen und das Gemüse bei milder Hitze weich garen. Mit
Salz, Pfeffer und Muskatnuss	würzen und zuletzt
80 g Trüffelbutter und 1 EL geschlagene Sahne	unter das Wirsinggemüse heben. Das Wirsingrahmgemüse auf Teller verteilen, die Gänsefrikadellen aus dem Ofen nehmen und darauf anrichten.
1 kleinen schwarzen Trüffel	dünn in die Bratbutter der Gänsefrikadellen hobeln und über das Fleisch und das Gemüse geben.

Mein Tipp:
Als Beilage passt ein Selleriepüree: Dafür 400 g Knollensellerie schälen und in kleine Würfel schneiden. Mit 250 g Sahne ca. 10 Minuten butterweich garen, dabei immer wieder umrühren. Anschließend mit 50 g Butter pürieren und das Selleriepüree mit Salz, Pfeffer und Muskatnuss abschmecken.

HAUPTGERICHTE MIT GEFLÜGEL

Geflügelstreifen in Tempura
mit süßsaurem Kürbis-Melonen-Salat

Für 4 Personen	*Zubereitungszeit: ca. 1 Std.*
	(plus ca. 1 Std. Marinierzeit für Salat und Fleisch)
500 g Kürbis	schälen, entkernen und grob raspeln. Mit
Salz, Pfeffer und 2 EL Zucker	würzen und
1 Sternanis, 1 Zimtstange und 2 Gewürznelken	dazugeben. Die Raspel mit
50 ml Balsamico bianco	übergießen und zugedeckt ca. 1 Stunde kühl stellen. Inzwischen
2 Hähnchenbrustfilets (à ca. 150 g)	waschen, trocken tupfen und in ca. 3 cm dicke und 8 cm lange Streifen schneiden.
1 rote Chilischote	längs halbieren und die Kernchen mit einem spitzen Messer entfernen, die Schote waschen und in feine Streifen schneiden.
10 g Ingwerwurzel	schälen und in feine Würfel schneiden.
2 EL Sojasauce, 1 EL Austernsauce, 2 EL Sojaöl und etwas gemahlenen Koriander	mit den Chili- und Ingwerwürfeln verrühren. Die Hähnchenstreifen darin wenden und ca. 1 Stunde im Kühlschrank durchziehen lassen. Nach den Ruhezeiten Sternanis, Zimt und Nelken aus dem Kürbissalat entfernen. Die Raspel gut ausdrücken, dabei den Saft auffangen.
100 g Schalotten und 1 Knoblauchzehe	schälen, in feine Würfel schneiden und in
4 EL Butter	glasig dünsten. Den Kürbis kurz mitdünsten.
2 EL Honig und etwas Chilipulver	unterrühren, den Kürbissaft angießen und alles zugedeckt ca. 5 Minuten weich dünsten.
400 g Honigmelone (z. B. Charentais)	vierteln und die Kerne mit einem Esslöffel entfernen. Die Melonenviertel schälen und das Fruchtfleisch in 1 cm große Würfel schneiden. Unter den Kürbis mischen und den Salat abkühlen lassen. Für den Tempurateig
2 Eigelb, je 125 g Mehl und Speisestärke	sowie 400 ml Eiswasser mit dem Pürierstab aufmixen und mit
Salz und gemahlenem Koriander	würzen. Die Hähnchenstreifen abtupfen.
200 g Butterschmalz zum Frittieren	auf ca. 170 °C erhitzen. Die Geflügelstreifen in
80 g Mehl	wenden, durch den Tempurateig ziehen und im Butterschmalz goldgelb ausbacken. Auf Küchenkrepp kurz abtropfen lassen, dann mit dem Salat anrichten und mit
einigen Friséesalatblättern und Koriandergrün	garnieren.

Mein Tipp:
Das Eiswasser im Tempurateig sorgt dafür, dass der Teig beim Ausbacken wunderbar kross wird.

HAUPTGERICHTE MIT GEFLÜGEL

Pfannengerührtes Huhn
mit Ananassauce

Für 4 Personen	*Zubereitungszeit: ca. 45 Min.*
300 g Ananas	schälen, vierteln und den harten Strunk herausschneiden. Das Fruchtfleisch in kleine Würfel schneiden und mit dem
Saft von ½ Zitrone, 2 TL Honig, 1 Msp. Chilipulver, 1 Prise gemahlenem Kardamom, 2 EL Sweet-Chili-Sauce und 250 ml trockenem Weißwein	in einem Topf aufkochen. Dann bei milder Hitze zugedeckt ca. 15 Minuten köcheln lassen. Inzwischen
4 Hähnchenbrustfilets (à ca. 150 g) Salz, Pfeffer und 2–3 EL heller Sojasauce	waschen, trocken tupfen, in Streifen schneiden und in einer Schüssel mit mischen.
1 kleine Zwiebel und 2–3 Knoblauchzehen	schälen und in feine Würfel schneiden.
1 walnussgroßes Stück Ingwerwurzel	schälen und in feine Streifen schneiden.
150 g Lauch	putzen, waschen und ebenfalls in feine Streifen schneiden.
150 ml Geflügelfond	aufkochen lassen.
1 TL Speisestärke	mit etwas Wasser anrühren, den Fond damit leicht binden und beiseitestellen.
3 EL Öl	im Wok oder in einer großen Pfanne erhitzen und die Zwiebel- und Knoblauchwürfel darin glasig dünsten. Die Hähnchenbruststreifen dazugeben und ca. 3 Minuten mitbraten. Den Ingwer und den Lauch hinzufügen und ca. 1 Minute mitbraten. Die Hitze reduzieren, den Geflügelfond angießen,
2 EL gehackte Walnusskernhälften	untermischen und alles mit
Salz und Pfeffer	würzen. Die Hähnchenbruststreifen mit der Ananassauce servieren.

Mein Tipp:
Als Beilage empfehle ich hier schlichten Reis, so wie es die Asiaten auch lieben. Durch das Marinieren in Sojasauce bekommen die Hähnchenbruststreifen ein wunderbar feinwürziges Aroma.
Nehmen Sie für die Ananassauce immer eine vollreife Frucht, denn nur dann schmeckt sie wirklich gut. Ananas sind reif, wenn sie auf Daumendruck leicht nachgeben und einen süßlichen Duft verströmen.

HAUPTGERICHTE MIT GEFLÜGEL

Hauptgerichte mit Fleisch

Mit Zwiebelschaum
überbackene Kalbsmedaillons

Für 4 Personen	Zubereitungszeit: ca. 1 Std.
2 Zwiebeln	schälen, in feine Würfel schneiden und in
50 g Butter	glasig dünsten.
1 EL Mehl	darüberstäuben,
150 g Sahne	angießen und die Sauce unter gelegentlichem Rühren pastenartig einkochen lassen.
1 Ei	trennen. Die Zwiebelpaste mit
50 g geriebenem Parmesan	und dem Eigelb im Mixer pürieren und kühl stellen. Das Eiweiß beiseitestellen.
500 g junge Möhren	putzen, schälen und in dünne Scheiben schneiden.
3 EL Butterschmalz	in einer Pfanne erhitzen und
8 Kalbsmedaillons (à 60 g)	darin von beiden Seiten scharf anbraten. Dabei mit
Salz und Pfeffer	würzen. Das Fleisch aus der Pfanne nehmen und
3 EL Butter	darin zerlassen, die Möhrenscheiben hinzufügen und andünsten. Das Gemüse mit
Salz, Pfeffer und Zucker	würzen und mit
je 100 ml Orangensaft und Gemüsebrühe	ablöschen.
Je 2 Estragon- und Korianderstiele	dazugeben, das Möhrengemüse in eine Auflaufform geben und die Kalbsmedaillons daraufsetzen. Den Backofen auf 200 °C vorheizen.
4 Frühlingszwiebeln	putzen, waschen und in feine Ringe schneiden. Die Zwiebelringe mit
1 EL Speisestärke	unter das Zwiebelpüree rühren. Das Eiweiß mit
1 Prise Salz	steif schlagen, unter die Zwiebelmasse heben und auf den Kalbsmedaillons verteilen. Das Fleisch mit den Möhren im Ofen auf der mittleren Schiene 12 bis 14 Minuten goldbraun überbacken.

Mein Tipp:

Als Beilage zu diesem Gericht passt hervorragend ein cremiges Kartoffelpüree: Dafür 500 g mehlig kochende Kartoffeln schälen und als Salzkartoffeln garen. Anschließend abgießen und noch heiß durch die Kartoffelpresse drücken. 250 ml Milch mit Salz, Pfeffer und Muskatnuss aufkochen und mit 80 g weicher Butter unter die durchgedrückten Kartoffeln rühren. Zum Schluss das Püree mit 1 EL geschlagener Sahne verfeinern.

HAUPTGERICHTE MIT FLEISCH

Kalbsfrikassee
mit Frühlingsgemüse und Kräuterreis

Für 4 Personen Zubereitungszeit: ca. 1 1/2 Std.

1 Möhre, 1/4 Sellerieknolle, 2 Zwiebeln und 1/2 Lauchstange	putzen, schälen bzw. waschen und grob zerkleinern.
600 g Kalbfleisch (aus Nacken oder Schulter)	in ca. 3 cm große Würfel schneiden.
1,5 l Salzwasser	aufkochen und das Fleisch hineingeben. Die Hitze reduzieren und das Fleisch offen ca. 30 Minuten garen. Das vorbereitete Gemüse mit
1 Lorbeerblatt, 10 schwarzen Pfefferkörnern, 2 Thymianzweigen, 3 Petersilienstielen und Salz	dazugeben und alles bei milder Hitze offen weitere 30 Minuten köcheln lassen. Das Fleisch herausnehmen und mit einem feuchten Stofftuch zudecken. Den Fond durch ein Sieb gießen.
200 g Zwiebeln	schälen und grob zerkleinern.
Je 100 g Knollensellerie und Petersilienwurzeln	putzen, schälen und in Würfel schneiden. Alles in
50 g Butter	andünsten. Mit
150 ml Weißwein	ablöschen, den aufgefangenen Kalbsfond und
250 g Sahne	angießen und die Sauce offen auf 500 ml einkochen lassen. Pürieren und durch ein feines Sieb gießen.
150 g Basmatireis 1 Prise Salz	mit kaltem Wasser abbrausen, mit ca. 180 ml kaltem Wasser und aufkochen lassen. Dann bei milder Hitze zugedeckt ca. 10 Minuten garen, dabei mehrmals umrühren.
2 EL gehackte Kräuter und 1 TL abgeriebene, unbehandelte Limettenschale	untermischen und den Reis zugedeckt warm halten.
50 g Zuckerschoten, 10 weiße und 10 grüne Spargelspitzen	putzen und waschen.
2 kleine Möhren	putzen, schälen und längs halbieren.
Reichlich Salzwasser	zum Kochen bringen und den weißen Spargel darin ca. 6 Minuten blanchieren. Dann den grünen Spargel, nach weiteren 2 Minuten die Möhren und nach nochmals 2 Minuten die Zuckerschoten dazugeben. Alles noch ca. 2 Minuten blanchieren. Das Gemüse abgießen, kurz abschrecken und gut abtropfen lassen. Das Fleisch und die Sauce in einen Topf geben. Das blanchierte Gemüse und den
Saft von 1 Limette	hinzufügen. Das Frikassee noch einmal erhitzen, mit
1 TL frisch geriebenem Meerrettich, Salz und Pfeffer	abschmecken und mit dem Kräuterreis servieren.

Mein Tipp:
Sellerie, Petersilienwurzeln und Zwiebeln sind wahre Aromawunder. Durch sie bekommt die feine Weißwein-Sahne-Sauce erst den vollen Geschmack. Das Wasser, in dem Sie das Kalbfleisch garen, darf nur leicht sieden, keinesfalls kochen, sonst kann das Fleisch zäh und trocken werden.

Hauptgerichte mit Fleisch

Wiener Schnitzel
mit Bratkartoffeln

Für 4 Personen	Zubereitungszeit: ca. 50 Min.
600 g festkochende Kartoffeln	schälen, in ½ cm dicke Scheiben schneiden, waschen, abtropfen lassen und gut trocken tupfen.
60 g durchwachsenen Speck	in feine Würfel schneiden.
80 g Zwiebeln	schälen und in feine Streifen schneiden. Die Kartoffelscheiben in
80 ml Öl	von beiden Seiten anbraten, bis sie goldbraun sind. Den Speck dazugeben und unter häufigem Wenden anbräunen lassen. Die Zwiebelstreifen hinzufügen und ebenfalls kurz anbraten. Alles mit
Salz, gemahlenem Kümmel und edelsüßem Paprikapulver	abschmecken und
1 EL gehackte Petersilie	untermischen.
3 EL kalte Butter	in kleine Würfel schneiden, dazugeben, die Kartoffeln damit glasieren und warm halten. Zwei Lagen Frischhaltefolie mit
Olivenöl	bestreichen.
4 Kalbsschnitzel (aus der Oberschale, à 120 g)	dazwischen legen und mit einem Plattiereisen ohne Noppen sehr dünn klopfen. Die Folien entfernen und die Schnitzel mit
Salz und Pfeffer	würzen.
2 Eier und	
2 EL geschlagene Sahne	verrühren. Die Schnitzel zuerst in
50 g Mehl	wenden, dann durch die Eiermischung ziehen und zuletzt in
150 g Semmelbröseln	wenden. Die Panade leicht andrücken.
150 g Butterschmalz	in einer Pfanne erhitzen. Die Schnitzel hineinlegen und zugedeckt ca. 1½ Minuten braten. Anschließend den Deckel rasch entfernen und die Schnitzel auf dieser Seite noch ca. 1½ Minuten braten. Die Schnitzel vorsichtig wenden,
50 g Butter	in die Pfanne geben und die Schnitzel noch einmal 3 Minuten braten. Die Schnitzel kurz auf Küchenkrepp abtropfen lassen, mit den Bratkartoffeln anrichten und mit
Zitronenspalten und Kapern	garnieren.

Mein Tipp:
Beim Wiener Schnitzel muss die Panade nach dem Braten schön wellig und knusprig sein. Um das zu erreichen, habe ich zwei kleine Tricks: Zum einen verhindert die Sahne in der Eiermischung, dass die Eier beim Braten zu schnell stocken. Die Panade bleibt so länger elastisch, geht besser auf und die attraktiven »Wellen« können besser entstehen. Zum anderen entsteht durch das kurze Zudecken der Pfanne gleich zu Beginn der Bratzeit etwas Feuchtigkeit im Garraum – auch dadurch geht die Panade besser auf.

HAUPTGERICHTE MIT FLEISCH

Saltimbocca *mit Salbeispaghetti*

Für 4 Personen	*Zubereitungszeit: ca. 35 Min.*
Reichlich Salzwasser	zum Kochen bringen und
130 g Spaghetti	darin nach Packungsanweisung bissfest garen. Inzwischen
8 Scheiben Kalbfleisch (aus der Oberschale, à 80 g)	zwischen zwei Lagen Frischhaltefolie dünn klopfen und mit wenig
Salz und Pfeffer	würzen.
8 große Salbeiblätter und 8 Scheiben Parmaschinken	darauflegen und mit Holzzahnstochern feststecken. Die Nudeln abgießen und gut abtropfen lassen.
3 EL Olivenöl und 1 EL gehackten Salbei	untermischen und alles mit
Salz und Muskatnuss	würzen.
2 Thymianzweige	waschen, trocken schütteln und die Blättchen abzupfen. Mit
3 EL Butter	unter die Nudeln mischen. Zugedeckt warm halten.
1 Schalotte	schälen und in feine Würfel schneiden. Die Schnitzel mit den Schinkenseiten nach unten in
2 EL Olivenöl	goldbraun anbraten. Wenden, die Schalottenwürfel und
½ ungeschälte Knoblauchknolle	dazugeben. Alles mit
Salz und Pfeffer	würzen und die Schnitzel weitere 2 Minuten braten. Den Knoblauch wieder entfernen und die Saltimbocca mit den Salbeispaghetti servieren.

Mein Tipp:
Bei diesem Rezept ist es wichtig, dass das Fleisch auch nach dem Feststecken von Schinken und Salbeiblatt schön flach ist und sich nicht wellt. Nur so wird es beim Braten gleichmäßig gar und braun.

Gefülltes Kalbskotelett *mit Blattsalat*

Für 4 Personen	Zubereitungszeit: ca. 45 Min.
4 Kalbskoteletts	waschen, trocken tupfen und jeweils horizontal eine Tasche einschneiden.
60 g Parmaschinken und 200 g Mozzarella	in feine Würfel schneiden.
80 g geriebenen Parmesan und 2 EL Basilikumpesto (siehe Rezept S. 182) Salz und Pfeffer	untermischen und alles mit abschmecken. Die Fleischtaschen mit der Masse prall füllen und mit Holzzahnstochern feststecken. Anschließend die Koteletts mit
Salz und Pfeffer	würzen.
2 Eier und 2 EL geschlagene Sahne	verrühren. Die Koteletts zuerst in
50 g Mehl	wenden, dann durch die Eiermischung ziehen und zuletzt in
80 g Semmelbröseln	wenden. Die Panade fest andrücken.
200 g gemischte Blattsalate	verlesen, waschen und trocken schleudern.
3 EL Aceto balsamico, 50 ml Olivenöl mit Limone, Salz und Pfeffer	zu einer Vinaigrette verrühren. Die Koteletts in
150 g Butterschmalz	von beiden Seiten goldbraun ausbacken. Anschließend kurz auf Küchenkrepp abtropfen lassen. Den Salat mit der Vinaigrette vermischen und mit den Koteletts servieren.

Mein Tipp:
Gefüllte Koteletts brauchen beim Braten etwas Zeit, bis sie gar sind. Daher empfehle ich immer mittlere Hitze – so hat das Fleisch ausreichend Zeit zu garen und die Panade wird nicht zu schnell dunkel. Wichtig beim Kalbskotelett: Das Fleisch sollte nach dem Braten innen noch leicht rosa sein.

Kalbsrahmgulasch
mit Kräuterknöpfle

Für 4 Personen — Zubereitungszeit: ca. 1 Std. (plus 2 Std. Schmorzeit für das Gulasch)

300 g Zwiebeln	schälen und mit
50 g Dörrfleisch	in feine Würfel schneiden. Von
2 Kalbshaxen	das Fleisch vom Knochen lösen und in ca. 3 cm große Würfel schneiden.
50 g Butterschmalz	in einem Schmortopf erhitzen und die Fleischwürfel darin rundum scharf anbraten. Die Zwiebeln und das Dörrfleisch hinzufügen und mitbraten.
1 EL Zucker	darüberstreuen und leicht karamellisieren. Dann mit
150 ml trockenem Weißwein	ablöschen und
750 ml Kalbsfond	angießen.
2 Lorbeerblätter, 3 Gewürznelken und 5 zerstoßene weiße Pfefferkörner sowie die abgeriebene Schale von 1 unbehandelten Zitrone	in den Schmortopf geben und das Gulasch zugedeckt bei milder Hitze ca. 2 Stunden schmoren. Inzwischen
100 g gemischte Kräuter (z. B. Petersilie, Thymian, Kerbel, Estragon)	waschen, trocken schütteln, die Blättchen von den Stielen zupfen und hacken. Die gehackten Kräuter mit 100 ml Wasser mit dem Pürierstab fein pürieren. Das Kräuterpüree mit
4 Eiern	verrühren und mit
Salz, Pfeffer und Muskatnuss	würzen, nach und nach
400 g Mehl	unterrühren. Den Knöpfleteig mit einem Kochlöffel so lange schlagen, bis der Teig kleine Bläschen mehr bildet. In einem Topf reichlich
Salzwasser	zum Kochen bringen und den Teig mit der Knöpflepresse portionsweise hineindrücken. Die Knöpfle einmal aufkochen lassen, dann mit einer Schaumkelle herausnehmen, kalt abschrecken und auf Küchenkrepp abtropfen lassen. Das Kalbfleisch und die ganzen Gewürze aus der Sauce nehmen.
250 g Sahne und 1 TL Senf	in die Sauce geben und etwas einkochen lassen. Anschließend mit dem Pürierstab pürieren und durch ein feines Sieb streichen. Wenn nötig
1 EL Speisestärke	mit wenig kaltem Wasser anrühren und die Sauce damit binden. Mit
Salz und Pfeffer	abschmecken und das geschmorte Kalbfleisch wieder hineingeben. Die Kräuterknöpfle in
50 g zerlassener Butter	schwenken, mit
Salz und Pfeffer	würzen und mit dem Kalbsrahmgulasch servieren.

Hauptgerichte mit Fleisch

323

Kalbsvögerl
mit Schupfnudeln

Für 4 Personen	*Zubereitungszeit: ca. 3 Std.*
180 g Suppengrün	putzen, waschen bzw. schälen und klein schneiden.
1 kg Kalbshaxe (ohne Knochen)	von Haut und Sehnen befreien. Die einzelnen Muskelstränge der Haxe mit einem Messer vorsichtig voneinander trennen. Die länglichen Fleischstücke mit
Salz und Pfeffer	würzen und in einem Bräter in
4 EL Butterschmalz	von allen Seiten kräftig anbraten. Herausnehmen und beiseitestellen. Backofen auf 200 °C vorheizen. Das Gemüse im Bratsatz goldbraun anrösten.
2 EL Tomatenmark	untermischen und kurz mitrösten.
300 ml trockenen Rotwein	in drei Portionen angießen und jeweils vollständig einkochen lassen. Das Fleisch wieder dazugeben und
500 ml Kalbsfond	angießen.
2 ungeschälte Knoblauchzehen	leicht andrücken und mit
1 Lorbeerblatt, 2 Gewürznelken und der abgeriebenen Schale von ½ unbehandelten Zitrone	zum Fleisch geben. Das Fleisch im Ofen auf der mittleren Schiene zugedeckt ca. 2 Stunden schmoren.
400 g mehlig kochende Kartoffeln	waschen und in
Salzwasser	als Pellkartoffeln garen. Abgießen, ausdampfen und etwas abkühlen lassen. Noch warm pellen und durch die Kartoffelpresse drücken.
Je 50 g Hartweizengrieß und Mehl, 1 Eigelb, Salz, Pfeffer und Muskatnuss	dazugeben und alles gut verkneten. Die Hände mit
etwas Mehl	bestäuben und aus dem Teig kleine Schupfnudeln (ca. 6 cm lang, 1½ cm dick) formen. Reichlich
Salzwasser	zum Kochen bringen und die Schupfnudeln hineingeben. Den Topf vom Herd nehmen und die Nudeln offen ziehen lassen, bis sie an der Oberfläche schwimmen. Herausheben, kalt abschrecken und gut abtropfen lassen. Die Kalbsvögerl aus dem Bräter nehmen und warm halten. Die Bratensauce durch ein Sieb streichen und auf die Hälfte einkochen lassen. Falls nötig,
etwas Speisestärke	mit wenig kaltem Wasser anrühren und die Sauce damit binden. Das Fleisch in der Sauce nochmals erwärmen. Die Schupfnudeln in
3 EL Butter	goldbraun anbraten und eventuell mit
Salz und Pfeffer	nachwürzen. Mit den Kalbsvögerln anrichten.

Mein Tipp:
Zu den Kalbsvögerln passt ein Wirsinggemüse: Dafür 1 Kopf Wirsing (ca. 500 g) halbieren, entstrunken und die äußeren Blätter entfernen. Die restlichen Blätter in Salzwasser ca. 1 Minute blanchieren, abschrecken und ausdrücken. Die Blätter ohne die Blattrippen in mundgerechte Stücke schneiden. 1 Schalotte schälen und mit 40 g Speck fein würfeln. Beides in 1 EL Butterschmalz glasig dünsten. Den Wirsing hinzufügen, 250 g Sahne angießen und 4 bis 5 Minuten garen, bis die Sahne leicht sämig wird. Mit Salz, Pfeffer und Muskatnuss abschmecken.

HAUPTGERICHTE MIT FLEISCH

325

Kalbsleber mit Madeirasauce
und Pekannuss-Kartoffelpüree

Für 4 Personen	*Zubereitungszeit: ca. 50 Min.*
500 g mehlig kochende Kartoffeln	schälen, waschen, vierteln und in
Salzwasser	garen. Inzwischen
4 Kalbsleberscheiben (à 100 g, ca. 1 cm dick)	waschen, trocken tupfen, von beiden Seiten in
Mehl	wenden und in
2 EL Öl	von beiden Seiten ca. 4 Minuten goldbraun braten.
1 EL Butter	hinzufügen und zerlassen. Die Leber damit übergießen, herausnehmen und beiseitestellen.
60 g Pekannusskerne	grob hacken und in
2 EL Nussöl	kurz anbraten.
125 g Sahne	angießen und alles etwas einkochen lassen. Die Kartoffeln abgießen, ausdampfen lassen, durch die Kartoffelpresse drücken und mit der Nusssauce glatt rühren.
1 ½ EL Butter	unterrühren und das Püree mit
Salz, Pfeffer und Muskatnuss	abschmecken.
3 EL geschlagene Sahne	unterheben und alles zugedeckt warm stellen.
	Für die Madeirasauce
2 Schalotten und 1 Knoblauchzehe	schälen und in feine Würfel schneiden.
100 g Champignons	mit einem Pinsel oder einem feuchten Tuch von Erdresten befreien, putzen und in kleine Würfel schneiden.
80 g durchwachsenen Speck	ebenfalls in kleine Würfel schneiden. Beides mit den Schalotten- und Knoblauchwürfeln sowie
1 TL gehacktem Thymian	in
1 TL Butter	glasig dünsten. Mit
200 ml Madeira	ablöschen und die Sauce sämig einkochen lassen.
30 g kalte Butter	in kleine Würfel schneiden, unter die nicht mehr kochende Sauce rühren und
1 EL gehackte Petersilie	untermischen. Die Leberscheiben noch einmal kurz in der Sauce erwärmen und mit dem Kartoffelpüree anrichten.

Mein Tipp:
Leber ist beim Braten sehr empfindlich. Gart man sie zu lang oder bei zu starker Hitze, wird sie zäh und fest. Braten Sie sie daher immer langsam und gleichmäßig. Übrigens: Leber wird noch zarter, wenn man sie unmittelbar nach dem Braten ein paar Minuten in der Pfanne am Herdrand ruhen lässt. Leber bitte nie vor dem Braten salzen, denn das entzieht ihr Flüssigkeit und macht sie fest.

HAUPTGERICHTE MIT FLEISCH

Kalbsrückensteak *mit Kräuterkruste auf Spitzkohl*

Für 4 Personen	*Zubereitungszeit: ca. 1 Std.*
100 g weiche Butter	in einer Schüssel schaumig rühren.
2 Schalotten und	
1 Knoblauchzehe	schälen und in feine Würfel schneiden. Mit
80 g fein geriebenem Weißbrot,	
2 EL gehackter Petersilie,	
1 EL gehacktem Thymian	
und 1 EL Schnittlauchröllchen	unter die Butter rühren. Die Kräutermasse auf ein Stück Pergamentpapier geben, zu einer Rolle formen und kühl stellen. Den Backofen auf 130 °C vorheizen.
3 EL Olivenöl	in einer Pfanne erhitzen und
4 Kalbsrückensteaks (à 150 g)	darin von beiden Seiten anbraten.
1 Rosmarinzweig	
und 3 Thymianzweige	dazugeben und mit
Salz und weißem Pfeffer	würzen. Alles auf ein mit Alufolie ausgelegtes Backblech geben und im Ofen auf der zweiten Schiene von unten 10 bis 15 Minuten braten. Herausnehmen und warm halten. Den Backofengrill einschalten.
1 kleinen Spitzkohl (ca. 400 g)	putzen, waschen, vierteln und in Rauten schneiden.
1 Knoblauchzehe und	
2 Schalotten	schälen, in feine Würfel schneiden und in
3 EL Butter	andünsten. Den Spitzkohl hinzufügen,
100 ml Gemüsebrühe	angießen und den Kohl ca. 10 Minuten weich dünsten. Die Kräutermasse in ca. 5 mm dicke Scheiben schneiden, die Steaks damit belegen und unter dem Grill goldbraun überbacken.
30 g kalte Butterwürfel und	
3 EL Tomatenwürfel	unter den Spitzkohl rühren, mit den Steaks und nach Belieben mit brauner Kalbssauce servieren.

Rinderfilet *auf Portwein-Schalotten-Butter*

Für 4–6 Personen	*Zubereitungszeit: ca. 1 ¾ Std.*
1 ungeschälte Knoblauchzehe	leicht andrücken.
2 ungeschälte Schalotten	halbieren. Den Backofen auf 120 °C vorheizen.
1 kg Rinderfilet	in einer Pfanne in
2 EL Butterschmalz	von allen Seiten gut anbraten.
4 Thymianzweige,	
1 Rosmarinzweig,	die Schalotten und den Knoblauch dazugeben und alles kurz weiterbraten. Dann die Zutaten auf ein mit Alufolie ausgelegtes Backblech geben und im Ofen auf der mittleren Schiene ca. 1½ Stunden garen.
400 g Schalotten	schälen.
3 EL Zucker	in einem Topf bei mittlerer Hitze hellbraun karamellisieren. Mit
500 ml rotem Portwein	ablöschen und
3 Thymianzweige und	
5 Gewürznelken	dazugeben. Die Schalotten hinzufügen und bei mittlerer Hitze weich garen. Die Portweinschalotten herausnehmen und beiseitestellen. Die Sauce offen auf ca. 100 ml einkochen lassen. Dann durch ein feines Sieb gießen und die Portweinschalotten hineingeben. Zuletzt
60 g kalte Butterwürfel	zum Binden unter die Sauce rühren. Kurz bevor das Filet gar ist, die Sauce wieder erwärmen. Das Filet in Scheiben schneiden, mit der Sauce anrichten und mit
Kerbelblättchen	garnieren. Nach Belieben mit Kartoffelpüree (siehe Tipp S. 314) servieren.

Rumpsteak mit Maronenkruste
und rahmigem Kürbisgemüse

Für 4 Personen	*Zubereitungszeit: ca. 50 Min.*
1 Scheibe Toastbrot	entrinden, in Würfel schneiden und mit
150 g gegarten Maronen	im Mixer fein pürieren.
100 g weiche Butter	in einer Schüssel schaumig schlagen, die Maronen-Toastbrot-Mischung unterrühren und die Maronenbutter mit
Salz, Pfeffer und Chili aus der Gewürzmühle (ersatzweise Chilipuver)	würzen.
	Für das Kürbisgemüse
600 g Hokkaido-Kürbis	schälen, die Kerne mit einem Löffel entfernen und das Fruchtfleisch grob raspeln.
2 Schalotten und 1 Knoblauchzehe	schälen und in feine Würfel schneiden.
50 g Butter	in einer großen Pfanne zerlassen und die Schalotten und den Knoblauch darin anschwitzen. Die Kürbisraspel hinzufügen, mit
1 EL Mehl	bestäuben und kurz mitdünsten.
100 ml Geflügelfond und 150 g Sahne	angießen und bei mittlerer Hitze 5 Minuten köcheln lassen. Mit
Salz, Pfeffer und Muskatnuss	abschmecken.
	Den Backofen auf 150 °C vorheizen.
4 Rumpsteaks (à 150 g)	mit
Salz und Pfeffer	würzen.
3 EL Butterschmalz	in einer Pfanne erhitzen und die Steaks darin von beiden Seiten anbraten.
Je 1 Rosmarin- und Thymianzweig, 2 angedrückte, ungeschälte Knoblauchzehen und 2 EL Butter	in die Pfanne geben und alle Zutaten auf ein mit Alufolie ausgelegtes Backblech geben. Die Rumpsteaks im Ofen auf der mittleren Schiene 10 bis 12 Minuten fertig garen und herausnehmen. Den Backofengrill einschalten. Die Steaks gleichmäßig dick mit der Maronenbutter bestreichen und unter dem Grill goldbraun überbacken. Das Fleisch anschließend etwas ruhen lassen.
	Das Kürbisgemüse mit dem
Saft von 1 Limette	und
1–2 EL geschlagener Sahne	verfeinern, auf Tellern anrichten und mit
3 EL gehackten, gerösteten Kürbiskernen	bestreuen. Die überbackenen Rumpsteaks darauf anrichten und
3–4 EL Kürbiskernöl	um den Tellerrand träufeln.

HAUPTGERICHTE MIT FLEISCH

Kräuterrinderroulade
mit Gemüsepappardelle

Für 4 Personen	*Zubereitungszeit: ca. 1 Std.*
500 g Rinderfilet (Mittelstück)	längs aufschneiden und mit dem Plattiereisen ohne Noppen flach klopfen. Das Fleisch auf einer Seite gleichmäßig mit
1 EL Dijon-Senf	bestreichen und mit
je 1 EL Petersilie, Rosmarin, Thymian, Salbei und Oregano (alles fein gehackt)	bestreuen. Das Rinderfilet aufrollen, die Roulade mit Küchengarn festbinden und rundum mit
Salz und Pfeffer	würzen. Den Backofen auf 150 °C vorheizen.
3 EL Olivenöl	in einer ofenfesten, tiefen Pfanne erhitzen, die Roulade darin von allen Seiten anbraten und aus der Pfanne nehmen. Den Bratsatz mit
100 ml rotem Portwein und 100 ml Rotwein	ablöschen und
150 ml Rinderbrühe	angießen. Das Fleisch wieder in die Pfanne geben und im Ofen auf der mittleren Schiene 30 bis 35 Minuten garen. Das Filet dabei gelegentlich wenden. Die Roulade aus der Bratsauce nehmen, in Alufolie wickeln und ruhen lassen.
1 EL Zucker	in einem Topf karamellisieren, mit der Bratsauce ablöschen und bei mittlerer Hitze auf die Hälfte einkochen lassen.
1 EL Speisestärke	mit wenig kaltem Wasser anrühren, die Sauce damit binden und mit
Salz und Pfeffer	abschmecken.
2 Zucchini, 1 große Möhre und 1 Pastinake	putzen, waschen und mit dem Sparschäler der Länge nach in dünne Streifen schneiden.
250 g Pappardelle	in reichlich kochendem
Salzwasser	nach Packungsanweisung bissfest garen. Abgießen und gut abtropfen lassen.
3–4 EL Olivenöl	in einer großen Pfanne erhitzen und die Gemüsestreifen darin leicht anbraten, die Nudeln dazugeben und mit dem Gemüse mischen.
3 EL Butter und 20 g geriebenen Parmesan	unterrühren und mit
Salz und Pfeffer	würzen. Das Küchengarn von der Rinderroulade entfernen und das Fleisch in ca. 3 cm breite Scheiben schneiden. Die Rouladenscheiben mit
Fleur de Sel (Meersalz) und Pfeffer	würzen und mit der Sauce und den Gemüsepappardelle anrichten.

HAUPTGERICHTE MIT FLEISCH

Mit Frühlingszwiebeln gefüllte Rouladen
auf Stampfkartoffeln

Für 4 Personen — *Zubereitungszeit: ca. 45 Min. (plus ca. 1 Std. Schmorzeit)*

4 Scheiben Rinderrouladenfleisch (à 120 g) zwischen zwei Lagen Frischhaltefolie flach klopfen. Mit

Salz und Pfeffer würzen.

3 EL Tomatenmark, 1 EL scharfen Senf und 1 EL Thymianblättchen verrühren und das Fleisch jeweils auf einer Seite dünn damit bestreichen.

4 Frühlingszwiebeln putzen, waschen, mit

4 Scheiben Frühstücksspeck umwickeln und jeweils quer auf die Rouladenscheiben legen. Diese fest zusammenrollen und mit Holzzahnstochern oder Rouladennadeln feststecken. Den Backofen auf 180 °C vorheizen.

2 rote Zwiebeln schälen und in feine Würfel schneiden. Die Rouladen in

3 EL Butterschmalz von allen Seiten kräftig anbraten. Die Zwiebelwürfel kurz mitbraten. Dann alles mit

150 ml trockenem Rotwein ablöschen und diesen kurz einkochen lassen.

120 ml schwarzen Johannisbeersaft und 200 ml Rinderfond angießen und die Rouladen im Ofen auf der mittleren Schiene zugedeckt ca. 1 Stunde schmoren. Ungefähr 15 Minuten vor Ende der Garzeit

600 g mehlig kochende Kartoffeln schälen, waschen, halbieren und als Salzkartoffeln garen. Die gegarten Rouladen aus der Sauce nehmen und zugedeckt warm halten. Die Rouladensauce auf die Hälfte einkochen lassen und durch ein feines Sieb streichen. Die gegarten Kartoffeln abgießen und kurz ausdampfen lassen.

150 ml Milch und 60 g Butter in einem Topf aufkochen, mit

Salz, Pfeffer und Muskatnuss würzen und über die Kartoffeln gießen. Alles fein zerstampfen und zugedeckt warm halten.

200 g Champignons mit einem feuchten Tuch oder einem Pinsel von Erdresten befreien, putzen und je nach Größe halbieren oder vierteln.

100 g durchwachsenen Speck in feine Streifen schneiden und in

1 EL Butterschmalz anbraten. Die Pilze dazugeben und kurz mitbraten. Beides in die Rouladensauce geben und diese mit

Salz und Pfeffer abschmecken. Die Rouladen mit der Sauce und den Stampfkartoffeln anrichten und mit

Petersilienblättchen garnieren.

Mein Tipp:
Die Rouladen müssen beim Anbraten von allen Seiten gut gebräunt werden, damit sich alle Fleischporen schließen. Nur so bleibt das feine Rindfleisch beim späteren Schmoren schön saftig.

Um zu prüfen, ob die Rouladen schon weich sind, stechen Sie nach Ende der angegebenen Garzeit mit einer Rouladennadel hinein. Geht dies noch recht schwer, lassen Sie die Rouladen noch etwa 10 Minuten weiterschmoren.

HAUPTGERICHTE MIT FLEISCH

335

Bœuf en daube
mit Kichererbsenpolenta

Für 5–6 Personen	Zubereitungszeit: ca. 4 ½ Std. (plus ca. 12 Std. Marinierzeit für das Fleisch)
1 ½ kg Rinderschulter (Mittelstück)	in ca. 80 g schwere Stücke schneiden.
100 g Möhren, 50 g Lauch und 100 g Knollensellerie	putzen, waschen bzw. schälen und in Würfel schneiden.
4 Schalotten und die Zehen von ½ Knoblauchknolle	schälen und in feine Würfel schneiden. Alle vorbereiteten Zutaten mit
1 Lorbeerblatt, je 1 kleinen Rosmarin- und Thymianzweig, 1 Gewürznelke, der abgeriebenen Schale von ¼ unbehandelten Orange und 30 Walnusskernhälften	in eine Schüssel geben und mit
700 ml kräftigem Rotwein	übergießen. Das Fleisch zugedeckt über Nacht kühl stellen. Am nächsten Tag den Backofen auf 140 °C vorheizen. Das Fleisch aus der Marinade nehmen, trocken tupfen und mit
Salz und Pfeffer	würzen. Das Gemüse aus der Marinade nehmen und diese beiseitestellen. Das Gemüse trocken tupfen und in einem Schmortopf mit dem Fleisch und
100 g Schweinebauch (mit Schwarte)	in
3 EL Olivenöl	anbraten.
1 EL Tomatenmark	dazugeben und kurz anrösten. Die Marinade durch ein Sieb dazugießen und das Fleisch im Ofen auf der mittleren Schiene zugedeckt 2 ½ bis 3 Stunden weich schmoren. Das Fleisch herausnehmen, die Sauce auf zwei Drittel einkochen lassen, durch ein Sieb gießen und entfetten. Das Fleisch zurück in die Sauce geben, aufkochen und zugedeckt ca. 5 Minuten ziehen lassen. Warm halten.
600 ml Geflügelfond 2 Thymianzweigen, 1 leicht angedrückten, ungeschälten Knoblauchzehe und 1 Lorbeerblatt	mit aufkochen, vom Herd nehmen und 5 Minuten ziehen lassen. Durch ein Sieb in einen Topf gießen,
2 EL Olivenöl und 80 g Kichererbsenmehl	unterrühren und unter gelegentlichem Rühren bei milder Hitze ca. 20 Minuten köcheln lassen.
40 g geriebenen Parmesan	unter die Polenta rühren und mit
Salz und Pfeffer	würzen. Das Fleisch mit der Sauce und der Kichererbsenpolenta anrichten.

Mein Tipp:
Servieren Sie dazu einmal Gemüse: Dafür 12 Mini-Möhren und 20 Perlzwiebeln schälen. Beides in 2 EL Butter bissfest dünsten, salzen und Zwiebeln halbieren. 1 EL Olivenöl mit 1 Thymianzweig in einer Pfanne erhitzen und die Zwiebeln darin auf den Schnittflächen bräunen. In einer zweiten Pfanne 1 EL Zucker karamellisieren und die Möhren darin mit 1 Estragonstiel glasieren.

HAUPTGERICHTE MIT FLEISCH

337

Zwiebelrostbraten *mit Asia-Gemüse*

Für 4 Personen
Zubereitungszeit: ca. 30 Min.

4 Scheiben durchwachsene Hochrippe (vom Rind, à 180 g)	auf ca. 1 ½ cm Dicke flach klopfen und die Fettränder einschneiden. Die Scheiben mit
Salz und Pfeffer	würzen und in
2 EL Butterschmalz	von jeder Seite ca. 1 Minute anbraten.
3 EL Butter	dazugeben und das Fleisch nochmals von jeder Seite ca. 1 Minute braten. Herausnehmen und zugedeckt warm halten.
150 g Zwiebeln	schälen und in Streifen schneiden.
Je 50 g Frühlingszwiebeln und rote Paprikaschote	putzen, waschen und ebenfalls in Streifen schneiden.
Je 50 g Mini-Maiskolben und Sojabohnensprossen	mit dem Gemüse im Bratensatz vom Fleisch leicht anrösten.
200 ml dunklen Bratenfond	angießen und alles köcheln lassen, bis das Gemüse bissfest gegart ist.
1 TL Currypulver	mit 500 ml Wasser aufkochen.
80 g Singapurnudeln	darin nach Packungsanweisung garen, gut abtropfen lassen und unter das Gemüse mischen. Alles mit
3 EL Sojasauce, 2 EL Sweet-Chili-Sauce, Salz und Pfeffer	abschmecken.
40 g kalte Butter	in kleine Würfel schneiden und unter das Gemüse rühren.
Je 1 EL gehacktes Koriandergrün und gehackte Petersilie	untermischen und das Gemüse mit den Fleischscheiben anrichten.

Mein Tipp:
Singapurnudeln sind asiatische Eiernudeln mit einer sehr kurzen Garzeit. Sie erhalten sie in der Asienabteilung Ihres Supermarktes oder in asiatischen Lebensmittelgeschäften. Ersatzweise können Sie auch Suppennudeln nehmen.

Majoranfleisch *mit Bandnudeln*

Für 4 Personen	*Zubereitungszeit: ca. 40 Min.*
Reichlich Salzwasser	für die Nudeln zum Kochen bringen. Inzwischen
700 g Rindergeschnetzeltes	mit
Pfeffer	würzen und portionsweise in insgesamt
8 EL Öl oder Butterschmalz	scharf anbraten. Mit
Salz und Pfeffer	würzen und zum Abtropfen in ein Sieb geben.
130 g Bandnudeln	im Salzwasser nach Packungsanweisung bissfest garen. Inzwischen
4 Majoranzweige	waschen, trocken schütteln, die Blättchen abzupfen, die Zweige aufheben.
300 g Zwiebeln	schälen, in Streifen schneiden und im Fleischbratfett hellbraun braten. Die Majoranzweige dazugeben,
375 ml Rinderfond	angießen und alles auf die Hälfte einkochen lassen.
2 TL Speisestärke	mit wenig kaltem Wasser anrühren und die Zwiebelsauce damit binden. Die Majoranzweige herausnehmen. Die Nudeln abgießen, abschrecken und gut abtropfen lassen.
80 g Sahne	aufkochen, die Nudeln und
2 EL Butter	dazugeben, alles mischen und mit
1 EL gehackter Petersilie, Salz und Muskatnuss	abschmecken. Das Fleisch und die Majoranblättchen in die Zwiebelsauce geben, alles einmal aufkochen lassen und mit
Salz und Pfeffer	abschmecken. Mit den Bandnudeln servieren.

Mein Tipp:
Braten Sie klein geschnittenes Fleisch am besten immer nur portionsweise an. So kühlt das Bratfett nicht zu sehr ab und Ihr Fleisch wird außen schön braun und bleibt saftig.
Für besondere Anlässe können Sie das Geschnetzelte durch Rinderfilet ersetzen.

Tafelspitz
mit Apfelmeerrettich und Bouillonkartoffeln

Für 4 Personen

Zubereitungszeit: ca. 3 Std.

1 kg Tafelspitz

In einem großen Topf 2 l Wasser zum Kochen bringen. Von Häute und Sehnen abschneiden und mit dem Fleisch in das kochende Wasser geben. Die Hitze reduzieren und das Fleisch ca. 5 Minuten köcheln lassen. Dann das Wasser vollständig abgießen, das Fleisch kalt abbrausen und wieder in den Topf geben. 2 l kaltes Wasser angießen und zum Kochen bringen. Den Tafelspitz bei milder Hitze offen ca. 50 Minuten köcheln lassen.

2 Möhren, ½ Sellerieknolle, ½ Stange Lauch und 1 Tomate 4 halbierten, ungeschälten Schalotten, 2 Lorbeerblättern, 1 EL schwarzen Pfefferkörnern, 2 Thymianzweigen, 1 Liebstöckelzweig und Salz

putzen, waschen bzw. schälen, zerkleinern und mit

zum Fleisch geben. Den Tafelspitz bei milder Hitze offen ca. 1 Stunde weiterköcheln lassen.
Inzwischen für den Apfelmeerrettich

2 säuerliche Äpfel

schälen, vierteln, die Kerngehäuse herausschneiden und fein reiben.

15 g frischen Meerrettich

schälen, fein reiben und mit dem Apfel mischen. Mit

dem Saft von 1 Zitrone, 3 EL Zucker und Salz

abschmecken und beiseitestellen. Den Topf mit dem Tafelspitz vom Herd nehmen und das Fleisch ca. 15 Minuten darin ruhen lassen.
Inzwischen für die Bouillonkartoffeln

600 g kleine festkochende Kartoffeln

schälen und in ca. 2 cm große Würfel schneiden.

Je 50 g Knollensellerie und Petersilienwurzel sowie je 100 g Möhren und Lauch

putzen, waschen bzw. schälen und in 1 bis 2 cm große Würfel schneiden. Den Tafelspitz aus der Brühe nehmen, mit einem feuchten Stofftuch abdecken und warm halten. Die Brühe durch ein mit einem sauberen Stofftuch ausgelegtes Sieb gießen. 300 ml davon abmessen und

je 1 Rosmarin- und Majoranzweig, 2 Thymianzweige, Salz und Pfeffer

dazugeben. Die Kartoffeln und das Gemüse hinzufügen, aufkochen und zugedeckt 10 bis 15 Minuten weich kochen. Kurz vor dem Servieren

1 EL gehackte Petersilie

dazugeben. Den Tafelspitz in Scheiben schneiden, mit Kartoffeln, Gemüse und Apfelmeerrettich anrichten.

Mein Tipp:
Auch wenn es auf den ersten Blick umständlich erscheint, das Fleisch zu blanchieren, kalt abzubrausen und dann erneut zum Kochen zu bringen – der Aufwand lohnt sich. Denn diese Gartechnik sorgt dafür, dass das Fleisch nicht auslaugt.
Die restliche Fleischbouillon können Sie für die Zubereitung einer Suppe oder Sauce verwenden. Man kann sie auch problemlos einfrieren.

HAUPTGERICHTE MIT FLEISCH

Gedämpfte Fleischröllchen
vom Schweinefilet mit Ingwer und Pflaumen

Für 4 Personen	*Zubereitungszeit: ca. 50 Min.*
100 g entsteinte Dörrpflaumen	in grobe Stücke schneiden und mit
2 EL Ahornsirup und	
50 ml Pflaumenwein	im Mixer fein pürieren.
1 Schweinefilet (ca. 800 g)	von Fett und Sehnen befreien und in 16 gleich große Scheiben schneiden. Zwei Lagen Frischhaltefolie mit
1 TL Öl	einfetten, die Schweinefiletscheiben dazwischenlegen und dünn plattieren (das geht am besten mit einem kleinen schweren Stieltopf oder einem speziellen Plattiereisen). Jede Fleischscheibe mit etwas Pflaumenmus bestreichen und
100 g eingelegten Ingwer	auf dem Fleisch verteilen. Die Scheiben zu Rouladen aufrollen und mit Holzzahnstochern oder Rouladennadeln feststecken.
1 Bund Frühlingszwiebeln	putzen, waschen und in feine Streifen schneiden.
Je 2 Möhren und Petersilienwurzeln	putzen, schälen und mit dem Sparschäler in feine Streifen schneiden. Das Gemüse mischen und in einem Dämpfeinsatz verteilen. Die Fleischröllchen nebeneinander auf das Gemüsebett setzen und alles mit
Meersalz, Pfeffer und Chili aus der Gewürzmühle	würzen.
350 ml Geflügelfond und 4½ EL Teriyaki-Sauce	in einem zum Dämpfeinsatz passenden Topf erhitzen. Den Dämpfeinsatz hineinsetzen,
3 EL Olivenöl	über das Gemüse und die Fleischröllchen träufeln und die Fleischröllchen zugedeckt bei 70 bis 80 °C (Temperatur gelegentlich überprüfen) 8 bis 10 Minuten dämpfen. Die gedämpften Gemüsestreifen mit den Fleischröllchen auf Tellern anrichten, den Dämpfsud und
3 EL Olivenöl	darüber verteilen.

Mein Tipp:
Dämpfen können Sie in jedem großen Topf mit entsprechendem Dämpfeinsatz oder im Bastkörbchen – und das dann ganz stilecht im Wok. Ich bevorzuge den Vitalis-Dampfgarer von WMF, der ein unterteilbares Blech als Einsatz besitzt. Das hat den Vorteil, dass man verschiedene Lebensmittel gleichzeitig dämpfen und je nach Garzeit separat entnehmen kann.

HAUPTGERICHTE MIT FLEISCH

Schweinekrustenbraten
mit Krautsalat

Für 4 Personen	*Zubereitungszeit: ca. 1 ½ Std.*
	Den Backofen auf 180 °C vorheizen.
1 kg Schweineschulter (mit Schwarte)	mit
Salz	einreiben und mit der Schwartenseite nach unten in eine Fettpfanne (tiefes Backblech) legen.
500 ml Fleischbrühe	angießen und den Braten im Ofen auf der zweiten Schiene von unten ca. 30 Minuten garen, dabei alle 10 Minuten mit dem heißen Bratensaft übergießen. Sollte die Brühe zu sehr verkochen, geben Sie nochmals ca. 200 ml in die Fettpfanne.
	Inzwischen für den Salat
1 kleinen Weißkohl (ca. 600 g)	vierteln, den Strunk herausschneiden und den Kohl quer in sehr feine Streifen hobeln.
1 Zwiebel	schälen und in feine Würfel schneiden.
100 g Dörrfleisch	in kleine Würfel schneiden. Mit der Zwiebel in
3 EL Öl	anbraten.
½ TL gemahlenen Kümmel	dazugeben und alles mit
6 EL Weißweinessig	ablöschen.
160 ml Gemüsebrühe und 4 EL Öl	unterrühren und die Marinade mit
Salz und Pfeffer	abschmecken. Das Kraut in der Marinade bei milder Hitze zugedeckt 3 bis 4 Minuten dünsten. Alles leicht abkühlen lassen, kräftig durchrühren und mit
Salz, Pfeffer und 1 EL gehackter Petersilie	würzen. Das Fleisch vom Blech nehmen, die Schwarte gitterartig einritzen und mit
1 TL Gewürznelken	spicken. Die Backofentemperatur auf 220 °C erhöhen und den Braten mit der Schwarte nach oben nochmals ca. 40 Minuten weiterbraten, dabei wiederum alle 10 Minuten mit dem Bratensaft übergießen. Inzwischen
1 Bund Suppengemüse	putzen, waschen bzw. schälen und klein schneiden.
1 Zwiebel	schälen und in feine Würfel schneiden.
1 ungeschälte Knoblauchzehe	leicht andrücken. Das vorbereitete Gemüse mit
1 TL schwarzen Pfefferkörnern und 4 Lorbeerblättern	ca. 25 Minuten vor Ende der Garzeit auf das Blech geben. Den fertigen Braten in Alufolie wickeln und warm stellen. Den Bratenfond durch ein Sieb gießen und entfetten. Dann aufkochen lassen, mit
1 TL angerührter Speisestärke	binden und mit
Salz und Pfeffer	abschmecken. Den Krustenbraten in Scheiben schneiden und mit dem Krautsalat anrichten.

Mein Tipp:
Die Garzeit für den Krustenbraten kann nur ein Anhaltspunkt sein. Um zu prüfen, ob das Fleisch weich ist, stechen Sie nach Ende der im Rezept angegebenen Zeit in den Braten. Spüren Sie noch einen leichten Widerstand, garen Sie das Fleisch weitere 15 Minuten im Backofen.

Hauptgerichte mit Fleisch

Schweinerollbraten
mit Kümmelsauce

Für 4–6 Personen   *Zubereitungszeit: ca. 50 Min. (plus ca. 50 Min. Garzeit)*

500 g Schweinebauch (am Stück)	von grobem Fett befreien, zwischen zwei Lagen Frischhaltefolie etwas flach klopfen und auf einer Seite mit
Salz und Pfeffer	würzen.
4 Schalotten	schälen, in feine Würfel schneiden und in
1 EL Butter	glasig dünsten. Vom Herd nehmen und mit
3 EL Dijon-Senf, 1 EL gehackter Petersilie und je 1 TL gehacktem Thymian und Rosmarin	gut mischen. Den Schweinebauch auf der gewürzten Seite damit bestreichen.
300 g Schweinefilet (Mittelstück)	von Haut und Sehnen befreien, mit
Salz und Pfeffer	würzen und in einer Pfanne in
1 EL Butterschmalz	von allen Seiten scharf anbraten. Herausnehmen, gut trocken tupfen und auf die bestrichene Seite des Schweinebauchs legen. Diesen fest zusammenrollen und so mit Küchengarn umwickeln, dass die Seiten gut verschlossen sind. Den Braten mit
Salz und Pfeffer	würzen. Den Backofen auf 160 °C vorheizen.
2 Möhren und ¼ Sellerieknolle	putzen, schälen und in kleine Würfel schneiden.
½ Lauchstange	putzen, waschen und klein schneiden.
1 rote Zwiebel	schälen und in feine Würfel schneiden.
50 g Butterschmalz	in einem großen Bräter erhitzen und das Fleisch darin von allen Seiten gut anbraten. Das Gemüse kurz mitbraten, dann den Braten im Ofen auf der zweiten Schiene von unten zugedeckt ca. 50 Minuten garen. Das Fleisch aus dem Bräter nehmen und in Alufolie gewickelt warm halten. Das Röstgemüse im Bräter noch einmal heiß werden lassen.
1 EL Tomatenmark	unterrühren und kurz anrösten.
250 ml Rotwein und 400 ml Rinderfond	angießen, die Sauce auf ein Drittel einkochen lassen. Durch ein Sieb gießen.
2 Schalotten	schälen, in feine Streifen schneiden und in
3 EL Butter	glasig dünsten.
10–15 g gemahlenen Kümmel und 1 EL Zucker	dazugeben und den Zucker leicht karamellisieren. Nach und nach die Bratensauce angießen und etwas einkochen lassen. Eventuell mit
etwas angerührter Speisestärke	binden und mit
Salz und Pfeffer	würzen. Den Braten mit der Kümmelsauce anrichten.

Mein Tipp:
Dazu schmeckt ein Bohnengemüse: Dafür 250 g grüne Bohnen putzen, waschen und in Stücke schneiden. In Salzwasser blanchieren, abschrecken und abtropfen lassen. 4 Tomaten enthäuten, entkernen und klein würfeln. Je 50 g Speck- und Schalottenwürfel und 1 EL Knoblauchwürfel in 50 g Butter glasig dünsten. Bohnen kurz mitdünsten, salzen und pfeffern. 100 g Sahne dazugeben, etwas einkochen lassen, Tomaten und 1 EL geschlagene Sahne unterheben.

HAUPTGERICHTE MIT FLEISCH

Marinierter Spanferkelrücken
mit Pilzen aus dem Wok

Für 4 Personen — *Zubereitungszeit: ca. 1 1/2 Std. (plus ca. 8 Std. Marinierzeit für das Fleisch)*

Je 2 Schalotten und Knoblauchzehen schälen und in feine Würfel schneiden.

150 g Zitronengras putzen, waschen und fein hacken.

80 g Galgant- und 50 g Ingwerwurzel schälen und in feine Würfel schneiden.

1 rote Chilischote längs halbieren, die Kernchen mit einem spitzen Messer entfernen, die Schote waschen und in sehr feine Würfel schneiden. Alles mit

1 TL gemahlener Kurkuma gemahlenem Koriander, Salz und Zucker mischen und im Blitzhacker zu einer Paste pürieren. Mit abschmecken. Die Schwarte von

1 Spanferkelrücken (ca. 700 g) mit einem scharfen Messer rautenförmig einschneiden. Das Fleisch mit der Gewürzpaste von allen Seiten gut einreiben und mindestens 8 Stunden – am besten über Nacht – marinieren.
Am nächsten Tag den Backofen auf 160 °C vorheizen. Die Gewürzpaste vom Fleisch abschaben. Den Spanferkelrücken mit der Schwarte nach oben auf ein Backblech legen und im Ofen auf der mittleren Schiene 25 bis 30 Minuten braten. Den Backofengrill einschalten und den Spanferkelrücken weitere 10 Minuten braten – so bekommt er eine knusprige Kruste.

250 g gemischte Pilze (Shiitakepilze, Austernpilze, Champignons) mit einem feuchten Tuch oder einem Pinsel von Erdresten befreien, putzen und eventuell halbieren.

2 Schalotten und 1 Knoblauchzehe schälen und in feine Würfel schneiden.

1 Bund Koriandergrün waschen, trocken schütteln, die Blättchen von den Stielen zupfen und fein hacken.

4 EL Erdnussöl im Wok oder in einer großen Pfanne erhitzen und die Pilze darin unter Rühren ca. 3 Minuten braten. Die Schalotten, den Knoblauch und den Koriander kurz mitbraten. Die Hitze reduzieren und die Pilze mit

1 EL Sojasauce ablöschen.

1 EL gehacktes Koriandergrün Salz und gemahlenem Koriander dazugeben und die Pilze mit abschmecken. Den Spanferkelrücken in Scheiben schneiden, mit den Pilzen anrichten und mit

Korianderblättchen garnieren.

Mein Tipp:
Ich empehle Ihnen, den Spanferkelrücken bei Ihrem Metzger vorzubestellen, denn vielerorts wird er nur selten angeboten.
Braten Sie die Pilze bei starker Hitze und sehr kurz, denn nur so behalten sie ihr volles Aroma.
Galgant ist eine tropische Wurzel, die mit Ingwer verwandt ist und auch einen ähnlich scharfen, bitter-aromatischen Geschmack hat wie dieser. Sollten Sie Galgant nicht bekommen, dann ersetzen Sie ihn einfach durch Ingwer.

HAUPTGERICHTE MIT FLEISCH

Pfannkuchenrouladen
mit Lammfüllung

Für 4 Personen	*Zubereitungszeit: ca. 1 1/4 Std.*
	Für den Pfannkuchenteig
40 g Butter	zerlassen.
220 ml Milch, 130 g Mehl,	
2 Eier, Salz und Muskatnuss	verquirlen.
1 EL Majoranblättchen	mit der flüssigen Butter unter den Teig rühren und diesen ca. 30 Minuten ruhen lassen.
	Inzwischen für die Füllung
500 g Lammfleisch (aus der Schulter)	durch die feine Scheibe des Fleischwolfs drehen oder in sehr kleine Würfel schneiden.
100 g Schalotten	schälen und in feine Würfel schneiden.
150 g Lauch	putzen, waschen und ebenfalls in feine Würfel schneiden. Die Schalotten in
3 EL Butter	glasig dünsten. Den Lauch und
2 EL Schnittlauchröllchen	dazugeben, kurz mitdünsten und alles abkühlen lassen. Inzwischen
1 Knoblauchzehe	schälen und in feine Würfel schneiden.
1 Rosmarinzweig	waschen, trocken schütteln, die Nadeln abzupfen und fein hacken. Knoblauch und Rosmarin mit der kalten Lauchmischung unter das Lammhackfleisch mischen und alles mit
Salz und Pfeffer	kräftig würzen. Den Teig noch einmal durchrühren und daraus hauchdünne Pfannkuchen backen. Dabei für jeden Pfannkuchen
1 TL Öl	in einer beschichteten Pfanne erhitzen, ein wenig Teig mit einer Schöpfkelle in die Mitte geben und die Pfanne schwenken, damit der Teig zu einem hauchdünnen Pfannkuchen verläuft. Wenn der Pfannkuchen auf der Unterseite leicht gebräunt und oben fast gestockt ist, mit einer Palette oder einem Pfannenwender vorsichtig wenden und nochmals 1 Minute backen, bis auch die zweite Seite leicht gebräunt ist. Die fertigen Pfannkuchen auskühlen lassen. Den Backofen auf 180 °C vorheizen. Die Pfannkuchen mit einem Teigschaber oder Messer gleichmäßig mit der Hackfleischmischung bestreichen und zusammenrollen. Eine große Auflaufform mit
1 TL Butter	ausfetten. Die Pfannkuchenrouladen einmal halbieren und hineinlegen.
200 g Mozzarella	in dünne Scheiben schneiden, darauflegen und die Pfannkuchenrouladen im Ofen auf der mittleren Schiene ca. 15 Minuten garen.

Mein Tipp:
Servieren Sie zu den Pfannkuchenrouladen einen gemischten Blattsalat mit Vinaigrette. Die feine Säure der Salatsauce und die knackig-frischen Salatblätter passen ausgezeichnet zu der deftig-würzigen Lammfüllung.
Achten Sie beim Backen der Pfannkuchen darauf, dass das Fett nicht zu heiß ist, sonst werden sie zu schnell dunkel.

Hauptgerichte mit Fleisch

Gefüllte Lammkeule
mit kräftiger Rotweinsauce

Für 4 Personen — *Zubereitungszeit: ca. 1½ Std. (plus ca. 30 Min. Marinierzeit für das Fleisch)*

1 Lammkeule (ca. 1,2 kg)	von Fett und Sehnen befreien, die Sehnen aufheben. Den Knochen auslösen und grob hacken.
1 Schalotte und 2 Knoblauchzehen	schälen und in feine Würfel schneiden.
100 g Weißbrot	entrinden und in kleine Würfel schneiden.
2 EL Butter	in einer Pfanne zerlassen, die Schalotten-, Knoblauch- und Weißbrotwürfel sowie
1 EL fein gehackten Rosmarin	darin anbraten.
15 entsteinte schwarze Oliven	vierteln.
100 g Blauschimmelkäse	entrinden, in kleine Würfel schneiden und mit den Oliven und der Weißbrotmischung mischen.
1 EL Olivenöl	unterrühren und die Füllmasse mit
Salz und Chili aus der Gewürzmühle (ersatzweise Chilipulver)	würzen. Die Lammkeule mit dem Plattiereisen ohne Noppen etwas flach klopfen. Das Fleisch mit der Füllung bestreichen, einrollen und mit Küchengarn umwickeln.
2 Knoblauchzehen	schälen und in feine Würfel schneiden. Die Nadeln bzw. Blättchen von
je 2 Rosmarin- und Thymianzweigen	mit dem Knoblauch mischen,
4 EL Olivenöl	unterrühren und die Kräuterpaste mit
Salz und Pfeffer	würzen. Die Lammkeule mit der Paste einreiben und ca. 30 Minuten marinieren.
30 g Knollensellerie, 70 g Möhren und 70 g Lauch	putzen und schälen bzw. waschen,
½ Zwiebel	schälen und alles in feine Würfel schneiden. Den Backofen auf 170 °C vorheizen.
2 EL Olivenöl	in einem Bräter erhitzen, das Fleisch darin gut anbraten und herausnehmen. Die Lammknochen mit den Sehnen im Bratfett kräftig anrösten. Das Gemüse dazugeben und kräftig mitbraten.
1 EL Tomatenmark	hinzufügen und kurz mitrösten.
300 ml trockenen Rotwein	in drei Portionen angießen und jeweils vollständig einkochen lassen. Dann
500 ml Lammfond	angießen und
2 Thymianzweige, 3 Rosmarinzweige und ½ ungeschälte Knoblauchknolle	dazugeben. Die Keule in den Fond legen und im Ofen auf der unteren Schiene zugedeckt ca. 35 Minuten garen. Herausnehmen, in Alufolie wickeln und kurz ruhen lassen. Die Sauce durch ein Sieb gießen und auf die Hälfte einkochen lassen. Mit
Salz und 1 EL gehacktem Thymian	abschmecken. Die Sauce zur Lammkeule servieren und nach Belieben Grießknödeln dazu reichen.

HAUPTGERICHTE MIT FLEISCH

HAUPTGERICHTE MIT FLEISCH

Gespickte Lammstelze
mit Bohnenpüree und Thymianhollandaise

| Für 4 Personen | Zubereitungszeit: ca. 2 ¾ Std. (plus ca. 12 Std. Einweichzeit für die Bohnen) |

300 g getrocknete weiße Bohnen über Nacht in ca. 1 ½ l Wasser einweichen. Am nächsten Tag den Backofen auf 160 °C vorheizen.

1 Knoblauchzehe schälen und halbieren.

4 Lammstelzen (à 180 g) vom groben Fett befreien, mit einem spitzen Messer jeweils zweimal längs durchstechen und

2 halbierte Rosmarinzweige und den Knoblauch hineinstecken.

4 Schalotten und 2 Knoblauchzehen ungeschält halbieren. Die Stelzen mit

Salz und Pfeffer einreiben und in einem Bräter in

3 EL Olivenöl scharf anbraten. Schalotten und Knoblauch sowie

je 2 Rosmarin- und Thymianzweige dazugeben und alles kurz mitbraten.

700 ml Lammfond und 300 ml trockenen Weißwein angießen und die Stelzen im Ofen auf der mittleren Schiene zugedeckt 1 ½ bis 2 Stunden schmoren.

2 Knoblauchzehen schälen und in feine Würfel schneiden. Mit

4 Thymianzweigen, 100 g Bauchspeck und dem Saft und der abgeriebenen Schale von ½ unbehandelten Zitrone mit den Bohnen im Einweichwasser aufkochen und bei mittlerer Hitze zugedeckt ca. 30 Minuten weich garen. Das Kochwasser abgießen, den Thymian und den Speck entfernen, die Bohnen mit

Salz würzen und mit dem Pürierstab pürieren.

50 ml Olivenöl und 3 EL Butter unterrühren, das Püree mit

Salz, Pfeffer und 1 EL gehackter Petersilie würzen und zugedeckt warm halten. Die Lammstelzen aus dem Bräter nehmen, Knoblauch und Rosmarin aus dem Fleisch ziehen und das Fleisch zugedeckt warm halten. Den Fond durch ein Sieb gießen, auf ein Drittel einkochen lassen, entfetten und abkühlen lassen. Vom kalten Lammfond 125 ml abmessen und mit

4 Eigelb in einer Schüssel über einem heißen Wasserbad cremig aufschlagen. Vom Wasserbad nehmen und nach und nach

60 g weiche Butter unterrühren. Die Hollandaise mit

Salz und Pfeffer abschmecken und

je 2 EL gehackten Thymian und geschlagene Sahne unterheben. Die Lammstelzen mit dem Bohnenpüree und der Thymianhollandaise anrichten.

Mein Tipp:
Bitte salzen Sie Bohnen und alle anderen Hülsenfrüchte immer erst nach dem Garen, sonst werden sie nicht weich. Achten Sie bei der Zubereitung der Hollandaise darauf, dass das Wasserbad die Schüssel nicht berührt. Sonst könnten die Eigelbe beim Aufschlagen zu schnell stocken und die Hollandaise gerinnt.

HAUPTGERICHTE MIT FLEISCH

HAUPTGERICHTE MIT FLEISCH

Lammrücken
mit Artischocken und Tomatensugo

Für 4 Personen	*Zubereitungszeit: ca. 1 3/4 Std. (plus ca. 20 Min. Gefrierzeit für das Fleisch)*
1 Lammrückenfilet (ca. 450 g)	dritteln, ein Drittel in kleine Würfel schneiden und ca. 20 Minuten ins Gefrierfach legen. Das restliche Fleisch in 4 gleich große Medaillons schneiden. Die angefrorenen Fleischwürfel mit
80 g eiskalter Sahne und Salz	im Mixer zu einer glatten Farce pürieren.
Je 1 TL gehackte Petersilie und gehackten Thymian sowie 1 TL Schnittlauchröllchen	unterrühren.
4 große Artischocken	waschen, die holzigen äußeren Blätter und den Stiel entfernen. Die obere Hälfte der Artischocken abschneiden und das Heu entfernen. Die Böden mit dem
Saft von ½ Zitrone	beträufeln.
4 Scheiben Frühstücksspeck	bereitlegen. Je 1 EL der Lammfarce auf einen Artischockenboden geben, mit dem Löffelrücken eine Vertiefung hineindrücken und je 1 Lammmedaillon hineinlegen. Die Medaillons an den Seiten mit der Farce bestreichen und das Ganze mit dem Frühstücksspeck umwickeln.
3 EL Olivenöl	erhitzen und die gefüllten Artischockenböden darin von allen Seiten goldbraun anbraten. Mit
Salz und Pfeffer	würzen und aus der Pfanne nehmen. Den Backofen auf 150 °C vorheizen. Für den Tomatensugo
je 2 Knoblauchzehen und Schalotten 3 EL Olivenöl	schälen, in feine Würfel schneiden und in goldbraun braten.
600 g stückige Tomaten (aus der Dose), 1 TL getrockneten Oregano, Salz und Pfeffer	dazugeben und die Artischockenböden hineinsetzen. Alles bei milder Hitze köcheln lassen, bis die Flüssigkeit der Tomaten fast vollständig verkocht ist. Im Ofen auf der mittleren Schiene offen ca. 20 Minuten schmoren lassen. Die Artischockenböden aus der Sauce nehmen und zugedeckt warm halten.
Je 50 g entsteinte grüne und schwarze Oliven Salz und Pfeffer 1 EL Oreganoblättchen	halbieren. Die Sauce aufkochen lassen, mit abschmecken und und die Oliven unterheben. Die Artischocken mit der Sauce anrichten.

Mein Tipp:
Zu diesem Gericht passen goldbraun gebratene Kartoffeln hervorragend.
Ein kleiner Tipp: Bestreuen Sie sie zum Schluss noch mit etwas gehackter Petersilie, denn das Auge isst mit.
Auch wenn ich eigentlich Naturprodukte Konserven vorziehe, dürfen es bei diesem Schmorgericht ruhig einmal Tomaten aus der Dose sein. Da hier alles lange geschmort wird, ist es egal, ob die Tomaten frisch oder vorgegart sind.

HAUPTGERICHTE MIT FLEISCH

Lammkoteletts
mit Knoblauchkruste und cremiger Ratatouille

Für 4 Personen	*Zubereitungszeit: ca. 1 Std. (plus ca. 12 Std. Marinierzeit)*
3 Knoblauchzehen	schälen, in feine Würfel schneiden und mit
4 Thymianzweigen, 2 Rosmarinzweigen und 80 ml Olivenöl	mischen.
16 Lammkoteletts (à 50 g)	waschen, trocken tupfen, mit der Marinade übergießen und zugedeckt über Nacht kühl stellen. Am nächsten Tag für die Kruste
80 g Weißbrot	entrinden und mit dem Pürierstab fein zerbröseln.
6 junge Knoblauchzehen	schälen und in feine Würfel schneiden.
100 g Butter	schaumig rühren, mit
Salz und Pfeffer	würzen und mit dem Weißbrot, den Knoblauchwürfeln und
2 EL gehackter Petersilie	glatt rühren. Die Butter auf ein Stück Frischhaltefolie geben, zu einer Rolle mit ca. 5 cm Durchmesser formen und kühl stellen. Für die Ratatouille
je 1 Aubergine, Zucchino, rote und gelbe Paprikaschote sowie 2 Tomaten	putzen, waschen und in ca. 2 cm große Würfel schneiden.
2 Knoblauchzehen	schälen, in feine Würfel schneiden und mit dem Gemüse in
3 EL Olivenöl	ca. 4 Minuten anbraten.
1 EL Thymianblättchen und 100 g Tomatenpüree	untermischen und die Ratatouille ca. 5 Minuten köcheln lassen. Mit
Salz und Pfeffer	abschmecken,
100 g geschlagene Sahne und 50 g geriebenen Parmesan	untermischen und alles zugedeckt warm halten. Den Backofen auf 130 °C vorheizen. Die Koteletts aus der Marinade nehmen und gut abtropfen lassen. Die Marinade durch ein Sieb gießen und sowohl das Öl als auch die Kräuter aufheben. 3 EL vom Marinadeöl erhitzen und die Koteletts darin mit den Marinadekräutern kurz anbraten. Mit
Salz und Pfeffer	würzen und im Ofen auf der mittleren Schiene ca. 5 Minuten weitergaren. Den Backofengrill einschalten. Die Würzbutter in ca. ½ cm dicke Scheiben schneiden, die Koteletts damit belegen und unter dem Backofengrill goldgelb gratinieren. Die Koteletts mit der Ratatouille anrichten und mit
frischem Weißbrot oder Ciabatta	servieren.

Mein Tipp:
Ich empfehle für die Kruste immer jungen Knoblauch, weil dieser im Aroma milder ist als gelagerter. Sollten Sie jedoch nur Lagerknoblauch bekommen, dann nehmen Sie bitte nur 3 Zehen, damit die Kruste nicht zu intensiv wird. Die Kruste schmeckt statt mit Knoblauch auch mit Bärlauch hervorragend, den Sie im April und Mai frisch kaufen können. 1 EL fein gehackte Blätter reichen für die Kruste aus.

HAUPTGERICHTE MIT FLEISCH

Kaninchenrücken *im Spaghettimantel*

Für 4 Personen	*Zubereitungszeit: ca. 1 ¼ Std.*
400 g Brokkoli	putzen, waschen und in Röschen zerteilen. In reichlich kochendem
Salzwasser	2 bis 3 Minuten bissfest blanchieren, kalt abschrecken und abtropfen lassen.
150 g Spaghetti	in reichlich kochendem
Salzwasser	nach Packungsanweisung bissfest garen. Abgießen, kalt abschrecken, mit
3 EL Olivenöl	mischen und abkühlen lassen.
8 Kaninchenrückenfilets (ohne Haut und Sehnen, à ca. 60 g)	von allen Seiten mit
Salz und Pfeffer	einreiben, mit
2 EL Senf	bestreichen und mit den Spaghetti umwickeln.
2 Knoblauchzehen	schälen und in feine Würfel schneiden.
3 EL Olivenöl	in einer beschichteten Pfanne erhitzen und die Kaninchenfilets darin bei mittlerer Hitze kurz anbraten. Den Knoblauch mit
je 2 Thymian- und Rosmarinzweigen und 3 EL Butter	dazugeben und alles bei milder Hitze ca. 6 Minuten weiterbraten. Aus der Pfanne nehmen und zugedeckt warm halten. Den Bratsatz mit
1 EL Mehl	verrühren und mit
100 ml trockenem Weißwein	ablöschen.
150 ml Geflügelfond und 100 g Sahne	angießen und auf die Hälfte einkochen lassen.
4 Tomaten	über Kreuz einritzen, kurz überbrühen, kalt abschrecken und enthäuten. Anschließend vierteln, entkernen, in kleine Würfel schneiden und mit dem Brokkoli in die Sauce geben. Die Sauce mit
Salz und Pfeffer	abschmecken und zugedeckt nochmals ca. 5 Minuten köcheln lassen. Zum Kaninchen servieren.

HAUPTGERICHTE MIT FLEISCH

Mallorquinisches Kaninchen *mit Safran*

Für 4 Personen	*Zubereitungszeit: ca. 45 Min. (plus ca. 1 Std. Garzeit)*
1 Zwiebel und 3 Knoblauchzehen	schälen und in feine Würfel schneiden.
4 Tomaten	waschen, vierteln, entkernen und in Stücke schneiden. Den Backofen auf 180 °C vorheizen.
1 küchenfertiges Kaninchen (mit Leber)	waschen und trocken tupfen. Die Keulen sowie die Schultern mit den Vorderläufen abtrennen und den Rücken vierteln. Die Kaninchenleber in Streifen schneiden und beiseitelegen.
5 EL Olivenöl	in einer großen ofenfesten Pfanne erhitzen und die Kaninchenteile darin von allen Seiten goldbraun braten. Zwiebel, Knoblauch, Tomaten sowie
10 Safranfäden, 2 Zimtstangen, 3 Lorbeerblätter und je 2 Thymian- und Rosmarinzweige	dazugeben und mitrösten. Mit
je 125 ml Rotweinessig und trockenem Weißwein	ablöschen.
250 ml Geflügelfond	dazugeben und alles mit
Muskatnuss	würzen. Das Kaninchen im Ofen auf der mittleren Schiene zugedeckt ca. 1 Stunde schmoren.
1 EL Olivenöl	in einer Pfanne erhitzen, die Kaninchenleberstreifen darin ca. 1 Minute scharf anbraten und zum Kaninchen geben. Alles mit
Salz und Pfeffer	würzen und nach Belieben mit frischem Weißbrot servieren.

Rehmedaillons
mit Selleriepüree und Thymianbutter

Für 4 Personen	Zubereitungszeit: ca. 1 1/4 Std.
	Für die Thymianbutter
2 Schalotten	schälen, in feine Würfel schneiden und in
2 EL Butter	glasig dünsten.
Je 100 ml Gemüsebrühe und trockenen Weißwein	dazugeben und auf die Hälfte einkochen lassen.
1 Wacholderbeere	zerdrücken.
2 Thymianzweige	waschen, trocken schütteln, die Blättchen abzupfen und fein hacken. Mit der Wacholderbeere und
2 EL Madeira	in die Sauce geben, alles ca. 10 Minuten köcheln lassen, durch ein feines Sieb gießen und warm halten. Den Backofen auf 150 °C vorheizen.
600 g Rehrückenfilet	mit
Salz und Pfeffer	würzen und in
2 EL Butter	von beiden Seiten anbraten. Auf ein Backblech legen und im Ofen ca. 20 Minuten weitergaren. Inzwischen für das Püree
450 g Knollensellerie	schälen, in feine Würfel schneiden und mit
300 g Sahne	in einem großen Topf aufkochen. Die Selleriewürfel ca. 10 Minuten butterweich kochen, dabei immer wieder umrühren. Den Sellerie pürieren, durch ein Sieb streichen und mit
Salz, Pfeffer und Muskatnuss	abschmecken. Anschließend noch einmal kurz erhitzen und
2 EL geschlagene Sahne	unterheben.
80 g kalte Butter	in kleine Würfel schneiden, mit dem Pürierstab unter die warme Thymiansauce mixen und diese mit
Salz und Pfeffer	abschmecken. Das Rehrückenfilet in Scheiben schneiden und mit dem Selleriepüree und der Thymianbutter auf Tellern anrichten. Dazu passen einige kurz in Butter gebratene Möhrenstreifen.

Mein Tipp:
Das Selleriepüree ist schnell gemacht und superlecker. Da die Sahne beim Kochen recht stark schäumt, sollte man das Gemüse während des Garens häufiger umrühren und die Hitze nicht zu groß einstellen. Falls das Selleriepüree einmal zu flüssig ist (dies hängt vom Wassergehalt des Selleries und vom Einkochen der Sahne ab), köcheln Sie es bei milder Hitze offen unter häufigem Rühren auf die gewünschte Konsistenz ein.

HAUPTGERICHTE MIT FLEISCH

363

Rehschnitzel
mit Rosenkohlpüree und Pfifferlingrahm

Für 4 Personen	*Zubereitungszeit: ca. 1 1/4 Std.*
500 g Rosenkohl	putzen, waschen und die äußeren, dunklen Blättchen entfernen. Die Röschen vierteln, in reichlich kochendem
Salzwasser	ca. 5 Minuten bissfest garen, kalt abschrecken und abtropfen lassen.
250 g Sahne	in einem Topf aufkochen, den Rosenkohl hinzufügen, mit
Salz, Pfeffer und Muskatnuss	würzen und bei milder Hitze zugedeckt ca. 6 Minuten in der Sahne weich kochen. Inzwischen für den Pfifferlingrahm
200 g Pfifferlinge	mit einem feuchten Tuch oder einem Pinsel von Erdresten befreien und putzen.
2 Schalotten	schälen und in feine Würfel schneiden.
3 EL Butter	in einer Pfanne zerlassen, die Pfifferlinge und die Schalottenwürfel darin andünsten. Mit
50 ml Madeira	ablöschen und
150 ml Wildfond	angießen. Die Flüssigkeit um ein Drittel einkochen lassen und die Pilze mit
Salz und Pfeffer	würzen.
Je 2 EL Preiselbeeren (aus dem Glas), geschlagene Sahne und gehackte Petersilie	unterrühren und die Sauce zugedeckt warm halten. Den Rosenkohl mit der Sahne grob pürieren und ebenfalls zugedeckt warm halten. Für die Nusspanade
80 g gemahlene Haselnusskerne und 100 g Semmelbrösel	mischen.
8 dünne Rehschnitzel (aus der Keule, à ca. 60 g)	wenn nötig etwas flach klopfen und von beiden Seiten mit
Salz und Pfeffer	würzen.
2 Eier	verquirlen und
2 EL geschlagene Sahne	unterheben. Die Schnitzel zuerst in
80 g Mehl	wenden, dann durch die Eier ziehen und zuletzt mit der Nuss-Semmelbrösel-Mischung panieren.
60 g Butterschmalz	in einer Pfanne erhitzen und die Schnitzel darin von jeder Seite ca. 2 Minuten goldbraun braten. Kurz auf Küchenkrepp abtropfen lassen und mit dem Rosenkohlpüree und dem Pfifferlingrahm anrichten.

Mein Tipp:
Statt der Rehschnitzel können Sie für dieses Rezept auch einmal Hirschschnitzel verwenden.

Hauptgerichte mit Fleisch

365

Sauerbraten vom Reh
mit Preiselbeersauce

Für 6–8 Personen *Zubereitungszeit: ca. 1 Std. (plus mind. 24 Std. Marinierzeit für das Fleisch und 1 Std. Garzeit)*

2 Möhren, 3 Petersilienwurzeln, 1 Zwiebel und 3 Knoblauchzehen	schälen und grob zerkleinern. Mit
Salz, 10 schwarzen Pfefferkörnern, 3 Gewürznelken, 5 Wacholderbeeren, 5 Pimentkörnern und je 3 Thymian- und Rosmarinzweigen	in einen Topf geben.
1 Lorbeerblatt, 1 Zimtstange, die abgeriebene Schale von 1 unbehandelten Orange, 4 EL Preiselbeergelee, 500 ml Weißweinessig, 1 l trockenen Rotwein, und 250 ml Orangensaft	hinzufügen. 700 ml Wasser angießen und aufkochen lassen. Dann die Marinade vollständig erkalten lassen.
1,7 kg Rehkeule (ohne Knochen)	in die Marinade legen und zugedeckt mindestens 24 Stunden im Kühlschrank durchziehen lassen. Am nächsten Tag das Fleisch aus der Marinade nehmen und trocken tupfen. Die Marinade durch ein Sieb gießen und 1,5 l davon abmessen. Die Gewürze entfernen, das Gemüse aus dem Sieb nehmen und beiseitelegen. Den Backofen auf 180 °C vorheizen.
2 EL Butterschmalz	in einem großen Bräter erhitzen und die Keule darin von allen Seiten kräftig anbraten. Das Marinadengemüse kurz mitbraten.
2 EL Honig und 2 EL Preiselbeeren (aus dem Glas)	hinzufügen, die abgemessene Marinade angießen und die Keule im Ofen auf der mittleren Schiene zugedeckt ca. 1½ Stunde schmoren. Dann das Fleisch aus der Sauce nehmen und zugedeckt warm halten, die Sauce durch ein Sieb gießen.
1 Möhre und ½ Sellerieknolle	putzen, schälen, in feine Würfel schneiden und in
1 EL Butterschmalz	anbraten. Die Sauce angießen und bei starker Hitze auf 500 ml einkochen.
1–2 EL Speisestärke	mit wenig kaltem Wasser anrühren und die Sauce damit binden.
4 EL Preiselbeeren (aus dem Glas)	unterrühren. Den Braten in Scheiben schneiden und mit der Sauce servieren.

Mein Tipp:
Dazu passen am besten meine Rotkohlknödel: Bereiten Sie den Apfelrotkohl von Seite 276 zu und entfernen Sie die Gewürze. Den Rotkohl mit 2 EL angerührter Speisestärke binden und abkühlen lassen. Dann zu Klößen formen und ca. 1 Stunde ins Gefrierfach legen, bis die äußere Schicht gefroren ist. Die Klöße zuerst in 4 EL Mehl, dann in 2 verquirlten Eiern und zuletzt in 80 g Semmelbröseln wenden. In 300 ml Öl goldbraun ausbacken.

HAUPTGERICHTE MIT FLEISCH

Strudel vom Damhirschrücken
mit Rahmwirsing

Für 4 Personen   *Zubereitungszeit: ca. 1 Std.*

2 kg klein gehackte Wildknochen	in einem großen Topf in
100 g Butterschmalz	unter gelegentlichem Rühren rösten.
500 g Wurzelgemüse (z. B. Möhren und Knollensellerie; in kleinen Würfeln)	dazugeben und ebenfalls mitrösten.
1½ EL Tomatenmark	unterrühren, mit
250 ml Rotwein	ablöschen und
1 l Wildfond	dazugießen. Alles bei milder Hitze 1 Stunde leise köcheln lassen. Dann
2 Rosmarinzweige, 1 Lorbeerblatt, 10 schwarze Pfefferkörner, 3 zerdrückte Gewürznelken und 6 zerdrückte Wacholderbeeren	hinzufügen und alles weitere 2 Stunden leise köcheln lassen. Die Jus durch ein feines Sieb in einen zweiten Topf gießen, auf die Hälfte einkochen lassen und mit
Salz und Pfeffer	abschmecken. Inzwischen für den Hirschstrudel den Backofen auf 120 °C vorheizen.
1 TL schwarze Pfefferkörner und ½ TL Wacholderbeeren	im Mörser zerstoßen und
700 g Damhirschrücken (ausgelöst)	damit einreiben.
2 EL Butterschmalz	in einer Pfanne erhitzen und den Hirschrücken darin von allen Seiten anbraten.
10–15 Scheiben Bauchspeck	leicht überlappend nebeneinander auslegen und das angebratene Fleisch darin einwickeln.
6 Strudelteigblätter (à ca. 20 x 30 cm; aus dem Kühlregal)	jeweils mit
etwas flüssiger Butter	bestreichen und die Teigblätter aufeinanderlegen. Den Hirschrücken darin einwickeln und nochmals mit
flüssiger Butter	bestreichen. Den Hirschstrudel im Ofen auf der mittleren Schiene 20 bis 30 Minuten fertig garen.
½ Kopf Wirsing (ca. 450 g)	putzen, waschen und in Streifen schneiden. In
2 EL Butterschmalz	andünsten.
100 ml Geflügelfond und 150 g Sahne	dazugießen, die Hitze reduzieren und den Wirsing zugedeckt ca. 10 Minuten weich garen.
50 g getrocknete Cranberries	dazugeben und das Gemüse mit
Salz und Pfeffer	abschmecken.
1 TL Speisestärke	mit etwas kaltem Wasser anrühren, den Wirsing damit leicht binden und mit
40 g kalten Butterwürfeln	verfeinern. Den Rahmwirsing auf Teller verteilen, jeweils ein Stück Strudel darauf anrichten und mit der Jus beträufeln.

HAUPTGERICHTE MIT FLEISCH

Süßes & Desserts

Beerengrütze
mit Mango-Joghurt-Schaum

Für 4–6 Personen *Zubereitungszeit: ca. 45 Min. (plus ca. 3 Std. Kühlzeit für den Mangoschaum)*
Für den Mango-Joghurt-Schaum

3 Blatt weiße Gelatine ca. 10 Minuten in kaltem Wasser einweichen.
Inzwischen

1 reife, große Mango (ca. 400 g) mit dem Sparschäler schälen. Das Fruchtfleisch flach vom Stein abschneiden, in kleine Würfel schneiden, fein pürieren und durch ein sehr feines Sieb streichen (das Püree darf keine Fruchtstückchen oder -fasern mehr enthalten). 200 g von diesem Mangopüree mit

25 g Puderzucker leicht erwärmen (das restliche Mangopüree anderweitig verwenden; siehe Tipp). Die Gelatine gut ausdrücken, unter Rühren im warmen Mangopüree auflösen und alles gut glatt rühren.

250 g Naturjoghurt nach und nach unterrühren und die Creme noch einmal durch ein sehr feines Sieb streichen. Die Creme in den Sahnesiphon (siehe Tipp) füllen, diesen verschließen und zwei Gaskapseln in den Deckel drehen. Alles kräftig aufschütteln und ca. 3 Stunden kühl stellen.
Inzwischen für die Grütze

250 g gemischte Beeren (z. B. Brombeeren, Himbeeren, Erdbeeren, Rote Johannisbeeren, Blaubeeren) verlesen bzw. putzen, ganz kurz waschen und gut trocken tupfen.

40 g Zucker in einer Pfanne bei mittlerer Hitze unter Rühren karamellisieren.

150 ml Orangensaft, 100 ml schwarzen Johannisbeersaft und 1 EL Honig unter Rühren dazugeben und kurz aufkochen lassen.

1 Msp. Zimtpulver und die abgeriebene Schale von je 1/2 unbehandelten Orange und Zitrone dazugeben und alles bei mittlerer Hitze unter Rühren sirupartig einkochen lassen. Die Beeren hinzufügen, die Grütze einmal vorsichtig mischen und dann abkühlen lassen. Die Beerengrütze in Gläsern anrichten und den Mango-Joghurt-Schaum mit einer Tulpentülle dekorativ daraufspritzen. Die Desserts zuletzt mit

Zitronenmelisseblättchen garnieren.

Mein Tipp:
Der Mango-Joghurt-Schaum lässt sich nur mit dem Sahnesiphon zubereiten. Dieses spezielle Gerät ist sehr vielseitig einsetzbar. Es eignet sich nicht nur zur Zubereitung von Schlagsahne, sondern auch zum Aufschlagen von süßen und pikanten Flüssigkeiten zu Espumas und feinen Saucen.
Bei der Zubereitung des Mangopürees ist es äußerst wichtig, dass es absolut fein ist und keine Fruchtstückchen oder -fasern mehr enthält, die die feine Aufschäumdüse des Siphons verstopfen können. Das restliche Mangopüree können Sie sehr gut einfrieren und später als Fruchtsauce für andere Desserts verwenden.

SÜSSES & DESSERTS

Sherrycreme
mit Portweinfeigen

Für 6 Personen	*Zubereitungszeit: ca. 1 Std. (plus ca. 2 Std. Kühlzeit und ca. 30 Min. Marinierzeit für die Feigen)*
6 Blatt weiße Gelatine	ca. 10 Minuten in kaltem Wasser einweichen.
4 Eier	trennen.
1 Vanilleschote	längs aufschneiden und das Mark mit einem spitzen Messer herauskratzen. Die Eigelbe und das Vanillemark mit
60 g Zucker und 200 ml trockenem Sherry	in einer Schüssel über einem heißen Wasserbad schaumig aufschlagen. Die Gelatine gut ausdrücken und im warmen Eigelbschaum auflösen. Die Schüssel vom Wasserbad nehmen, in eine Schüssel mit Eiswasser stellen und die Creme weiterrühren, bis sie leicht bindet. Die Eiweiße steif schlagen, dabei nach und nach
60 g Zucker	einrieseln lassen.
300 g Sahne	ebenfalls steif schlagen. Wenn die Eigelbcreme zu stocken beginnt, erst den Eischnee und dann die Sahne unterheben. Die Sherrycreme in einen Spritzbeutel mit Sterntülle füllen und in 6 Dessertschälchen spritzen. Die Creme zugedeckt ca. 2 Stunden kühl stellen, bis sie fest ist.
100 g Zucker	in einem Topf bei mittlerer Hitze hellbraun karamellisieren und unter Rühren mit
200 ml rotem Portwein 1 Zimtstange, den Saft von je 2 Orangen und Zitronen und die abgeriebene Schale von je ½ unbehandelten Orange und Limette	ablöschen. dazugeben. Den Sud auf die Hälfte einkochen lassen.
1–1½ EL Speisestärke	mit wenig kaltem Wasser anrühren und den Portweinsud damit binden.
6 Feigen	waschen, trocken tupfen, längs halbieren und in den Sud geben. Vom Herd nehmen und die Feigen ca. 30 Minuten marinieren.
2 EL Mandelblättchen	in einer Pfanne ohne Fett anrösten. Die Feigen mit dem Sud auf der gekühlten Creme anrichten. Zuletzt mit den gerösteten Mandelblättchen bestreuen und mit
Zitronenmelisseblättchen	garnieren.

Mein Tipp:
Anstelle von Sherry können Sie die Creme auch mit Marsala, dem bekannten italienischen Dessertwein, zubereiten.
Wer keine Feigen mag oder wer das Dessert variieren möchte, kann natürlich auch Zwetschgen oder Pflaumen im Portweinsud marinieren.

SÜSSES & DESSERTS

Melonensuppe *mit Gewürztraminer*

Für 4 Personen
2 mittelgroße Melonen (vorzugsweise Charentais)

1 unbehandelte Limette

125 ml Gewürztraminer, 50 g Puderzucker,

4 Kugeln Zitronensorbet

Minzeblättchen

Zubereitungszeit: ca. 30 Min.

zickzackartig quer halbieren und die Kerne mit einem Esslöffel entfernen. Mit einem Kugelausstecher ca. 40 Kugeln (2 cm groß) aus dem Fruchtfleisch herauslösen und beiseitestellen. Das restliche Fruchtfleisch mit einem Löffel vorsichtig aus den Melonenhälften herauskratzen. heiß waschen und gut abtrocknen. Die Schale von ½ Limette fein abreiben und die Limette auspressen. 300 g Melonenfruchtfleisch mit

150 g Eiswürfeln und der Limettenschale sowie dem Limettensaft pürieren. Die Melonenhälften unten eventuell gerade schneiden, damit sie besser stehen. Die Melonenkugeln hineingeben, die Suppe einfüllen und vorsichtig hineingeben. Vier Teller mit zerstoßenem Eis füllen. Die Melonenhälften vorsichtig daraufsetzen und mit garnieren.

Mein Tipp:
Die Melonensuppe schmeckt eiskalt serviert am besten – dann können sich die Aromen von Gewürztraminer und Melonenfleisch optimal ergänzen. Garnieren Sie die Suppe mit etwas Himbeermark: Dafür 100 g Himbeeren pürieren, durch ein feines Sieb streichen, mit ca. 2 EL Puderzucker glatt rühren und als Klecks (2 EL pro Person) auf die Melonensuppe setzen.

Süsses & Desserts

Buttermilchmousse *mit Erdbeercarpaccio*

Für 4 Personen   *Zubereitungszeit: ca. 50 Min.*

100 g kalte Buttermilch und 3 EL Zucker verrühren.

1 ½ Blatt weiße Gelatine ca. 10 Minuten in kaltem Wasser einweichen.

Inzwischen

½ unbehandelte Limette heiß waschen, gut abtrocknen und die Schale fein abreiben. Den Saft auspressen und in einem Topf leicht erwärmen. Die Gelatine gut ausdrücken und bei milder Hitze darin auflösen. Anschließend mit der Limettenschale unter die Buttermilch rühren.

120 g kalte Sahne steif schlagen. Wenn die Buttermilch zu gelieren beginnt (dies dauert ca. 1 Minute), die Sahne vorsichtig unterheben. Die Masse in vier kleine Förmchen (ca. 6 cm Durchmesser, ca. 7 cm hoch) füllen und 30 Minuten kühl stellen.

Inzwischen

200 g Erdbeeren waschen, putzen, längs in dünne Scheiben schneiden und auf Tellern dekorativ anrichten. Die Buttermilchmousse mit einem spitzen Messer behutsam aus den Förmchen lösen, vorsichtig auf die Erdbeeren stürzen und alles mit

Puderzucker bestäuben.

10 Minzeblättchen in feine Streifen schneiden und die Mousse damit garnieren.

Mein Tipp:
Die Mousse geliert nur so schnell, wenn Buttermilch und Sahne wirklich kühlschrankkalt sind.

Wenn gerade keine Erdbeersaison ist, können Sie auch Orangenfilets für das Carpaccio verwenden. Oder Sie servieren eine Himbeersauce zur Mousse: Dafür tiefgekühlte Himbeeren auftauen lassen, kurz pürieren, mit wenig Puderzucker verrühren und anschließend durch ein feines Sieb streichen.

Kirschen in Portweinsabayon
mit Vanilleeis

Für 4 Personen — *Zubereitungszeit: ca. 45 Min.*

400 g Schattenmorellen	waschen, entsteinen, in eine flache Schale geben und
1 EL Kirschwasser	untermischen.
70 g Zucker	in einem Topf karamellisieren. Mit
150 ml trockenem Rotwein	unter Rühren ablöschen und alles auf die Hälfte einkochen lassen.
1 Zimtstange, das Mark von ½ Vanilleschote, die abgeriebene Schale von 1 unbehandelten Orange und	
250 ml Kirschsaft	unterrühren und alles wiederum auf die Hälfte einkochen lassen.
1 EL Speisestärke	mit etwas kaltem Wasser glatt rühren, die köchelnde Sauce damit binden und noch einmal kurz aufkochen lassen. Die Sauce leicht abkühlen lassen und durch ein Sieb auf die Kirschen gießen.

Für das Sabayon

250 ml Portwein	auf die Hälfte einkochen lassen und vom Herd nehmen.
3 Eigelb, 40 g Zucker und die abgeriebene Schale von ½ unbehandelten Orange	in einer Schüssel verrühren. Die Schüssel über ein heißes Wasserbad hängen, den warmen Portwein unter Rühren dazugeben und das Sabayon schaumig aufschlagen.
	Das Kirschkompott mit dem Sabayon und
4 Kugeln Vanilleeis	auf Tellern anrichten.
1 Vanilleschote	längs vierteln, mit
Puderzucker	bestäuben und das Dessert damit garnieren.

Mein Tipp:
Durch ihre feine Säure sind Schattenmorellen für dieses Dessert besonders gut geeignet, weil sie mit der Süße des Portweins optimal harmonieren. Alternativ können Sie aber auch einmal Süßkirschen verwenden.
Bestäuben Sie das Vanilleeis kurz vor dem Servieren mit etwas Zimtpulver. Das passt geschmacklich hervorragend zu den Kirschen.
Eine interessante Variante für alle Dessertliebhaber: Backen Sie vier Pfannkuchen und füllen Sie sie mit dem Kirschkompott. Dazu das Portweinsabayon als Sauce und das Vanilleeis (eventuell auch mit etwas Zimt bestäubt) servieren.

SÜSSES & DESSERTS

Aprikosen-Panna-Cotta

Für 4 Personen
500 g reife Aprikosen
80 g Zucker und
dem Saft von 1 Zitrone

3 Blatt weiße Gelatine
250 g Sahne und 2 EL Zucker

Zubereitungszeit: ca. 50 Min. (plus ca. 2 Std. Kühlzeit für die Panna Cotta)
waschen, vierteln, entsteinen und mit 3 EL Wasser,

bei mittlerer Hitze offen ca. 10 Minuten weich köcheln. Dann pürieren und durch ein feines Sieb streichen. Die Hälfte des Aprikosenpürees kühl stellen, die andere Hälfte in einen Topf geben.
ca. 10 Minuten in kaltem Wasser einweichen.
mit den Aprikosen im Topf verrühren, alles offen ca. 2 Minuten köcheln lassen und dann vom Herd nehmen. Die Gelatine gut ausdrücken und in der warmen Sahne-Aprikosen-Mischung auflösen. Die Masse in kleine Portionsförmchen (à ca. 125 ml Inhalt) füllen und die Panna Cotta zugedeckt im Kühlschrank ca. 2 Stunden fest werden lassen.
Nach der Kühlzeit das beiseitegestellte Aprikosenpüree als Saucenspiegel auf die Teller geben. Die Portionsförmchen kurz bis knapp unter den Rand in heißes Wasser tauchen, die Panna Cotta aus den Förmchen lösen und auf die Teller stürzen. Zum Servieren mit

Puderzucker
Zitronenmelissestreifen

bestäuben und mit
garnieren.

Mein Tipp:
Die Aprikosen-Sahne-Mischung darf nicht mehr kochen, wenn Sie die ausgedrückte Gelatine unterrühren. Sonst wird die Masse später nicht fest. Statt der Aprikosen können Sie für die Panna Cotta auch einmal Mirabellen, vollreife Pfirsiche oder Nektarinen verwenden.

Mandel-Tiramisu

Für 4 Personen
Zubereitungszeit: ca. 30 Min. (plus ca. 3 Std. Kühlzeit für das Tiramisu)

80 ml extra starken Kaffee
4–5 EL Amaretto (ital. Mandellikör) zubereiten, abkühlen lassen und dann mit mischen.

80 g Löffelbiskuits eng nebeneinander in eine Porzellan- oder Glasform (ca. 20 x 15 cm) legen und mit der Hälfte der Kaffeemischung beträufeln.

100 g gemahlene, geschälte Mandeln in einer Pfanne ohne Fett rösten, bis sie zu duften beginnen.

200 g Sahne steif schlagen.

3 Eigelb verquirlen und mit

80 g Zucker, der abgeriebenen Schale von 1 unbehandelten Zitrone und dem Mark von 1 Vanilleschote

500 g Mascarpone hellschaumig aufschlagen. Die geschlagene Sahne, die Mandeln und unterrühren. Die Hälfte der Mascarponecreme auf den getränkten Löffelbiskuits verteilen. Weitere

80 g Löffelbiskuits darauflegen und mit der restlichen Kaffeemischung beträufeln. Die restliche Mascarponecreme gleichmäßig darauf verteilen, glatt streichen und mit

50 g Kakaopulver bestäuben. Das Mandel-Tiramisu zugedeckt ca. 3 Stunden kühl stellen. Dann in Portionen teilen und auf Tellern anrichten.

Mein Tipp:
Mascarpone ist ein cremiger italienischer Frischkäse mit besonders feiner Säure. Angebrochen ist er leider nicht lange haltbar, daher sollten Sie Reste möglichst rasch verbrauchen, z. B. als Sahneersatz zum Verfeinern von Saucen. Statt Amaretto können Sie auch einmal Mokka- oder Kaffeelikör nehmen.

Zweierlei Schokoladenmousse
mit Aprikosenragout

Für 6 Personen	*Zubereitungszeit: ca. 1 Std. (plus ca. 12 Std. Einweichzeit für die Aprikosen und ca. 3 Std. Kühlzeit für die Mousse)*
200 g Dörraprikosen	in 150 ml Wasser einweichen und zugedeckt ca. 12 Stunden ziehen lassen. Für die dunkle Mousse
300 g Sahne	steif schlagen und beiseitestellen.
1 Ei	mit 2 EL Wasser in einer Schüssel über einem heißen Wasserbad zu einer dicklichen Creme aufschlagen. Vom Wasserbad nehmen und weiterschlagen, bis sie kalt ist.
130 g Zartbitterschokolade	grob zerkleinern, bei milder Hitze in einer Schüssel über einem heißen Wasserbad schmelzen lassen und sofort unter die Creme rühren.
2 EL braunen Schokoladenlikör	unterrühren und die geschlagene Sahne vorsichtig unterheben. Für die weiße Mousse nochmals
300 g Sahne	steif schlagen und beiseitestellen.
1 Blatt weiße Gelatine	ca. 10 Minuten in kaltem Wasser einweichen.
1 Ei	mit 2 EL Wasser in einer Schüssel über einem heißen Wasserbad zu einer dicklichen Creme aufschlagen. Die Gelatine gut ausdrücken, in der Creme auflösen und die
abgeriebene Schale von ½ unbehandelten Orange	unterrühren. Die Creme vom Wasserbad nehmen und weiterschlagen, bis sie kalt ist.
130 g weiße Schokolade	grob zerkleinern, bei milder Hitze in einer Schüssel über einem heißen Wasserbad schmelzen lassen und sofort unter die Creme rühren.
2 EL Eierlikör	unterrühren und die geschlagene Sahne vorsichtig unterheben. Zuerst die weiße, dann die dunkle Mousse in eine große, flache Form füllen und zugedeckt ca. 3 Stunden kühl stellen. Für das Aprikosenragout
50 g Himbeeren	verlesen, waschen und trocken tupfen.
50 g Zucker und 1 EL Honig	bei milder Hitze schmelzen lassen, mit
200 ml Orangensaft	unter Rühren ablöschen und sirupartig einkochen lassen.
4 EL Grenadine, die in feine Streifen geschnittene Schale von 1 unbehandelten Orange und den Saft von 1 Zitrone	dazugeben und alles kurz aufkochen lassen. Den Sirup vom Herd nehmen, die eingelegten Aprikosen samt Einweichsud dazugeben und alles gut mischen. Zuletzt die Himbeeren unterrühren. Aus der Mousse mithilfe eines Esslöffels Nocken abstechen und mit dem Aprikosenragout auf Tellern anrichten.

Mein Tipp:
Statt der großen Form können Sie die Mousse auch in kleine Timbaleförmchen füllen. Zum Servieren die Förmchen kurz in heißes Wasser tauchen, die Mousse auf Teller stürzen und das Aprikosenkompott daneben anrichten. Oder Sie füllen die Mousse in Bechergläser und servieren sie mit langen Dessertlöffeln. Das Kompott wird dann separat dazu gereicht.

SÜSSES & DESSERTS

Quarkknödel *mit Zwetschgen*

Für 6 Personen — *Zubereitungszeit: ca. 1 1/4 Std.*

50 g weiche Butter, 50 g Zucker und die abgeriebene Schale von je 1 unbehandelten Zitrone und Orange	in einer Schüssel schaumig aufschlagen. Nach und nach
1 Ei und 3 Eigelb	dazugeben und unterrühren.
400 g Magerquark	in einem sauberen Stofftuch gut ausdrücken. Mit dem
Mark von 1 Vanilleschote	unter die Ei-Butter-Mischung heben.
250 g Weißbrot	entrinden, in feine Würfel schneiden und unter die Quarkmasse mischen. Die Masse mit Frischhaltefolie zudecken und ca. 30 Minuten kühl stellen.
450 g Zwetschgen	waschen, halbieren, entsteinen und in Spalten schneiden.
70 g Zucker	in einer Pfanne karamellisieren, mit
150 ml trockenem Rotwein	ablöschen,
250 ml Schwarzen Johannisbeersaft	hinzufügen und auf die Hälfte einkochen lassen.
1 1/2 EL Zwetschgengeist	dazugeben.
2 TL Speisestärke	mit etwas kaltem Wasser glatt rühren und den kochenden Sud damit leicht binden. Die Zwetschgen untermischen und den Sud abkühlen lassen. Aus der Quarkmasse mit angefeuchteten Händen Knödel formen. Einen Dämpfeinsatz mit
1 EL Butter	einfetten und die Quarkknödel nebeneinander hineinlegen. Einen zum Dämpfeinsatz passenden Topf mit etwas heißem Wasser füllen, den Dämpfeinsatz hineinsetzen und die Knödel zugedeckt bei 80 bis 90 °C (Temperatur gelegentlich überprüfen) ca. 15 Minuten garen.
50 g Butter	aufschäumen lassen,
80 g Semmelbrösel und 1 TL Zimtpulver	unterrühren und die Knödel in der Bröselbutter wälzen. Mit den Zwetschgen anrichten, nach Belieben mit Puderzucker bestäubt servieren.

Früchte-Quark-Gratin

Für 4 Personen *Zubereitungszeit: ca. 40 Min.*

Je 100 g Erdbeeren, Himbeeren, Brombeeren und Rote Johannisbeeren verlesen bzw. putzen, kurz waschen und trocken tupfen. Die Erdbeeren halbieren.
Den Backofengrill einschalten.

4 Eigelb, 60 g Puderzucker, 80 ml Sekt sowie den Saft und die abgeriebene Schale von ½ unbehandelten Zitrone gut verrühren und über einem heißen Wasserbad schaumig aufschlagen. Die Schüssel vom Wasserbad nehmen und die Masse so lange weiterschlagen, bis sie kalt ist und bindet. Dann

60 g Quark (20 % Fett) und 40 g geschlagene Sahne vorsichtig unterheben. Drei Viertel der Beeren auf vier kleine, flache Gratinformen oder ofenfeste Teller (sie müssen nebeneinander in den Backofen passen) verteilen und mit der Eiercreme übergießen. Die restlichen Beeren daraufstreuen und etwas hineindrücken. Die Gratins unter dem Backofengrill auf der mittleren Schiene so lange überbacken, bis die Oberfläche goldgelb ist. Die Gratins in den Förmchen mit **Puderzucker** bestäubt servieren.

Mein Tipp:
Servieren Sie zum Gratin noch eine Kugel Vanilleeis. Die Kombination aus lauwarm und eiskalt ist einfach wunderbar.
Das Gratin schmeckt auch mit exotischen Früchten sehr gut, z. B. mit Mango, Babyananas, Karambole und Papaya.

Lebkuchenmousse
mit marinierten Rumfrüchten und Schokokrokant

Für 4 Personen — Zubereitungszeit: ca. 1 1/2 Std. (plus 4 Std. Kühlzeit für die Mousse)

3 Blatt weiße Gelatine ca. 10 Minuten in kaltem Wasser einweichen.

2 Eier trennen.

150 ml Milch, 1 EL Lebkuchengewürz und 75 g Zucker in einem Topf aufkochen. Die Mischung langsam unter Rühren zu den Eigelben in eine Schüssel gießen und über einem heißen Wasserbad solange weiterrühren, bis eine leicht dickflüssige Creme entsteht. Die Gelatine ausdrücken und unter Rühren darin auflösen. Die Creme vom Wasserbad nehmen und auskühlen lassen.

Die Eiweiße mit **1 Prise Salz** steif schlagen.

150 g Sahne steif schlagen und unter die Lebkuchencreme ziehen. Den Eischnee vorsichtig unterheben und die Mousse ca. 4 Stunden kühl stellen.

80 g Zucker in einem Topf karamellisieren, mit **je 150 ml trockenem Rotwein und frisch gepresstem Orangensaft** ablöschen. Das **Mark von 1 Vanilleschote** dazugeben und alles bei milder Hitze etwa auf ein Drittel einkochen lassen. Anschließend durch ein Sieb gießen, mit **3 1/2 EL Rum** verfeinern und auskühlen lassen.

500 g gemischte Früchte (z. B. Heidelbeeren, Johannisbeeren, Brombeeren, entsteinte Kirschen, Orangenfilets) in den Rumsud geben und darin marinieren. Den Backofengrill einschalten.

100 g Karamellbonbons im Mixer zu feinem Pulver mahlen. Das Pulver mit einem Sieb gleichmäßig auf ein mit einer Silikonbackmatte ausgelegtes Backblech stäuben, **30 g dunkle Schokolade (99 % Kakaogehalt)** darüberreiben und unter dem Grill ca. 30 Sekunden karamellisieren. Abkühlen lassen, den Krokant vorsichtig mit einer Palette von der Backmatte lösen und in große Stücke brechen.

Die Rumfrüchte samt Sud auf Dessertteller verteilen. Aus der Lebkuchenmousse mit einem Esslöffel Nocken abstechen und diese auf den Früchten anrichten. Mit dem Schokokrokant garnieren und mit **Puderzucker** bestäubt servieren.

Mein Tipp:
Die Rumfrüchte schmecken noch aromatischer, wenn Sie sie schon 1 bis 2 Tage im Voraus zubereiten und im Sud ziehen lassen. Sie können die Früchte auch zu Vanilleeis servieren – je nach Geschmack kalt oder kurz erhitzt.

SÜSSES & DESSERTS

Kürbiskernparfait
mit Heidelbeerkompott

Für 8 Personen   *Zubereitungszeit: ca. 1 1/4 Std. (plus ca. 6 Std. Kühlzeit für das Parfait)*

100 g Kürbiskerne in einer Pfanne ohne Fett rösten, bis sie zu duften beginnen, dann herausnehmen.

100 g Zucker in die heiße Pfanne geben und bei mittlerer Hitze hellbraun karamellisieren. Die Kürbiskerne zum Zucker geben und kurz damit glasieren. Ein Backblech mit

1 EL Öl einfetten. Die Kürbiskerne auf das Blech geben und auskühlen lassen.

3 Eigelb und 60 g Puderzucker in einer Schüssel über einem heißen Wasserbad schaumig aufschlagen. Die Schüssel vom Wasserbad nehmen und die Masse so lange weiterschlagen, bis sie kalt ist und bindet. Den Kürbiskrokant mit Frischhaltefolie bedecken und mit einem Fleischklopfer oder einem Topfboden grob zerstoßen. Dann im Mixer oder mit dem Pürierstab fein mahlen und mit

2 EL Kürbiskernöl unter die Eimasse rühren.

400 g geschlagene Sahne vorsichtig unterheben. Eine Terrinenform (1 l Inhalt) mit Frischhaltefolie auskleiden. Die Parfaitmasse einfüllen und glatt streichen. Das Parfait mit Frischhaltefolie zugedeckt mindestens 6 Stunden ins Gefrierfach stellen. Für das Heidelbeerkompott

60 g Zucker in einer Pfanne bei mittlerer Hitze hellbraun karamellisieren. Mit

150 ml schwarzem Johannisbeersaft unter Rühren ablöschen.

1 Zimtstange, 1/2 gemahlenen Sternanis sowie den Saft und 1 TL abgeriebene Schale von 1 unbehandelten Zitrone unterrühren und die Sauce ca. 5 Minuten leicht köcheln lassen. Falls die Sauce danach noch zu dünnflüssig ist,

1–2 EL Speisestärke mit wenig kaltem Wasser anrühren und die Sauce damit binden.

400 g Heidelbeeren verlesen, waschen, trocken tupfen und unter die Sauce rühren. Den Topf vom Herd nehmen und die Sauce noch etwas ziehen lassen. Das Kompott kurz vor Ende der Gefrierzeit des Parfaits vorsichtig wieder erwärmen. Das Kürbiskernparfait aus der Form stürzen und die Folie entfernen. Das Parfait in Scheiben schneiden, mit dem Heidelbeerkompott anrichten und vor dem Servieren mit

Puderzucker bestäuben.

Mein Tipp:
Statt des Heidelbeerkompotts können Sie zu meinem Parfait auch einmal ein Sauerkirschkompott oder eingelegte Preiselbeeren servieren.
Besonders hübsch sieht es aus, wenn Sie die Parfaitmasse in 10 kleine Halbkugelformen (à 100 ml Inhalt) füllen und zum Servieren auf Teller stürzen.

SÜSSES & DESSERTS

Amaretti-Zimt-Parfait *mit Kirschragout*

Für 6 Personen — *Zubereitungszeit: ca. 40 Min. (plus ca. 6 Std. Gefrierzeit für das Parfait)*

**1 Ei, 3 Eigelb,
50 g Puderzucker und
1 TL Zimtpulver** in einer Schüssel mit dem Handrührgerät ca. 5 Minuten schaumig schlagen.

**100 g Amaretti
(ital. Mandelkekse)** zerbröseln. Die Brösel abwechselnd mit

250 g geschlagener Sahne unter den Eischaum heben. Eine Form (ca. 500 ml Inhalt) mit Frischhaltefolie auskleiden, die Parfaitmasse einfüllen und 6 Stunden ins Gefrierfach stellen. Inzwischen

400 ml Kirschsaft in einem Topf mit
**250 ml Rotwein,
2 Zimtstangen und
100 ml Cassislikör** auf 300 ml einkochen lassen.
Die Zimtstangen aus der Sauce entfernen.

**1 EL Vanillepuddingpulver
(für Kochpudding)** mit dem
Saft von 1 Zitrone verrühren und die kochende Sauce damit binden.

**300 g entsteinte Kirschen
(aus dem Glas)** unterrühren.
Das Amaretti-Zimt-Parfait aus der Form stürzen und die Folie entfernen. Mit

30 g Kakaopulver bestäuben, in Stücke schneiden und mit dem warmen Kirschragout servieren.

Geeister Weihnachtsstollen *mit Rum*

Für 6–8 Personen *Zubereitungszeit: ca. 1 Std. (plus ca. 4 Std. Marinierzeit für die Früchte und mind. 6 Std. Gefrierzeit)*

Je 50 g Rosinen und Korinthen, je 40 g Orangeat und Zitronat sowie 2 EL Rum	mischen und zugedeckt ca. 4 Stunden durchziehen lassen. Danach steif schlagen.
250 g Sahne	
75 g Zucker	bei mittlerer Hitze unter Rühren karamellisieren.
175 ml Milch und 1 Zimtstange	dazugeben und unter Rühren bei milder Hitze köcheln lassen, bis sich der Zucker aufgelöst hat.
3 Blatt weiße Gelatine	ca. 10 Minuten in kaltem Wasser einweichen. Die Milch durch ein Sieb in eine Schüssel gießen und mit
4 Eigelb	über einem heißen Wasserbad schaumig aufschlagen. Die Gelatine gut ausdrücken und in der warmen Eiercreme auflösen. Dann die Schüssel vom Wasserbad nehmen, in eine Schüssel mit Eiswasser stellen und die Creme weiterrühren, bis sie zu stocken beginnt. Die Früchtemischung und
1 EL Rum	unterrühren und die geschlagene Sahne vorsichtig unterheben. Eine Stollenform (1 l Inhalt) mit Frischhaltefolie auskleiden, die Eiercreme hineinfüllen und zugedeckt mindestens 6 Stunden ins Gefrierfach stellen. Den Stollen aus der Form stürzen, die Folie entfernen und großzügig mit
Kakaopulver	bestäuben. Den geeisten Stollen in Scheiben schneiden und sofort servieren.

Mein Tipp:
Zu diesem Dessert passt ein Zimtsabayon: Dafür 200 ml Milch und 1 Zimtstange aufkochen, vom Herd nehmen und zugedeckt abkühlen lassen. Durch ein Sieb gießen, 4 Eigelb, 80 g Zucker und 1 Msp. Zimtpulver dazugeben und über dem heißen Wasserbad schaumig aufschlagen. Die Creme vom Wasserbad nehmen und weiterschlagen, bis sie kalt ist. 1 TL Rum unterrühren.

Geeistes Orangen-Gewürz-Soufflé
mit Orangenragout

Für 4 Personen	*Zubereitungszeit: ca. 50 Min. (plus 4–5 Std. Gefrierzeit für das Eissoufflé)*
2 Orangen	halbieren und auspressen. Die Orangenhälften sauber auskratzen. In jede Orangenhälfte einen Backpapierstreifen hineinsetzen, sodass das Parfait später ca. 2 cm über den Orangenrand herausragt. Die Orangenhälften kühl stellen. Den Orangensaft mit dem
Mark von 1 Vanilleschote, 1 Zimtstange, 2–3 Sternanis, 2–3 Kardamomkapseln und ½ rote Chilischote	auf 100 ml einkochen lassen.
2 EL Orangenlikör (z. B. Grand Marnier)	unterrühren, die Gewürze und die Chilischote entfernen.
1 TL Speisestärke	mit etwas kaltem Wasser glatt rühren, die Orangensauce damit binden und abkühlen lassen.
2 Eiweiß	mit
1 Prise Salz	steif schlagen, dabei
50 g Zucker	langsam einrieseln lassen. Zuerst
100 g geschlagene Sahne	unter die abgekühlte Orangensauce ziehen, dann den Eischnee vorsichtig unterheben. Die Parfaitmasse in die Orangenhälften füllen und 4 bis 5 Stunden in das Gefrierfach stellen. Inzwischen für das Orangenragout
2 unbehandelte Orangen	sorgfältig schälen und die Filets aus den Trennhäuten schneiden. Etwas Orangenschale heiß waschen, gut abtrocknen, in feine Streifen schneiden und mit
150 ml Maracujasaft und 50 g Zucker	aufkochen lassen.
1 TL Speisestärke	mit etwas kaltem Wasser glatt rühren und den Saft damit binden. Die Orangenfilets untermischen und das Ragout abkühlen lassen. Die mit dem Gewürzsoufflé gefüllten Orangen aus dem Gefrierfach nehmen und die Papierstreifen entfernen. Das Orangenragout auf dem geeisten Soufflé anrichten und sofort servieren.

Mein Tipp:
Das Orangenragout passt auch sehr gut zu Schokomousse oder -eis. Man kann das Ragout mit etwas Orangenlikör aromatisieren oder mit Gewürznelken und Zimt verfeinern. Für diese winterliche Variante die Gewürze einfach mit dem Saft aufkochen, kurz ziehen lassen und wieder entfernen.

SÜSSES & DESSERTS

393

Eiskonfekt *mit Champagner*

Für 4 Personen
3 Blatt weiße Gelatine

2 Eier, 2 Eigelb, 100 g Zucker und 150 ml Champagner

200 g steif geschlagene Sahne

200 g Zartbitterschokolade
1 EL Kokosfett

50 g geschmolzener weißer Schokolade

Zubereitungszeit: ca. 1 Std. (plus mind. 6 Std. Gefrierzeit für das Parfait)

ca. 10 Minuten in kaltem Wasser einweichen.

in einer Schüssel über einem heißen Wasserbad schaumig schlagen. Die Gelatine ausdrücken und in dem warmen Champagnerschaum auflösen. Dann die Schüssel vom Wasserbad nehmen, in eine Schüssel mit Eiswasser stellen und den Schaum solange weiterschlagen, bis die Masse zu gelieren beginnt.

unterheben. Die Creme in ein tiefes Backblech (20 x 20 cm) ca. 2 cm hoch einfüllen und mindestens 6 Stunden in das Gefrierfach stellen.

in kleine Stücke brechen und mit

in einer Schüssel über einem heißen Wasserbad schmelzen. Das Eisparfait in 2 cm große Würfel schneiden, die Würfel in die Schokolade tauchen, herausheben und auf einem Kuchengitter abtropfen lassen.
Das Eiskonfekt mit

verzieren und bis zum Servieren im Gefrierfach aufbewahren.

Mein Tipp:
Das Eiskonfekt können Sie natürlich auch mit Prosecco oder Sekt zubereiten. Eine besonders edle Näscherei wird daraus, wenn Sie das Konfekt mit weißer Schokolade glasieren und mit Silberperlen verzieren.

Rosmarin-Crème-Caramel

Für 6 Personen	*Zubereitungszeit: ca. 1 Std. (plus 30 Min. zum Durchziehen der Sahnemischung und ca. 1 Std. Kühlzeit für die Creme)*
250 ml Milch, 250 g Sahne, 50 g Zucker und 3 Rosmarinzweige	in einem Topf aufkochen, vom Herd nehmen und 30 Minuten durchziehen lassen. Inzwischen
150 g Zucker	in einer Pfanne unter Rühren karamellisieren, in 6 Portionsförmchen (à 100 ml Inhalt) gießen und erstarren lassen. Die Förmchen nebeneinander in einen Dämpfeinsatz stellen. Einen zum Dämpfeinsatz passenden Topf mit etwas heißem Wasser füllen und den Dämpfeinsatz hineinsetzen.
3 Eier und 2 Eigelb	in eine Schüssel geben. Die aromatisierte Sahnemilch durch ein Sieb dazugießen, alles gut verrühren und bis zum Rand in die mit Karamell gefüllten Förmchen gießen. Zugedeckt bei 70 bis 75 °C (Temperatur gelegentlich überprüfen) ca. 35 Minuten garen. Anschließend die Förmchen aus dem Dämpfeinsatz nehmen und die Creme im Kühlschrank ca. 1 Stunde vollständig auskühlen lassen.
3 Pfirsiche	waschen, halbieren und entsteinen. Die Pfirsichhälften in ca. 1 cm dicke Scheiben schneiden und in einer Pfanne in
50 g Butter	von beiden Seiten braten. Dabei mit
2–3 EL Puderzucker	bestäuben und die Pfirsichscheiben leicht karamellisieren. Die gebratenen Pfirsichscheiben auf Desserttellern anrichten. Die Rosmarin-Crème-Caramel mit einem spitzen Messer am Rand der Förmchen entlang lösen und vorsichtig auf die Pfirsiche stürzen.

Mandelcrêpes
mit marinierten Pfirsichen

Für 4 Personen	*Zubereitungszeit: ca. 1 Std. (plus 3 Std. Marinierzeit für die Pfirsiche)*
Je 1 unbehandelte Orange und Zitrone	heiß waschen, gut abtrocknen und die Schale fein abreiben. Dann die Früchte auspressen.
½ Vanilleschote	längs aufschneiden und das Mark mit einem spitzen Messer herauskratzen.
30 g Zucker und 1 Sternanis	mit dem Vanillemark und der -schote, den Zitrussäften, der abgeriebenen Schale und 3 EL Wasser aufkochen und ca. 4 Minuten einkochen lassen. Den Sud vom Herd nehmen.
3 Pfirsiche (à 150 g)	waschen, trocken reiben, halbieren und entsteinen. In dünne Spalten schneiden und gleichmäßig in einer flachen Schale verteilen. Den noch warmen Sud darübergießen und die Pfirsiche im Kühlschrank zugedeckt 3 Stunden marinieren lassen.
25 g Butter	erhitzen und hellbraun werden lassen.
50 g Mehl, 15 g gemahlene, geschälte Mandeln, 1 EL Zucker, 125 ml Milch, 1 EL Rum, 1 Prise Salz und die abgeriebene Schale von ½ unbehandelten Orange	mit der Butter zu einem glatten Teig verrühren.
1 Ei	unterrühren und den Teig ca. 15 Minuten quellen lassen. Den Backofen auf 50 °C vorheizen. Den Teig noch einmal durchrühren und daraus 8 hauchdünne, kleine Crêpes backen. Dabei für jede Crêpe
½ TL Butterschmalz	bei mittlerer Temperatur in einer beschichteten Pfanne erhitzen, ein Achtel des Teiges mit einer Schöpfkelle in die Mitte geben und die Pfanne schwenken, damit der Teig zu einer hauchdünnen Crêpe verläuft. Wenn die Crêpe auf der Unterseite leicht gebräunt und oben fast gestockt ist, wenden und noch ca. 1 Minute backen, bis auch die zweite Seite leicht gebräunt ist. Die gebackenen Crêpes im Ofen warm halten. Die Pfirsichspalten in einem Sieb abtropfen lassen und den Sud dabei auffangen. Die Pfirsiche auf die Crêpes verteilen, diese vorsichtig zusammenrollen, auf Tellern anrichten und mit der Hälfte des Suds beträufeln. Den restlichen Sud bei starker Hitze so lange einkochen, bis er eine sirupartige Konsistenz hat. Die Crêpes mit
60 g Mandelblättchen	bestreuen, mit
2 EL Puderzucker	bestäuben und mit dem Pfirsichsirup beträufeln. Sofort servieren.

Mein Tipp:
Statt der Pfirsiche können Sie auch einmal Nektarinen, Aprikosen oder Mirabellen nehmen.
Das Crêpesbacken geht doppelt so schnell, wenn Sie zwei beschichtete Pfannen gleichzeitig im Einsatz haben. Besonders gut gelingen die Crêpes mit einem »Crêpesmaker«. Das eigens für die Crêpeszubereitung konzipierte Gerät wird elektrisch betrieben und ist kinderleicht zu handhaben, Sie bekommen ihn im gut sortierten Haushaltswarenladen.

SÜSSES & DESSERTS

Crème brulée *mit marinierten Himbeeren*

Für 4 Personen — Zubereitungszeit: ca. 1 1/2 Std. (plus ca. 1 Std. Kühlzeit für die Crème brulée)

Den Backofen auf 100 °C vorheizen. Vier ofenfeste Suppenschälchen bereitstellen, die nebeneinander in den Backofen passen.

6 Eigelb und 110 g Zucker verrühren.

1 Vanilleschote längs aufschneiden und mit

200 ml Milch und 400 g Sahne aufkochen. Die Vanilleschote wieder entfernen. Die Vanillesahne zur Eigelbmischung geben und alles über einem heißen Wasserbad so lange schlagen, bis die Masse leicht sämig wird. Die Creme durch ein Sieb gießen, in die Suppenteller geben und im Ofen auf der mittleren Schiene 50 bis 60 Minuten garen. Herausnehmen und ca. 1 Stunde kühl stellen.

Je 2 EL Puderzucker und Orangenlikör (z. B. Grand Marnier) glatt rühren.

200 g Himbeeren verlesen und vorsichtig unter die Likörmischung heben. Die abgekühlte Creme gleichmäßig mit

50 g braunem Zucker bestreuen und diesen mit einem Bunsenbrenner hellbraun und knusprig karamellisieren. Die Crème brulée mit den marinierten Himbeeren anrichten und mit

Minzeblättchen garnieren.

Mein Tipp:
Mit dem Bunsenbrenner wird die hauchdünne, knusprige Karamellschicht am besten, denn Sie können damit die Hitze und den Bräunungsgrad optimal dosieren. Einen Bunsenbrenneraufsatz und die passende Gaskartusche bekommen Sie in jedem Heimwerkermarkt. Oder Sie fragen in Ihrem Haushaltswarenfachgeschäft danach. Das Karamellisieren unter dem Backofengrill ist nicht zu empfehlen – dabei kann der Zucker viel zu schnell schwarz werden.

SÜSSES & DESSERTS

Erdbeertörtchen *mit Orangenlikör*

Für 4 Personen	*Zubereitungszeit: ca. 1 ¼ Std.*
	Den Backofen auf 180 °C vorheizen.
	Für den Biskuitteig
3 EL Butter	zerlassen und abkühlen lassen.
2 Eier und 60 g Zucker	über einem heißen Wasserbad schaumig aufschlagen und vom Wasserbad nehmen.
40 g Mehl und 20 g Speisestärke	mischen und vorsichtig unter die Eiermischung heben. Dann die flüssige Butter unterrühren. Vier Tarteletteförmchen mit
1 TL Butter	ausfetten und mit
etwas Mehl	ausstäuben. Die Biskuitmasse hineinfüllen, glatt streichen und im Ofen auf der mittleren Schiene ca. 10 Minuten backen. Herausnehmen, abkühlen lassen und die Böden aus den Förmchen lösen.
	Für den Belag
2 EL Orangenlikör (z. B. Grand Marnier) und 1 EL Puderzucker	verrühren und den Biskuit damit bestreichen.
600 g Erdbeeren	waschen, trocken tupfen, putzen und halbieren.
100 g rotes Johannisbeergelee	unter Rühren aufkochen lassen und die Erdbeeren darin wenden.
150 g Sahne und 1 TL Vanillezucker	steif schlagen und auf die Biskuitböden geben. Die Erdbeeren jeweils mit den Spitzen nach oben spiralförmig auf den Biskuitböden anordnen. Mit
Minzeblättchen	garnieren.

Mein Tipp:
Für eine schnellere Variante können Sie die Erdbeertörtchen statt mit Biskuitteig mit tiefgekühltem Blätterteig zubereiten.

Süsses & Desserts

Pflaumenweintörtchen
mit Mangosauce

Für 6 Personen   *Zubereitungszeit: ca. 1 1/4 Std.*

3 Blatt weiße Gelatine 10 Minuten in kaltem Wasser einweichen.
Den Backofen auf 200 °C vorheizen.

4 Eigelb, 80 g Zucker, 100 ml Pflaumenwein und den Saft von 1/2 Zitrone in einer Schüssel über einem heißen Wasserbad schaumig aufschlagen. Die Gelatine gut ausdrücken und unter Rühren in dem Eigelbschaum auflösen. Die Schüssel vom Wasserbad nehmen, in eine Schüssel mit Eiswasser stellen und so lange schlagen, bis sie kalt und leicht angedickt ist.

300 g Sahne steif schlagen, vorsichtig unter die Eiercreme heben und zugedeckt kühl stellen. Die Arbeitsfläche mit

etwas Mehl bestäuben,

6 tiefgekühlte Blätterteigplatten (ca. 250 g) nebeneinander darauf auslegen und ca. 10 Minuten auftauen lassen. Dann die Teigplatten einzeln ca. 3 mm dick ausrollen, auf ein mit kaltem Wasser abgespültes Backblech legen und mit einer Gabel mehrmals einstechen. Ein Kuchengitter zum Beschweren darauflegen und den Blätterteig im Ofen auf der mittleren Schiene nach Packungsanweisung goldbraun backen. Inzwischen

2 reife Mangos mit dem Sparschäler schälen, das Fruchtfleisch zuerst vom Stein und dann in 2 mm dicke Scheiben schneiden. Für die Sauce das noch an den Steinen hängende Fruchtfleisch abschneiden, mit den unschönen Randscheiben,

2 EL Puderzucker und dem Saft von 1/2 Zitrone fein pürieren.
Die Teigplatten aus dem Ofen nehmen. Den Backofengrill einschalten. Aus den noch warmen Blätterteigplatten Kreise von ca. 8 cm Durchmesser ausstechen. Die Kreise auf ein Backblech legen, mit

2 EL Puderzucker bestäuben und unter dem Grill goldbraun karamellisieren. Herausnehmen, etwas abkühlen lassen und auf Tellern anrichten.
Die Pflaumenweincreme in einen Spritzbeutel mit Lochtülle füllen und auf die Törtchen spritzen. Dann die Mangoscheiben rosettenartig darauflegen und die Törtchen mit der Mangosauce beträufeln.

6 Minzeblättchen waschen, trocken tupfen, in Streifen schneiden und die Pflaumenwein-törtchen damit bestreuen. Nach Belieben mit Vanilleeis servieren.

Mein Tipp:
Gern dekoriere ich Desserts zusätzlich noch mit etwas rotem Fruchtmark. Dafür frische Himbeeren mit etwas Puderzucker pürieren, durch ein feines Sieb streichen und als Tupfen auf die Teller setzen.
Statt Pflaumenwein können Sie für dieses Rezept auch einmal einen guten Gewürztraminer verwenden.

SÜSSES & DESSERTS

Gebackene Apfelknödel *mit Preiselbeeren*

Für 4–6 Personen	Zubereitungszeit: ca. 40 Min. (plus ca. 30 Min. Kühlzeit für den Teig)
100 g weiche Butter,	
80 g Zucker und	
1 Päckchen Vanillezucker	in einer Schüssel schaumig schlagen.
1 Prise Salz und	
2 TL Zimtpulver	unterrühren.
4 Äpfel	schälen, vierteln und die Kerngehäuse herausschneiden. Das Fruchtfleisch in möglichst kleine Würfel schneiden und mit dem
Saft von 1 Zitrone	beträufeln. Mit
100 g gemahlenem Zwieback	mischen und unter die Buttercreme rühren. Die Apfel-Butter-Masse zugedeckt 30 Minuten kühl stellen, dann daraus tischtennisballgroße Knödel formen.
2 Eier	verquirlen. Die Knödel zuerst durch die Eier ziehen und dann zweimal in
150 g Biskuitbröseln	wenden.
400 ml Öl zum Frittieren	auf ca. 170 °C erhitzen. Die Knödel darin portionsweise goldbraun ausbacken und kurz auf Küchenkrepp abtropfen lassen. Mit
Puderzucker	bestäuben und mit
200 g Preiselbeeren	
(aus dem Glas)	servieren.

Krapfenauflauf *mit Zwetschgen*

Für 4–6 Personen	*Zubereitungszeit: ca. 1 1/4 Std.*
4 Krapfen	in ca. 1 1/2 cm dicke Scheiben schneiden.
12 Zwetschgen	waschen, halbieren und entsteinen.
50 g Zucker und 3 EL Honig	unter Rühren bei mittlerer Hitze karamellisieren. Mit
100 ml trockenem Rotwein	ablöschen,
1 TL Zimtpulver	dazugeben und alles auf die Hälfte einkochen lassen. Die Zwetschgen und
2 EL Zwetschgenschnaps	hinzufügen. Eine Auflaufform (ca. 25 cm lang) mit
2 EL Butter	einfetten, mit
2 EL Zucker	ausstreuen und die Krapfen und die Zwetschgenmischung abwechselnd hineinschichten. Den Backofen auf 180 °C vorheizen.
30 g Mandelblättchen	in einer Pfanne ohne Fett anrösten.
250 g Sahne, 250 ml Milch, 60 g Zucker und 4 Eier	in einer Schüssel verrühren.
1 Vanilleschote	längs aufschneiden, das Mark mit einem spitzen Messer herauskratzen und zur Eiersahne geben. Diese über die Zutaten in der Form gießen. Zuletzt
2 EL braunen Zucker	und die gerösteten Mandelblättchen darüberstreuen. Die Auflaufform in die Fettpfanne des Ofens stellen und diese auf die mittlere Schiene in den Ofen schieben. So viel heißes Wasser in die Fettpfanne gießen, dass sie zur Hälfte gefüllt ist, und den Auflauf 15 bis 20 Minuten im Wasserbad garen. Mit
Puderzucker	bestäuben und in der Form servieren.

Mein Tipp:
Servieren Sie den Auflauf mit einer Vanillesauce. Dafür 2 Vanilleschoten längs aufschneiden, das Mark herauskratzen und mit 250 g Sahne, 125 ml Milch und 40 g Zucker aufkochen lassen. 4 Eigelb verquirlen, die Sahnemischung unterrühren und alles über dem heißen Wasserbad cremig aufschlagen.

Topfenknödel
mit Rhabarberkompott

Für 4 Personen	*Zubereitungszeit: ca. 1 1/4 Std.*
Je 45 g Butter und Zucker	schaumig rühren. Nach und nach
1 Ei und 3 Eigelb	dazugeben und alles kräftig aufschlagen.
400 g Weißbrot	entrinden und klein würfeln. 350 g davon in einer Pfanne ohne Fett goldgelb rösten, abkühlen lassen. Die Brotwürfel und die Eimasse mit dem
Mark von 1 Vanilleschote und der abgeriebenen Schale von 1/2 unbehandelten Orange und 1 unbehandelten Zitrone	gut verrühren.
500 g Quark (20 % Fett)	in einem sauberen Stofftuch gut ausdrücken und sorgfältig untermischen. Die Masse mit Frischhaltefolie abdecken und ca. 30 Minuten kühl stellen. Inzwischen
500 g Rhabarber	waschen, schälen, längs vierteln und in ca. 4 cm große Stücke schneiden.
150 g Honig	in einem Topf erwärmen.
1 EL fein gehackte Ingwerwurzel, 1 Zimtstange und 1 aufgeschlitzte Vanilleschote	dazugeben.
1 unbehandelte Limette	heiß waschen, gut abtrocknen, die Schale fein abreiben und untermischen. Alles mit
je 100 ml Apfelsaft und trockenem Weißwein	ablöschen und sirupartig einkochen lassen. Die Rhabarberstücke dazugeben, alles einmal aufkochen, vom Herd nehmen und den Rhabarber in der heißen Flüssigkeit ohne Hitzezufuhr bissfest garen. Anschließend die Zimtstange und die Vanilleschote entfernen.
Reichlich Salzwasser	zum Kochen bringen. Die Weißbrotmasse kurz durchdrücken, mit einem Eisportionierer kleine Knödel formen und im leicht siedenden Wasser 10 bis 12 Minuten gar ziehen lassen. Herausnehmen und abtropfen lassen.
40 g Zucker, 1 Msp. Zimtpulver und die abgeriebene Schale von 1/2 unbehandelten Orange	in
50 g Butter	kurz andünsten.
80 g Semmelbrösel	untermischen. Die Topfenknödel in der Bröselmischung (Schmelze) wälzen. Das Rhabarberkompott kurz erwärmen und mit den Knödeln auf Tellern anrichten. Mit
Puderzucker	bestäuben.

Mein Tipp:
Für das Gelingen der Topfenknödel ist es wichtig, die Mengenangaben genau einzuhalten. Deshalb empfiehlt es sich, alles abzumessen und beim Kochen nicht zu improvisieren. Sollten Sie unsicher sein, ob der Teig die richtige Konsistenz hat, kochen Sie zu Beginn einen kleinen Probekloß. Fällt er auseinander, mischen Sie noch etwas Mehl unter die Masse, damit sie hält. Schneiden Sie das Weißbrot in gleichmäßig kleine Würfel. Dann gehen diese in der Masse optimal auf und die Knödel lassen sich besser formen.

SÜSSES & DESSERTS

Topfensoufflé *mit Himbeeren*

Für 4 Personen	*Zubereitungszeit: ca. 1 Std.*
	Den Backofen auf 250 °C Unterhitze vorheizen.
150 g Himbeeren	verlesen und ca. 5 Minuten in
2 EL Himbeergeist	marinieren. Eine Fettpfanne oder eine große Bratpfanne, die in den Backofen passt, bereitstellen. Vier Souffléförmchen (à 8 cm Durchmesser) hineinsetzen und so viel Wasser angießen, dass die Förmchen zu einem Drittel im Wasser stehen. Die Förmchen wieder herausnehmen, das Wasser in einen Topf gießen und die Fettpfanne oder Pfanne mit Küchenkrepp auslegen. Die Souffléförmchen mit
1 EL Butter	ausfetten, mit
Zucker	ausstreuen und die marinierten Himbeeren hineingeben.
3 Eier	trennen. Die Eigelbe mit
200 g Magerquark und dem Mark von 1 Vanilleschote	verrühren. Das abgemessene Wasser zum Kochen bringen. Inzwischen die Eiweiße mit
1 Prise Salz	sehr steif schlagen und dabei nach und nach
60 g Zucker	einrieseln lassen. Den Eischnee vorsichtig unter die Quarkmasse heben und diese in die Förmchen füllen. Das fast kochende Wasser in die Fettpfanne oder Pfanne gießen, die Förmchen hineinsetzen und die Topfensoufflés im Ofen auf der mittleren Schiene ca. 20 Minuten garen. Mit
Puderzucker	bestäuben und sofort servieren.

Mein Tipp:
Wenn gerade keine Himbeerzeit ist, können Sie für dieses Dessert selbstverständlich auch tiefgekühlte Himbeeren nehmen.
Kleiner Trick: Das Küchenkrepp in der Fettpfanne verhindert, dass die Förmchen verrutschen.

Zwetschgenknödel *mit Vanillesauce*

Für 4 Personen *Zubereitungszeit: ca. 1 1/2 Std.*

700 g mehlig kochende Kartoffeln waschen und als Pellkartoffeln garen. Abgießen, ausdampfen und etwas abkühlen lassen. Dann pellen und durch die Kartoffelpresse drücken.

4 EL zimmerwarme Butter, 160 g Mehl, 60 g Hartweizengrieß, 1 Eigelb und 1 Prise Salz dazugeben, alles zu einem glatten Teig verkneten.

12 Zwetschgen waschen, etwas aufschneiden, entsteinen und
12 Stück Würfelzucker in die Zwetschgen drücken. Den Teig ca. 1 cm dick ausrollen und 12 Kreise mit 10 cm Durchmesser ausstechen. Je 1 Zwetschge mit einem Teigkreis umhüllen und zu einem runden Knödel formen. Für die Sauce

250 g Sahne, 125 ml Milch, das Mark von 2 Vanilleschoten und 40 g Zucker aufkochen lassen.

4 Eigelb verquirlen und die Vanillesahne unterrühren. Die Masse über einem heißen Wasserbad sämig aufschlagen und dann kühl stellen.

Reichlich Salzwasser zum Kochen bringen und die Knödel im leicht siedenden Wasser offen ca. 10 Minuten ziehen lassen.

80 g Butter in einer Pfanne zerlassen, aber nicht bräunen.
100 g Semmelbrösel hineingeben und leicht anrösten.

50 g Zucker, 1 TL Vanillezucker sowie die abgeriebene Schale von je 1/2 unbehandelten Orange und Zitrone untermischen. Die Knödel aus dem Wasser heben, gut abtropfen lassen, in der Butter-Semmelbrösel-Mischung wälzen und mit der Vanillesauce servieren.

Haselnussauflauf
mit Birnen und Löffelbiskuits

Für 8 Personen *Zubereitungszeit: ca. 1 Std. (plus ca. 25 Min. Backzeit)*

16 sehr kleine Birnen (z. B. Williams Christ) schälen und die Kerngehäuse jeweils von unten her vorsichtig ausstechen (dabei sollten die Birnen oben unverletzt und die attraktiven Stiele stehen bleiben).

300 ml trockenen Weißwein, 100 g Zucker, den Saft von 2 Zitronen, 1–2 Zimtstangen und 150 ml Wasser in einem Topf aufkochen und die Birnen darin bei milder Hitze zugedeckt ca. 10 Minuten garen. Abkühlen lassen. Eine Auflaufform (ca. 25 x 15 cm) mit

1 TL Butter ausfetten und
12 Löffelbiskuits hineinlegen. 50 ml Birnensud mit
2 EL Birnengeist mischen und über die Biskuits träufeln. Den Backofen auf 200 °C vorheizen.
4 Eier trennen.
150 ml Milch und 250 g Sahne mischen. 200 ml davon abmessen und mit
2 EL Zucker aufkochen. Die restliche Milch-Sahne-Mischung mit den Eigelben und
40 g Vanillepuddingpulver (für Kochpudding) verrühren und unter die kochende Milch-Sahne-Mischung rühren. Köcheln lassen, bis die Creme eine puddingähnliche Konsistenz hat. Dann in eine Schüssel geben und

50 g gemahlene Haselnüsse unterrühren. Die Eiweiße steif schlagen, dabei nach und nach
40 g Zucker einrieseln lassen. Den Eischnee vorsichtig unter die Nusscreme heben und auf die Löffelbiskuits gießen. Die Birnen in die Creme setzen, alles mit
2 EL braunem Zucker bestreuen. Den Haselnussauflauf im Ofen auf der mittleren Schiene ca. 25 Minuten backen.

Mein Tipp:
Die Kerngehäuse der Birnen lassen sich am besten mit einem Kugel- oder Apfelausstecher entfernen.
Statt der gemahlenen Haselnüsse können Sie auch Mandeln untermischen.
Nach Belieben kann man den Auflauf mit cremigem Vanilleeis servieren.

SÜSSES & DESSERTS

Quarkschmarren
mit Preiselbeeren

Für 4 Personen	*Zubereitungszeit: ca. 1 Std.*
170 g gezuckerte Preiselbeeren im Saft (aus der Dose)	abtropfen lassen. Den Saft auffangen und bei mittlerer Hitze auf die Hälfte einkochen lassen. Dann die Preiselbeeren wieder dazugeben. Für den Quarkschmarren
3 Eier	trennen.
½ Vanilleschote	längs aufschneiden, das Mark mit einem spitzen Messer herauskratzen und mit den Eigelben sowie
125 g Magerquark, 3 EL Milch, 60 g Sahne und 50 g Mehl	gut verquirlen.
1 EL Rosinen und die abgeriebene Schale von je ½ unbehandelten Orange und Zitrone	untermischen. Die Eiweiße mit
1 Prise Salz	halb steif schlagen.
60 g Zucker	hinzufügen und alles zu steifem Eischnee schlagen. Diesen vorsichtig unter die Quarkmasse heben. Den Backofen auf 180 °C vorheizen.
2 EL Butter	in einer beschichteten ofenfesten Pfanne erhitzen. Die Quarkmasse hineingeben und bei mittlerer Hitze so lange backen, bis die Unterseite goldbraun ist. Dann den Schmarren im Ofen auf der mittleren Schiene ca. 20 Minuten backen. Herausnehmen und in der Pfanne mit zwei Pfannenwendern in mundgerechte Stücke zerteilen. Die Herdplatte auf mittlere Hitze stellen. Den Schmarren in die eine Hälfte der Pfanne schieben.
2 EL Butter	in die andere Hälfte geben und zerlaufen lassen.
20 g Puderzucker	auf die Butter sieben und goldgelb karamellisieren. Dann den Schmarren mit dem Karamell gründlich mischen. Nochmals
20 g Puderzucker	durchsieben und mit
½ TL Zimtpulver	mischen. Den Schmarren mit den Preiselbeeren auf Tellern anrichten, mit dem Zimtzucker bestäuben und mit
Minzeblättchen	garnieren.

Mein Tipp:
Ein guter Quarkschmarren muss außen goldgelb gebräunt und innen schön saftig sein. Das schafft man aber nicht, wenn man ihn nur in der Pfanne zubereitet. Daher mein Trick, den Schmarren langsam im Backofen fertig zu garen. Für die richtige Bräunung sorgt anschließend das Wenden im Karamell.

SÜSSES & DESSERTS

411

Süsses & Desserts

Pochierter Pfirsich *mit Mandelmousse*

Für 8 Personen	*Zubereitungszeit: ca. 1 Std. (plus 2–3 Std. Kühlzeit für die Mousse)*
3 Blatt weiße Gelatine	ca. 10 Minuten in kaltem Wasser einweichen.
40 g gemahlene Mandeln	in einer Pfanne ohne Fett goldbraun rösten und abkühlen lassen.
2 Eier	trennen.
100 g Sahne, 100 ml Milch und 50 g Zucker	in einem Topf aufkochen. Die Mischung langsam unter Rühren zu den Eigelben in eine Schüssel gießen und über einem heißen Wasserbad solange weiterrühren, bis eine leicht dickflüssige Creme entsteht. Die Gelatine ausdrücken und unter Rühren in der Creme auflösen. Die Mandeln und
2 ½ EL Amaretto	untermischen und die Creme auskühlen lassen. Die Eiweiße mit
1 Prise Salz	steif schlagen und vorsichtig unter die kalte Mandelcreme heben. Die Mousse in halbrunde Kuppelförmchen füllen und 2 bis 3 Stunden kühl stellen.
5 Maracujas	halbieren, das Mark herauskratzen und durch ein Sieb passieren. Den entstandenen Saft mit
100 g Zucker, dem Mark von 2 Maracujas	und 250 ml Wasser in einem Topf aufkochen.
4 Pfirsiche	waschen, halbieren und entsteinen. Die Pfirsichhälften in dem Sud 4 bis 5 Minuten pochieren.
2 Blatt weiße Gelatine	ca. 10 Minuten in kaltem Wasser einweichen. Die Pfirsiche aus dem Sud nehmen, die Haut vorsichtig abziehen und die Hälften auskühlen lassen. Die Gelatine ausdrücken und in dem warmen Maracujasud auflösen. Den Sud leicht gelieren lassen. Die Mandelmousse aus den Förmchen lösen und je 1 Portion davon auf jede Pfirsichhälfte setzen. Mit
gerösteten Mandelblättchen	bestreuen, mit
Puderzucker	bestäuben und mit dem leicht gelierten Maracujasud und
Minzeblättchen	servieren.

Himbeer-Quark-Törtchen

Für 8 Stück *Zubereitungszeit: ca. 1 1/2 Std. (plus 3 Std. Kühlzeit für die Törtchen)*

Den Backofen auf 180 °C vorheizen. Aus

1 Biskuitboden (Fertigprodukt) und 150 g Mürbeteig (Fertigprodukt; aus dem Kühlregal)

jeweils 8 Kreise von ca. 6 cm Durchmesser ausstechen. Die Mürbeteigkreise auf ein mit Backpapier ausgelegtes Backblech geben und im Ofen 10 bis 15 Minuten goldbraun backen. Anschließend auskühlen lassen, mit

100 g Himbeerkonfitüre
3 1/2 EL Himbeergeist

bestreichen, mit den Biskuitkreisen belegen und diese mit beträufeln. Um jeden Kreis einen ca. 6 cm breiten Streifen Backpapier geben und mit Klebestreifen fixieren.

3 Blatt weiße Gelatine

ca. 10 Minuten in kaltem Wasser einweichen.

50 ml Milch und
1 Päckchen Vanillezucker

erhitzen. Die Gelatine ausdrücken und in der heißen Milch auflösen.

250 g Magerquark

unterrühren.

2 Eiweiß
1 Prise Salz

mit steif schlagen, dabei

50 g Zucker

langsam einrieseln lassen.

150 g Sahne

halb steif schlagen. Zuerst die Sahne, dann den Eischnee vorsichtig unter den Vanillequark heben. Die Creme mithilfe eines Metallrings auf den Biskuitböden verteilen und die Törtchen 2 Stunden kühl stellen.

200 g tiefgekühlte Himbeeren

mit 50 ml Wasser in einem Topf bei milder Hitze 10 Minuten köcheln lassen. Anschließend durch ein feines Sieb in eine Schüssel streichen.

2 Blatt weiße Gelatine

ca. 10 Minuten in kaltem Wasser einweichen, ausdrücken und in dem heißen Himbeersaft auflösen. Den Saft leicht gelieren lassen.

300 g frische Himbeeren

kurz abbrausen und trocken tupfen. Den Himbeersaft auf den Törtchen verteilen, die Himbeeren daraufsetzen und die Törtchen 1 weitere Stunde kühl stellen. Zum Servieren vorsichtig das Backpapier entfernen und

30 g gehackte Pistazienkerne

über die Törtchen streuen.

// SÜSSES & DESSERTS

Schokoladentascherln
mit Schokoladensabayon

Für 4–6 Personen *Zubereitungszeit: ca. 1 ½ Std.*

300 g mehlig kochende Kartoffeln als Pellkartoffeln garen. Abgießen und kurz ausdampfen lassen.

25 g Butter zerlassen. Die Kartoffeln pellen, zweimal durch die Kartoffelpresse drücken (damit sie besonders fein zerkleinert werden) und mit der flüssigen Butter,

1 Eigelb, 50 g Speisestärke und 1 Prise Salz zu einem glatten Teig verkneten. Diesen auf einer bemehlten Arbeitsfläche 3 bis 4 mm dick ausrollen und in 12 ca. 9 x 9 cm große Quadrate schneiden.

2 Eigelb verquirlen und die Teigränder damit bestreichen.

12 Stücke Zartbitterschokolade (je 3 x 2 cm groß) jeweils auf die eine Seite der Teigquadrate setzen. Die Teigstücke zusammenklappen und die Ränder gut festdrücken.
Für die Schmelze

100 g Butter in einer Pfanne leicht bräunen lassen.

60 g Semmelbrösel, 20 g Zucker, 20 g gemahlenen Mohn, die abgeriebene Schale von je ½ unbehandelten Orange und Zitrone und 1 Prise Zimtpulver dazugeben, alles gut vermischen und zugedeckt warm halten.
Für das Sabayon

150 ml Milch aufkochen, dann die Hitze reduzieren.

50 g Zartbitterschokolade zerkleinern und in der heißen Milch schmelzen lassen. Die Schokoladentascherln in reichlich kochendes Wasser geben, die Hitze reduzieren und die Tascherln im nur leicht siedenden Wasser ca. 5 Minuten ziehen lassen. Inzwischen

4 Eigelb und 40 g Zucker mit der warmen Schokoladenmilch über einem heißen Wasserbad aufschlagen, bis eine dickliche, schaumige Creme entsteht.

3 EL Schokoladenlikör unterrühren. Die Schokotascherln aus dem Wasser nehmen, gut abtropfen lassen, in der warmen Schmelze wenden und mit dem Schokosabayon auf Tellern anrichten. Zuletzt mit

Puderzucker bestäuben.

Mein Tipp:
Das Dessert bekommt einen leicht orientalischen Touch, wenn Sie es mit Zimt-Koriander- statt mit Zartbitterschokolade zubereiten.
Die Schokotascherln gelingen nur mit mehlig kochenden Kartoffeln optimal. Diese enthalten sehr viel Stärke, die für die Teigkonsistenz wichtig ist.

SÜSSES & DESSERTS

Baumlebkuchen
mit Marzipan

Für ca. 40 Stück — *Zubereitungszeit: ca. 1 1/4 Std.*

150 g Marzipanrohmasse	zerkleinern, mit
50 ml Milch	leicht erwärmen und glatt rühren.
220 g weiche Butter	mit
100 g Puderzucker,	
1 EL Lebkuchengewürz und	
1 Prise Salz	in einer Schüssel schaumig schlagen. Nach und Nach
6 Eigelb	unterrühren. Dann das Marzipan untermischen.
6 Eiweiß	mit
1 Prise Salz	steif schlagen, dabei
100 g Zucker	langsam einrieseln lassen. Ein Drittel des Eischnees unter die Marzipanmasse heben.
90 g Mehl und	
80 g Speisestärke	mischen und die Hälfte unter die Marzipanmasse rühren. Den restlichen Eischnee und die restliche Mehl-Stärke-Mischung vorsichtig unterheben. Den Backofengrill einschalten. Eine dünne Schicht Teig gleichmäßig in eine mit Backpapier ausgelegte Auflaufform (20 x 30 cm) streichen. Diese Schicht unter dem Grill ca. 2 Minuten goldbraun backen. Danach eine weitere dünne Teigschicht einfüllen und ebenso backen. Auf diese Weise weiterverfahren, bis der Teig aufgebraucht ist. Zuletzt den Baumlebkuchen bei 160 °C (Ober- und Unterhitze) zugedeckt ca. 5 Minuten backen. Aus dem Ofen nehmen und auskühlen lassen. Den Baumlebkuchen aus der Form stürzen und in Dreiecke schneiden.
100 g Aprikosenkonfitüre	in einem kleinen Topf unter Rühren kurz aufkochen lassen. Die Baumlebkuchen damit an der Oberfläche bestreichen und mit
geschälten Mandeln	verzieren.

Mein Tipp:
Statt sie mit Aprikotur und Mandeln zu verzieren, kann man die Lebkuchendreiecke auch mit Schokolade glasieren. Dafür die Küchenstücke jeweils auf eine Pralinengabel stecken, in geschmolzene Schokolade oder Kuvertüre tauchen und auf einem Kuchengitter trocknen lassen.

SÜSSES & DESSERTS

417

Birnen-Ingwer-Strudel
mit Schokoladensauce

Für 4–6 Personen
250 g Mehl
2 EL Sonnenblumenöl,
1 Spritzer Weißweinessig und 1 Prise Salz
etwas Öl

Zubereitungszeit: ca. 1 1/4 Std. (plus ca. 2 Std. Ruhezeit für den Teig)

mit 150 ml lauwarmem Wasser, zu einem glatten, elastischen Teig verkneten. Mit bestreichen, in Frischhaltefolie wickeln und ca. 2 Stunden ruhen lassen. Inzwischen

5 Birnen (z. B. Williams Christ)

schälen, vierteln und die Kerngehäuse herausschneiden. Die Birnenviertel in dünne Scheiben schneiden.

100 g kandierten Ingwer

in feine Würfel schneiden und mit den Birnenscheiben in eine Schüssel geben. Den

Saft von 1 Zitrone,
50 g Zucker,
2 EL Williams Geist und
50 g Semmelbrösel
100 g Butter

dazugeben und untermischen. Den Backofen auf 200 °C vorheizen. zerlassen. Den Strudelteig auf einem sauberen Stofftuch ausrollen und hauchdünn ausziehen. Den Teig mit einem Teil der zerlassenen Butter bestreichen. Die Birnen-Ingwer-Mischung am unteren Rand in einer langen Bahn auf dem Teig verteilen. Den Strudel mithilfe des Tuches vorsichtig aufrollen und mit der Naht nach unten auf ein mit Backpapier ausgelegtes Backblech setzen. Den Strudel mit der restlichen zerlassenen Butter bestreichen und im Ofen auf der mittleren Schiene ca. 25 Minuten goldbraun backen.
Inzwischen für die Schokoladensauce

100 g Zartbitterschokolade
50 g Zucker
150 g Sahne

fein zerkleinern.
in einem Topf karamellisieren, mit
ablöschen und aufkochen lassen. Die Schokolade hinzufügen, den Topf vom Herd nehmen und so lange rühren, bis die Schokolade geschmolzen ist. Den gebackenen Birnen-Ingwer-Strudel mit

Puderzucker

bestäuben, in Stücke schneiden und mit der Schokoladensauce servieren.

Mein Tipp:
Anstelle eines selbst gemachten Strudelteigs kann man auch einen fertig ausgerollten Strudelteig verwenden. Man findet dieses Tiefkühlprodukt in gut sortierten Supermärkten.

SÜSSES & DESSERTS

Süsses & Desserts

Orangencrêpes *mit Walderdbeeren*

Für 4 Personen — *Zubereitungszeit: ca. 50 Min.*

2 EL Sonnenblumenöl und 125 ml Milch in einer Schüssel verrühren.
50 g Mehl darübersieben und unterrühren.
2 Eier, 1 Prise Salz und die abgeriebene Schale von 1 unbehandelten Orange dazugeben, alles zu einem glatten Teig verrühren und zugedeckt bei Zimmertemperatur ca. 20 Minuten quellen lassen. Inzwischen
600 g Walderdbeeren waschen, putzen und in eine Schüssel geben.
2 Orangen auspressen und den Saft in einem Topf auf die Hälfte einkochen lassen.
50 g Akazienhonig und 1 Prise Anispulver verrühren und den Orangensaft dazugeben. Die Walderdbeeren mit dem Anissirup mischen und ca. 10 Minuten marinieren. Den Backofen auf 50 °C vorheizen. Den Crêpeteig noch einmal durchrühren und daraus hauchdünne Crêpes backen. Dabei für jede Crêpe
½ TL Butterschmalz bei mittlerer Temperatur in einer beschichteten Pfanne erhitzen, mit einer Schöpfkelle etwas Teig in die Mitte geben und die Pfanne schwenken, damit der Teig zu einer hauchdünnen Crêpe verläuft. Wenn die Crêpe unten leicht gebräunt und oben fast gestockt ist, mit einer Palette oder einem Pfannenwender vorsichtig wenden und nochmals ca. 1 Minute backen, bis auch die zweite Seite leicht gebräunt ist. Die gebackenen Crêpes im Ofen warm halten. Die warmen Crêpes mit den Walderdbeeren füllen und auf Tellern anrichten.

Mein Tipp:
Wenn Sie den Honig leicht erwärmen, lässt er sich besser mit dem Anis und dem eingekochten Orangensaft verrühren.

Schokoladentorte *mit Himbeeren*

Für 6 Personen	*Zubereitungszeit: ca. 1 1/2 Std. (plus ca. 1 Std. Kühlzeit)*
50 g Butter und 25 g Zucker	schaumig schlagen. Den Backofen auf 180 °C vorheizen.
50 g weiße Schokolade	grob zerkleinern, in einer Schüssel über einem heißen Wasserbad unter Rühren schmelzen lassen, nach und nach mit
2 Eigelb	unter die Buttermischung schlagen.
15 g Walnusskernhälften	mahlen.
3 Eiweiß und 35 g Zucker	steif schlagen und abwechselnd mit
2 EL Mehl	und den gemahlenen Nüssen vorsichtig unter die Schokoladenmasse heben. Eine Springform (18 cm Durchmesser) mit
Butter	einfetten. Den Teig hineinfüllen, glatt streichen und im Ofen auf der mittleren Schiene ca. 30 Minuten backen. Den Tortenboden aus dem Ofen nehmen und in der Form auskühlen lassen.
100 g Vollmilch- und 60 g Zartbitterkuvertüre	grob zerkleinern, in einer Schüssel über einem heißen Wasserbad unter Rühren schmelzen lassen und beiseitestellen. Dann
1 Ei und 50 g Zucker	über dem heißen Wasserbad schaumig rühren. Die noch warme Kuvertüre mit
der abgeriebenen Schale von 1 unbehandelten Orange, 2 EL Amaretto (ital. Mandellikör), 1 EL Rum	und dem Eischaum verrühren.
2 Eiweiß und 200 g Sahne	getrennt steif schlagen. Beides vorsichtig unter die Schokocreme heben. Die Creme auf dem Tortenboden verteilen und die Torte ca. 1 Stunde kühl stellen. Den Springformrand entfernen. Die Torte mit
ca. 2 EL Kakaopulver	bestäuben und mit
Himbeeren	garnieren.

Orangencharlotte
mit marinierten Orangenschalen

Für 8 Personen	*Zubereitungszeit: ca. 1 3/4 Std. (plus ca. 4 Std. Kühlzeit)*
2 Eier	trennen. Die Eigelbe mit
25 g Puderzucker	schaumig aufschlagen. Die Eiweiße mit
30 g Zucker	steif schlagen. Den Backofen auf 180 °C vorheizen. Das
Mark von 1/2 Vanilleschote und die abgeriebene Schale von je 1/2 unbehandelten Orange und Zitrone	unter die Eigelbmasse rühren. Dann abwechselnd
75 g gesiebtes Mehl	und den Eischnee unterheben. Die Masse in einen Spritzbeutel mit Lochtülle füllen und ca. 25 Löffelbiskuits auf ein mit Backpapier ausgelegtes Backblech spritzen (die Löffelbiskuits sollten dabei fast so lang sein, wie der Rand der später verwendeten Springform hoch ist). Die Löffelbiskuits großzügig mit
Puderzucker	bestäuben und im Ofen auf der mittleren Schiene ca. 10 Minuten backen. Herausnehmen und abkühlen lassen.
8 Blatt weiße Gelatine	ca. 10 Minuten in kaltem Wasser einweichen.
5 Eigelb, 100 g Puderzucker und den Saft von 2 Orangen	in einer Schüssel über einem heißen Wasserbad schaumig aufschlagen.
100 g Sahne und 80 ml Grand Marnier (Orangenlikör)	dazugeben. Die Gelatine gut ausdrücken und in der warmen Eiercreme auflösen. Die Creme vom Wasserbad nehmen und so lange weiterschlagen, bis sie kalt ist.
2 Eiweiß und 30 g Zucker	steif schlagen.
400 g Sahne	ebenfalls steif schlagen und unter die Eiercreme heben. Dann den Eischnee unterheben. Eine Springform (18 cm Durchmesser) mit Frischhaltefolie auskleiden und ca. 16 Löffelbiskuits am Rand entlang aufrecht hinstellen (die restlichen Löffelbiskuits können Sie z.B. als Gebäck zum Kaffee reichen). Die Creme in die Form füllen und die Torte zugedeckt ca. 4 Stunden kühl stellen. Inzwischen
2 unbehandelte Orangen	heiß waschen und gut abtrocknen. Die Schale mit einem Zestenreißer in schmalen Streifen abziehen, in
70 ml Grenadine	ca. 5 Minuten kochen und dann abkühlen lassen. Eine Orange sorgfältig schälen und die Filets aus den Trennhäuten schneiden. Die Charlotte vorsichtig stürzen, die Folie abziehen und die Charlotte mit den Orangenfilets und den Orangenschalen garnieren.

Mein Tipp:
Hübsch sieht es aus, wenn Sie die Charlotte zusätzlich noch mit Früchten der Saison garnieren.
Grenadine, auch Granatapfelsirup genannt, hat einen fruchtigen, leicht bitteren Geschmack. Sie erhalten den Sirup in der Getränke- und Spirituosenabteilung Ihres Lebensmittelladens. Die restlichen Löffelbiskuits können Sie auch als Boden in die Form legen.

SÜSSES & DESSERTS

SÜSSES & DESSERTS

Orangenkuchen
mit Orangensalat

Zutaten für 15 Stücke

Zubereitungszeit: ca. 2 Std. (davon ca. 45 Min. Backzeit)
Den Backofen auf 180 °C vorheizen. Für den Kuchen

125 g Butter zerlassen, dann vom Herd nehmen.

75 g Zucker, 1 Prise Salz und die abgeriebene Schale von 1 unbehandelten Orange und ½ unbehandelten Zitrone dazugeben. Die Butter wieder auf den Herd stellen und rühren, bis eine glatte Masse entstanden ist.

3 EL Orangensaft unterrühren.

2 Eier und 50 g Zucker über einem heißen Wasserbad schaumig aufschlagen. Vom Wasserbad nehmen und so lange weiterschlagen, bis die Creme kalt ist. Die Buttermasse dazugeben und alles gut verrühren.

125 g Mehl und 7 g Backpulver (ca. ½ Päckchen) mischen, durchsieben und unter die Eiercreme ziehen.
Eine Kastenform (2 l Inhalt) mit

1 EL Butter ausfetten und mit

80 g Mandelblättchen ausstreuen. Den Teig hineingeben, glatt streichen und im Ofen auf der zweiten Schiene von unten ca. 45 Minuten backen.
Inzwischen für den Salat

5 Orangen sorgfältig schälen und die Filets herausschneiden.

130 g Zucker in einem Topf unter Rühren karamellisieren.

2 Kardamomkapseln, 5 Gewürznelken, 3 Sternanis und die abgeriebene Schale von je 1 unbehandelten Orange und Zitrone dazugeben, alles gut mischen, mit

250 ml trockenem Weißwein ablöschen und

125 ml Orangensaft angießen. Den Sud ca. 15 Minuten leicht köcheln lassen. Danach die Gewürze herausnehmen.

2 EL Speisestärke mit etwas kaltem Wasser anrühren und den Sud damit unter Rühren leicht binden. Die Orangenfilets hineingeben, den Topf vom Herd nehmen und den Salat abkühlen lassen.
Den fertigen Kuchen herausnehmen, kurz abkühlen lassen, dann aus der Form stürzen.

100 ml Orangensaft, 125 g Puderzucker und 2 EL Grand Marnier (Orangenlikör) glatt rühren und den noch heißen Kuchen damit beträufeln. Den Orangenkuchen abkühlen lassen, in Stücke schneiden und mit dem Orangensalat servieren.

SÜSSES & DESSERTS

Süße Krapfenburger
mit Früchten

Für ca. 24 Stück — Zubereitungszeit: ca. 1 Std. (plus ca. 1 ¼ Std. Gehzeit für den Teig)

Für die Krapfen

1 Würfel Hefe (42 g)	zerbröseln und in einer Schüssel mit
100 ml lauwarmer Milch	verrühren, bis sich die Hefe aufgelöst hat.
150 g Mehl	dazugeben und alles zu einem glatten Vorteig verkneten. Den Vorteig zugedeckt an einem warmen Ort 20 Minuten gehen lassen.
2 Eier, 2 Eigelb und 50 g Zucker	in einer Schüssel schaumig schlagen.
350 g Mehl	über die Eiermasse sieben, den Vorteig hinzufügen und mit dem
Mark von 1 Vanilleschote und 50 g weicher Butter	zu einem glatten Teig verkneten. Den Teig nochmals zugedeckt an einem warmen Ort ca. 30 Minuten gehen lassen. Inzwischen ein Küchentuch mit
etwas Mehl	bestäuben. Aus dem Hefeteig kleine Kugeln formen und auf das Küchentuch legen. Mit einem zweiten Tuch zudecken und den Teig nochmals gehen lassen, bis sich das Volumen der Kugeln verdoppelt hat.
1 l Öl zum Frittieren	auf ca. 170 °C erhitzen. Die Teigkugeln darin portionsweise von einer Seite ca. 1 Minute goldbraun ausbacken. Mit 2 Holzspießen wenden und die Krapfen von der zweiten Seite 1 weitere Minute frittieren. Herausnehmen und auf Küchenkrepp abtropfen lassen.
4 Kiwis	schälen und quer in dünne Scheiben schneiden.
6 Erdbeeren	waschen, putzen, trocken tupfen und in dünne Scheiben schneiden.
4 Pflaumen	waschen, halbieren, entsteinen und ebenfalls in dünne Scheiben schneiden.
6 Scheiben Frischkäse (aus dem Kühlregal)	vierteln. Die Krapfen waagerecht halbieren und die untere Krapfenhälfte mit je 1 Scheibe Kiwi, Erdbeere, Pflaume und Frischkäse belegen. Die Krapfen wieder zusammensetzen und leicht mit
Puderzucker	bestäuben.

Mein Tipp:
Statt sie mit Frischkäse und Obst zu belegen, kann man die Mini-Krapfen auch wie Windbeutel mit gesüßter Schlagsahne oder mit Vanillepudding füllen. Besonders »Burgerlike« sehen die Krapfen aus, wenn Sie sie mit flüssigem Honig bestreichen und mit hellen Sesamsamen bestreuen. Zum Frittieren eignet sich geschmacksneutrales Öl sowie Kokosfett oder Butterschmalz.

SÜSSES & DESSERTS

Käsekuchen
mit Vanille und Limette

Für 12 Stücke *Zubereitungszeit: ca. 40 Min. (plus ca. 1 Std. Kühlzeit für den Teig und ca. 45 Min. Backzeit)*

120 g Speisestärke, 200 g Mehl, ½ TL Backpulver und 120 g Puderzucker in eine Schüssel sieben.

150 g weiche Butter, 1 Ei, 1 Eigelb und ½ TL Salz dazugeben und alles rasch zu einem glatten Teig verkneten. In Frischhaltefolie wickeln und ca. 1 Stunde kühl stellen. Eine Springform (28 cm Durchmesser) mit

1 TL Butter einfetten. Den Teig zwischen zwei Lagen bemehlter Frischhaltefolie zu einem Kreis mit 36 cm Durchmesser ausrollen und in die Form legen, dabei einen Rand formen. Den Teigboden mit einer Gabel mehrmals einstechen. Den Backofen auf 170 °C vorheizen.

2 unbehandelte Limetten heiß waschen, gut abtrocknen und die Schale fein abreiben.

4 Eier trennen.

60 g Zucker, 80 g gesiebtes Mehl, 1 Päckchen Vanillezucker und 80 ml Milch zu einer zähflüssigen Masse verrühren. Die Eigelbe, die Limettenschale und

500 g Magerquark unterrühren. Die Eiweiße steif schlagen, dabei nach und nach

1 Prise Salz und 60 g Zucker einrieseln lassen.

180 g Sahne ebenfalls steif schlagen, Eischnee und Sahne vorsichtig unter die Quarkmasse heben. Die Creme auf den Teigboden geben, glatt streichen und den Kuchen im Ofen auf der zweiten Schiene von unten ca. 45 Minuten backen (den Ofen während der Backzeit nicht öffnen). Den Käsekuchen aus dem Ofen nehmen und in der Form abkühlen lassen. Den Springformrand vorsichtig entfernen und den Kuchen zum Servieren leicht mit

Puderzucker bestäuben.

Mein Tipp:
Wer den Kuchen besonders dekorativ servieren möchte, richtet ihn mit etwas Obst, frischer Zitronenmelisse und geschlagener Sahne an.
Der Kuchen schmeckt auch sehr fein, wenn man ihn statt mit Limetten- mit Orangenschale zubereitet. Um den Orangengeschmack zu verstärken, kann man noch etwas Orangenlikör (z. B. Grand Marnier) unter die Quarkmasse mischen.

SÜSSES & DESSERTS

Eierlikörkuchen *mit Schokoladenglasur*

Für 6–8 Stücke

Zubereitungszeit: ca. 40 Min. (plus ca. 1 Std. Backzeit und 1 Std. Kühlzeit)
Den Backofen auf 180 °C vorheizen.

Je 125 g Mehl und Speisestärke sowie 1 Päckchen Backpulver
in eine Schüssel sieben,

250 g Puderzucker und 2 Päckchen Vanillezucker
untermischen.

5 Eier, 250 ml neutrales Öl (z. B. Sonnenblumenöl) und 250 ml Eierlikör
dazugeben und alles zu einem glatten Teig verrühren.
Eine Herzform (ca. 28 cm groß) mit

1 TL Butter
einfetten. Den Teig hineingeben und den Kuchen im Ofen auf der mittleren Schiene ca. 1 Stunde backen. Herausnehmen, ca. 10 Minuten in der Form abkühlen lassen, auf ein Kuchengitter stürzen und vollständig abkühlen lassen. Für die Schokoladenglasur

300 g Zartbitterkuvertüre
grob zerkleinern, in einer Schüssel über einem heißen Wasserbad unter Rühren schmelzen lassen und

1 EL Butterschmalz
unterrühren. Den Kuchen mit dem Schokoladenguss überziehen und ca. 1 Stunde kühl stellen, bis die Glasur fest ist.

Mein Tipp:
Sollten Sie keine Herzform haben, können Sie auch eine herkömmliche Springform mit ca. 20 cm Durchmesser nehmen.
Hübsch sieht es aus, wenn Sie die Torte mit Schokoornamenten, kandierten Früchten und geschlagener Sahne garnieren.

Geeister Kaffee *mit Baileys*

Für 10 Personen *Zubereitungszeit: ca. 40 Min. (plus ca. 30 Min. zum Durchziehen der Kaffeesahne und ca. 3 Std. Gefrierzeit)*

100 g Sahne, 10 g Instantkaffee und 25 g Kaffeebohnen	aufkochen, vom Herd nehmen und ca. 30 Minuten ziehen lassen. Dann durch ein feines Sieb gießen.
3 Eier	trennen und die Eigelbe sowie 2 Eiweiß getrennt für die Weiterverwendung bereitstellen. Die Eigelbe mit
40 g Zucker	in einer Schüssel über einem heißen Wasserbad schaumig aufschlagen. Die aromatisierte Sahne und
3 EL Baileys	unterrühren und weiterschlagen, bis die Creme eine dickflüssige Konsistenz hat. Dann die Schüssel vom Wasserbad nehmen, in eine Schüssel mit Eiswasser stellen und die Creme weiterrühren, bis sie kalt ist. Die Eiweiße steif schlagen, dabei nach und nach
40 g Zucker	einrieseln lassen.
120 g Sahne	ebenfalls steif schlagen. Eischnee und Sahne unter die Kaffeecreme heben, diese in 10 Mokkatassen füllen und zugedeckt ca. 3 Stunden ins Gefrierfach stellen. Den geeisten Kaffee in den Tassen mit
100 g cremig geschlagener Sahne und Schokoladenspänen	garniert servieren.

Mein Tipp:
Statt mit Baileys können Sie den geeisten Kaffee auch einmal mit Kakao- oder Nusslikör zubereiten.

Lafers Sachertorte
mit Aprikosenkonfitüre

Für 6 Stücke

Zubereitungszeit: ca. 1 Std. (plus ca. 45 Min. Backzeit und 1 Std. Kühlzeit)
Den Backofen auf 180 °C vorheizen.

140 g Zartbitterkuvertüre	grob zerkleinern und in einer Schüssel über einem heißen Wasserbad unter Rühren schmelzen lassen.
6 Eier	trennen. Die Eiweiße steif schlagen, dabei nach und nach
70 g Zucker und 1 Prise Salz	einrieseln lassen.
140 g weiche Butter und 70 g Zucker	schaumig rühren. Nach und nach zuerst die Eigelbe und dann die flüssige Kuvertüre unterrühren. Ein Drittel des Eischnees unterheben.
140 g Mehl	über den Teig sieben und vorsichtig unterrühren. Den restlichen Eischnee vorsichtig unterheben. Einen Springformboden (18 cm Durchmesser) mit Backpapier auslegen, den Ring aufsetzen, fixieren und das außen überstehende Papier abschneiden. Den Teig in die Form füllen und den Kuchen im Ofen auf der mittleren Schiene ca. 45 Minuten backen. Herausnehmen und abkühlen lassen. Den Springformrand entfernen und das Backpapier vorsichtig abziehen.
1 Vanilleschote	längs aufschneiden, das Mark mit einem spitzen Messer herauskratzen, mit 100 ml Wasser und
100 g Zucker	aufkochen. Dann abkühlen lassen und
3 EL braunen Rum	unterrühren. Die Torte einmal waagerecht durchschneiden und den unteren Boden mit
70 g Aprikosenkonfitüre	bestreichen. Den Deckel wieder aufsetzen und die Torte mit der Rum-Zucker-Lösung tränken.
140 g Aprikosenkonfitüre	unter Rühren kurz aufkochen lassen und die Torte damit rundum bestreichen.
150 g Zartbitterkuvertüre	grob zerkleinern.
165 g Sahne und 3 EL Butter	aufkochen und die Kuvertüre darin schmelzen lassen. Die Schokosahne leicht abkühlen lassen.
85 g Zucker	und 70 ml Wasser aufkochen,
50 g Crème double	dazugeben, alles nochmals kurz aufkochen und dann leicht abkühlen lassen. Die Schokosahne unterrühren. Die Glasur über die Torte gießen, glatt streichen und die Torte ca. 1 Stunde kühl stellen, bis die Glasur fest ist. Die Sachertorte in 6 Stücke schneiden und mit
halb steif geschlagener Sahne	servieren.

Mein Tipp:
Am besten gelingt das Durchschneiden der Torte mit einem sehr langen, scharfen Messer. Oder Sie ritzen die Torte rundherum in entsprechender Höhe mit einem Messer ein, legen ein langes Stück Nähgarn in den Schlitz und ziehen die Schlinge vorsichtig zusammen (das Garn schneidet sich dann wie von selbst durch den Kuchen).

SÜSSES & DESSERTS

Schokoladenrehrücken
mit Aprikosenfüllung

Für 12 Stücke

Zubereitungszeit: ca. 1 ¾ Std. (plus ca. 1 Std. Backzeit und ca. 30 Min. Kühlzeit)
Den Backofen auf 180 °C vorheizen.

120 g weiche Butter	schaumig rühren. Nach und nach
60 g Puderzucker, die abgeriebene Schale von je ½ unbehandelten Orange und Zitrone und 1 TL Rum	unterrühren.
6 Eier	trennen.
100 g Zartbitterkuvertüre	grob zerkleinern und in einer Schüssel über einem heißen Wasserbad unter Rühren schmelzen lassen. Unter die Buttercreme rühren und die Eigelbe nach und nach unter Rühren hinzufügen.
150 g gemahlene, geschälte Mandeln	in einer Pfanne ohne Fett rösten, bis sie zu duften beginnen, dann vollständig abkühlen lassen. In der Zwischenzeit die Eiweiße steif schlagen, dabei nach und nach
80 g Puderzucker und 2 EL Vanillezucker	einrieseln lassen. Die Mandeln unter die Schokoladenmasse rühren und den Eischnee vorsichtig unterheben. Eine Rehrückenform (25 cm Länge) mit
1 EL Butter	einfetten und mit
1 EL Mehl	ausstäuben. Den Teig in die Form füllen, glatt streichen und im Ofen auf der mittleren Schiene 40 bis 50 Minuten backen. Den Kuchen herausnehmen, ca. 1 Minute abkühlen lassen, dann aus der Form stürzen und auskühlen lassen. Den Rehrücken der Länge nach einmal durchschneiden und die obere Hälfte abheben.
100 g Aprikosenkonfitüre	glatt rühren und auf der Schnittfläche der unteren Hälfte verteilen. Den oberen Teil wieder aufsetzen und den Kuchen ca. 30 Minuten kühl stellen. 4 EL Wasser mit
50 g Zucker und dem Mark von 1 Vanilleschote	aufkochen. Abkühlen lassen und
1 TL Rum	unterrühren. Den Kuchen mit der Zuckermischung beträufeln und
50 g Mandelstifte	hineinstecken.
300 g Zartbitterkuvertüre	grob zerkleinern, in einer Schüssel über einem heißen Wasserbad unter Rühren schmelzen lassen und
1 EL Butterschmalz	unterrühren. Den Rehrücken mehrmals mit dem Schokoguss überziehen.

Mein Tipp:
Für mein Gebäck nehme ich am liebsten Kuvertüre, denn sie ist weniger süß als Schokolade.
Stürzen Sie den gebackenen Kuchen immer aus der Form, wenn er noch warm ist – dann behält er seine leckere Kruste. Beim Abkühlen in der Form gibt der Kuchen nämlich Feuchtigkeit ab, die dann nicht entweichen kann.

Süsses & Desserts

Kärntner Reinling
mit Nüssen und Rosinen

Für 4–6 Personen *Zubereitungszeit: ca. 50 Min. (plus ca. 1 1/4 Std. Gehzeit und ca. 50 Min. Backzeit)*

130 ml Milch	lauwarm erhitzen und mit
2 EL Zucker, 50 g Mehl und	
15 g zerbröselter Hefe	verrühren. Den Vorteig zugedeckt an einem warmen Ort gehen lassen, bis er Risse bekommt. Anschließend
250 g Mehl	darübersieben.
1 Eigelb, 4 EL weiche Butter, die abgeriebene Schale von je 1/2 unbehandelten Orange und Zitrone, das Mark von 1 Vanilleschote und 1 Prise Salz	dazugeben und alles zu einem glatten Teig verkneten. Den Teig zugedeckt ca. 30 Minuten gehen lassen, bis sich sein Volumen verdoppelt hat. In der Zwischenzeit den Backofen auf 180 °C vorheizen. Für die Füllung
150 g Haselnusskerne	grob hacken und
50 g Rosinen	in
2 EL Rum	einweichen.
100 g Butter	in einem Topf zerlassen.
2 EL Kastanienhonig, die abgeriebene Schale von 1 unbehandelten Orange, 1 EL Rum und 1 EL Zimtpulver	sowie die Nüsse und die abgetropften Rosinen dazugeben und alles unter Rühren leicht bräunen. Dann die Masse etwas abkühlen lassen. Inzwischen die Arbeitsfläche mit
etwas Mehl	bestäuben und den Teig darauf zu einem Rechteck (40 x 20 cm groß) ausrollen. Die Nussmischung darauf verteilen und dabei an einer langen Seite einen ca. 1 cm breiten Rand lassen. Den Teig vorsichtig zusammenrollen und die Nähte zusammendrücken. Eine Gugelhupfform (26 cm Durchmesser) mit
1 EL Butter	einfetten, die Teigrolle vorsichtig zu einem Ring formen, mit der Naht nach unten hineinlegen und nochmals mit einem Stofftuch zugedeckt ca. 30 Minuten gehen lassen.
50 g Butter	zerlassen, den Teig damit bestreichen und den Kuchen im Ofen auf der zweiten Schiene von unten 45 bis 50 Minuten backen. Aus dem Ofen nehmen, kurz abkühlen lassen, dann aus der Form stürzen und auskühlen lassen. Großzügig mit
100 g Puderzucker	bestäuben.

SÜSSES & DESSERTS

437

Süsses & Desserts

Bratapfel
mit Rumsauce

Für 4 Personen — *Zubereitungszeit: ca. 1 Std.*
Für die Sauce

250 ml Milch, 250 g Sahne und 100 g Zucker in einem Topf unter Rühren aufkochen lassen.
6 Eigelb verrühren und die heiße, nicht mehr kochende Milchmischung langsam unter ständigem Rühren einlaufen lassen. Die Sauce zurück in den Topf geben und bei milder Hitze so lange rühren, bis sie sämig ist. Sofort durch ein Sieb passieren und abkühlen lassen. Den Backofen auf 200 °C vorheizen.

100 g Marzipanrohmasse, 30 g Rosinen, 1–2 EL Calvados (frz. Apfelbranntwein) und 1 Prise Zimtpulver gut miteinander verkneten.
8 kleine Äpfel waschen, abtrocknen und die Kerngehäuse ausstechen. Die Marzipanmasse in die Äpfel füllen.

2 EL Zucker, 40 g Butter, 100 ml Apfelsaft und 1 Prise Zimtpulver in einer Pfanne unter Rühren aufkochen lassen. Die Äpfel hineinsetzen und im Ofen auf der mittleren Schiene ca. 25 Minuten garen. Die Äpfel dabei ab und zu mit dem heißen Sud übergießen. Die Pfanne aus dem Backofen nehmen und leicht abkühlen lassen.

2 EL Rum in die kalte Sauce geben und alles mit dem Pürierstab schaumig aufmixen.
2 EL geschlagene Sahne vorsichtig unterheben.
50 g Mandelblättchen in einer Pfanne ohne Fett hellbraun rösten. Die warmen Äpfel mit der Rumsauce und
4 Kugeln Vanilleeis servieren und mit den Mandelblättchen bestreuen.

Mein Tipp:
Zum Aromatisieren der Füllung können Sie statt Calvados auch Rum oder eine Mischung aus beiden verwenden.
Für Bratäpfel eignen sich am besten hocharomatische Äpfel wie Boskoop, Idared oder Gloster.

SÜSSES & DESSERTS

Die Rezepte

A

Amaretti-Zimt-Parfait mit Kirschragout 390
Apfelknödel, gebackene, mit Preiselbeeren 402
Apfelrotkohl 276
Aprikosen-Panna-Cotta 380
Aprikosenragout 382
Artischocken-Steinpilz-Ragout 164
Artischocken-Tomaten-Salat 60
Asiatische Nudelsuppe mit Shiitakepilzen und Poularde 72
Auberginen- und Zucchiniröllchen mit Kaninchenfüllung 132

B

Bandnudeln, feine, mit Trüffelrahmsauce 188
Basilikumschaumsuppe mit Tomate und Mozzarella 94
Baumlebkuchen mit Marzipan 416
Beerengrütze mit Mango-Joghurt-Schaum 372
Birnen-Ingwer-Strudel mit Schokoladensauce 418
Blätterteigecken mit Leberwurstfüllung 150
Blumenkohl, gebackener, mit Sauce tartare 178
Blumenkohl, marinierter 118
Bœuf en daube mit Kichererbsenpolenta 336
Bohneneintopf mit Birnen, Äpfeln und Kasseler 76
Bohnenpüree 354
Bouillabaisse mit Knoblauchcrostini 80
Bratapfel mit Rumsauce 438
Bratapfelkompott 26
Bratkartoffelsalat mit gegrilltem Lammfilet 156
Brötchen-Speck-Auflauf mit Apfelmeerrettich 174
Buchweizencrêpestorte, gebackene, mit Ratatouillefüllung und Salat 170
Buttermilchmousse mit Erdbeercarpaccio 377

C

Calamari, gefüllte, mit warmer Paprika-Oliven-Vinaigrette 266
Calamari, gegrillte, auf Melonensalat mit Joghurt-Minze-Dressing 18
Chicken Nuggets mit Avocado-Dip 66
Ciabatta mit Olivenpaste und Artischocken-Tomaten-Salat 60
Crème brulée mit marinierten Himbeeren 398
Crêpestorte mit Räucherlachs 50
Crostini-Variationen mit Gemüse und Pilzen 64

D

Dorade, gefüllte, mit Risotto 202
Dreierlei Kräcker mit Kräutercreme, Geflügelsalat und Ratatouille 62

E

Ei im Nudelnest auf Rahmspinat 198
Eierlikörkuchen mit Schokoladenglasur 430
Eiskonfekt mit Champagner 394
Ente à l'orange auf klassische Art 278
Entenbällchen mit Sesam und Basmatireis 303
Entenbouillon, würzge, mit Rotkohl-Wan-Tans 82
Entenbrust, gebratene, mit karamellisierten Pflaumen 138
Entenbrust, geräucherte, mit Bratapfelkompott 26
Entenbrust in Sesam-Honig-Kruste mit Orangengraupen 280
Entenbrust mit Maronenkruste auf Kürbis-Orangen-Graupen 288
Erbsen-Rucola-Ravioli mit Zitronen-Kapern-Sauce 192
Erbsensuppe mit Garnelen und Pfefferminze 90
Erdbeertörtchen mit Orangenlikör 399

F

Feine Bandnudeln mit Trüffelrahmsauce 188
Fenchel und Kartoffeln aus dem Ofen 158
Fenchelgemüse 131
Fischfrikadellen auf geschmorten Gurken 236
Fischfrikassee mit Gewürzreis 254
Fischröllchen, gedämpfte, mit Zitronengrasschaum 242
Flammkuchen mit Speck und Zwiebeln 111
Fleischröllchen, gedämpfte, vom Schweinefilet mit Ingwer und Pflaumen 342

Forelle in der Folie mit Salz-
kartoffeln 220
Forellenfilets, gefüllte, mit
Kräutersabayon 238
Frittierte Reisrollen auf
Garnelen-Mango-Relish 126
Früchte-Quark-Gratin 385

G

Gans, knusprige, mit Hefeteig-
füllung 276
Gänseconfit in der Brotkruste
mit Rotkrautsalat 136
Gänsefrikadellen mit getrüffel-
tem Wirsingrahm-
gemüse 306
Garnelenspieße, gebratene,
mit Kokosschaum und
Glasnudeln 124
Gebackene Apfelknödel mit
Preiselbeeren 402
Gebackene Buchweizencrêpes-
torte mit Ratatouillefüllung
und Salat 170
Gebackene Kalbsschwanzspitzen
mit Nusskruste 146
Gebackene Sardinen mit
Marinade 122
Gebackener Blumenkohl mit
Sauce tartare 178
Gebeizter Lachs mit eingelegtem
Rettich 30
Gebratene Entenbrust mit kara-
mellisierten Pflaumen 138
Gebratene Garnelenspieße mit
Kokosschaum und
Glasnudeln 124
Gebratene Risottodukaten mit
Pfifferlingragout 192
Gebratene Rotbarbe auf
Bouillabaisse-Gemüse 225

Gebratene Rotbarbe auf Knob-
lauchspaghetti 250
Gebratene Scholle mit Kräuter-
kartoffeln 221
Gebratener Zander auf
grünem und weißem
Petersilienwurzelpüree 246
Gebratener Zander mit Hasel-
nussvinaigrette 214
Gebratener Zander mit getrüffel-
tem Rahmwirsing und
Zwiebelmarmelade 244
Gedämpfte Fischröllchen mit
Zitronengrasschaum 242
Gedämpfte Fleischröllchen vom
Schweinefilet mit Ingwer und
Pflaumen 342
Gedämpfte Hähnchen-Garnelen-
Bällchen im Reismantel auf
Gurken-Mango-Salat 134
Gedämpfter Seeteufel mit Roh-
kostsalat und Macadamia-
nuss-Dressing 240
Geeister Kaffee mit Baileys 431
Geeister Weihnachtsstollen
mit Rum 391
Geeistes Orangen-Gewürz-
Soufflé mit Orangen-
ragout 392
Geflügelleberparfait im Walnuss-
kernmantel mit Feldsalat und
gebratenen Apfelspalten 52
Geflügelsaté mit süßem
Gurkensalat 304
Geflügelstreifen in Tempura mit
süßsaurem Kürbis-Melonen-
Salat 308
Gefüllte Calamari mit warmer
Paprika-Oliven-
Vinaigrette 266
Gefüllte Dorade mit
Risotto 202

Gefüllte Forellenfilets mit
Kräutersabayon 238
Gefüllte Gurken mit Krabben-
Ingwer-Creme 57
Gefüllte Kartoffeln mit Feldsalat
und Cocktailtomaten 154
Gefüllte Lammkeule mit kräfti-
ger Rotweinsauce 352
Gefüllte Tomaten mit Basilikum-
kruste 103
Gefüllte Zucchini mit Feta und
Hackfleisch 180
Gefüllte Zwiebeln im Speck-
mantel mit Artischocken-
Steinpilz-Ragout 164
Gefülltes Kalbskotelett mit
Blattsalat 321
Gegrillte Calamari auf Melonen-
salat mit Joghurt-Minze-
Dressing 18
Gegrillte Jakobsmuscheln auf
Fenchelgemüse 131
Gegrillte Seeteufelsatés auf
Papaya-Zuckerschoten-
Salat 248
Gegrillter Thunfisch mit
Couscous-Gemüse-Salat 256
Gemüsecurry mit Basmati-
reis 184
Gemüseeintopf mit Graupen
und Grießnocken 77
Gemüsepappardelle 332
Gemüsesalat, mediterraner, mit
geröstetem Ciabatta 14
Geräucherte Entenbrust mit
Bratapfelkompott 26
Gespickte Lammstelze mit
Bohnenpüree und Thymian-
hollandaise 354
Goldbarsch-Beignets mit
Zitrus-Chutney 120

Gorgonzolarisotto mit Radicchio und Lammfilets 186
Gurken, gefüllte, mit Krabben-Ingwer-Creme 57
Gurken-Lachs-Röllchen mit Meerrettich 32

H
Hähnchen-Garnelen-Bällchen, gedämpfte, im Reismantel auf Gurken-Mango-Salat 134
Hähnchen im Speckmantel mit Balsamicolinsen 148
Hähnchenbrust im Speckmantel mit getrüffeltem Pastasotto 290
Hähnchenbrust mit Pfeffersauce und Wirsinggemüse 292
Hähnchennuggets mit Gemüsecurry 302
Hähnchenschenkel, marinierte, mit Rucolasalat und Zitronen-Meerrettich-Vinaigrette 282
Haselnussauflauf mit Birnen und Löffelbiskuits 408
Heidelbeerkompott 388
Heilbutt mit Polentahaube und rahmigen Spitzmorcheln 216
Heilbutt, im Lauchmantel gebratener, mit Petersilienbutter und Stampfkartoffeln 234
Himbeer-Quark-Törtchen 413
Huhn, pfannengerührtes, mit Ananassauce 310
Huhn, plattes, mit Prinzessbohnen 270

I
Im Lauchmantel gebratener Heilbutt mit Petersilienbutter und Stampfkartoffeln 234

Im Speckmantel gebratene Kartoffeln auf Bohnengemüse 160
In Folie gegarte Lachsforelle auf Kräutercreme 232

J
Jakobsmuscheln, gegrillte, auf Fenchelgemüse 131

K
Kabeljau in Filoteig mit Kräuter-Crème-fraîche 208
Kaffee, geeister, mit Baileys 431
Kalbsfrikassee mit Frühlingsgemüse und Kräuterreis 316
Kalbskotelett, gefülltes, mit Blattsalat 321
Kalbsleber mit Madeirasauce und Pekannuss-Kartoffelpüree 326
Kalbsmedaillons, mit Zwiebelschaum überbackene 314
Kalbsrahmgulasch mit Kräuterknöpfle 322
Kalbsrückensteak mit Kräuterkruste auf Spitzkohl 328
Kalbsschwanzspitzen, gebackene, mit Nusskruste 146
Kalbsvögerl mit Schupfnudeln 324
Kaninchen, mallorquinisches, mit Safran 361
Kaninchenrücken im Spaghettimantel 360
Kärntner Reinling mit Nüssen und Rosinen 436
Karotten-Kokos-Suppe mit geräucherter Entenbrust und Zimtcroûtons 92
Kartoffelbällchen mit Korianderjoghurt 112

Kartoffelchips 45
Kartoffelfrikadellen mit lauwarmen süßsauren Gurken 114
Kartoffel-Leberwurst-Chips mit Beerendip 151
Kartoffeln, gefüllte, mit Feldsalat und Cocktailtomaten 154
Kartoffeln, im Speckmantel gebratene, auf Bohnengemüse 160
Kartoffelpfannkuchentorte mit Frischkäsefüllung 48
Kartoffelschaum, warmer, mit Orangenlachs 128
Kartoffelsuppe mit Steinpilzen 85
Kartoffel-Zucchini-Gratin 159
Käsekuchen mit Vanille und Limette 428
Kichererbsenpolenta 336
Kirschen in Portweinsabayon mit Vanilleeis 378
Kirschragout 390
Knöpfle à la Johann 194
Knusprige Gans mit Hefeteigfüllung 276
Kohlrabilasagne mit Tomaten und Rucola 196
Kräcker, dreierlei, mit Kräutercreme, Geflügelsalat und Ratatouille 62
Krapfenauflauf mit Zwetschgen 403
Krapfenburger, süße, mit Früchten 426
Kräuterfrittaten 84
Kräutergnocchi, überbackene, mit Paprikaschaum 162
Kräuterrinderroulade mit Gemüsepappardelle 332
Kräutersüppchen mit pochiertem Ei 86

Kürbisgemüse, rahmiges 330
Kürbiskernparfait mit Heidelbeerkompott 388
Kürbisquiche mit Kräutern 102
Kürbissuppe mit frittierten Gemüsestreifen 88

L

Lachs im Blätterteig mit Champagner-Estragon-Sauce 206
Lachs mit Meerrettichkruste auf Lauchgemüse 215
Lachs mit Wasabikruste auf Gurkensalat 46
Lachs, gebeizter, mit eingelegtem Rettich 30
Lachs, roh marinierter, mit Avocado 33
Lachscannelloni, überbackene, mit Mangoldgemüse 228
Lachsforelle, in Folie gegarte, auf Kräutercreme 232
Lachsforellenfilets, überbackene, mit Brunnenkressesalat 230
Lachstatar auf Kartoffelchips 45
Lachstatar auf Schwarzwurzelrösti 20
Lackierte Perlhuhnbrust mit lauwarmem Linsensalat und Artischocken 274
Lafers Sachertorte mit Aprikosenkonfitüre 432
Lammkeule, gefüllte, mit kräftiger Rotweinsauce 352
Lammkoteletts mit Knoblauchkruste und cremiger Ratatouille 358
Lammrücken mit Artischocken und Tomatensugo 356
Lammstelze, gespickte, mit Bohnenpüree und Thymianhollandaise 354
Lauwarmer Nudelsalat mit Meeresfrüchten 130
Lebkuchenmousse mit marinierten Rumfrüchten und Schokokrokant 386
Limettenhollandaise 166
Limettenspitzkohl 272
Linsensalat, lauwarmer 274
Loup de Mer in der Salzkruste mit Tomatenvinaigrette 204

M

Maishähnchen mit Apfel-Curry-Sauce 286
Maisplätzchen mit gebratenen Pilzen 116
Majoranfleisch mit Bandnudeln 339
Makkaroni mit Muscheln und gebratenen Knoblauchgarnelen 258
Makkaroni-Bohnen-Bündel mit Tomatensauce 143
Mallorquinisches Kaninchen mit Safran 361
Mandelcrêpes mit marinierten Pfirsichen 396
Mandel-Tiramisu 381
Mango-Frühlingszwiebel-Salat mit Riesengarnelen 12
Mangokaltschale mit Quarkmousse 383
Marinierte Hähnchenschenkel mit Rucolasalat und Zitronen-Meerrettich-Vinaigrette 282
Marinierter Spanferkelrücken mit Pilzen aus dem Wok 348
Mediterraner Gemüsesalat mit geröstetem Ciabatta 14
Melonen-Champagner-Kaltschale 36
Melonensuppe mit Gewürztraminer 376
Mit Frühlingszwiebeln gefüllte Rouladen auf Stampfkartoffeln 334
Mit Miesmuscheln gefüllte Muschelnudeln auf Weißweinsauce 260
Mit Zwiebelschaum überbackene Kalbsmedaillons 314
Möhren-Zucchini-Puffer mit Kräuterquark 117
Muschelnudeln, mit Miesmuscheln gefüllte, auf Weißweinsauce 260

N

Nudelmuffins mit getrockneten Tomaten 110
Nudelrisotto mit Gemüse 190
Nudelsalat, lauwarmer, mit Meeresfrüchten 130
Nudelschnitten mit Tomaten 176
Nudelsuppe, asiatische, mit Shiitakepilzen und Poularde 72

O

Obsatsalat, pikanter, mit Maispoulardenbrust 24
Oliventoast mit Rucola und gebratenem Lachs 108
Orangencharlotte mit marinierten Orangenschalen 422
Orangencrêpes mit Walderdbeeren 420
Orangen-Gewürz-Soufflé, geeistes mit Orangenragout 392
Orangenkuchen mit Orangensalat 424

P

Panierte Schollenfilets mit Paprikaschaum und Knoblauchnudeln 218
Papaya-Zuckerschoten-Salat 248
Parmesanflan mit grünem Spargel und Schinken 107
Penne mit Lammbolognese 195
Perlhuhn, unter der Haut gefülltes, mit Limettenspitzkohl 272
Perlhuhnbrust, lackierte, mit lauwarmem Linsensalat und Artischocken 274
Pfannengerührtes Huhn mit Ananassauce 310
Pfannkuchenrouladen mit Lammfüllung 350
Pfifferlingrahm 364
Pfirsich, pochierter, mit Mandelmousse 412
Pflaumenweintörtchen mit Mangosauce 400
Piccata von der Pute mit Makkaroni in weißem Tomatenrahm 298
Pikanter Obstsalat mit Maispoulardenbrust 24
Pinienkern-Frühlingszwiebel-Risotto mit Basilikumpesto 182
Plattes Huhn mit Prinzessbohnen 270
Pochierter Pfirsich mit Mandelmousse 412
Putengeschnetzeltes mit Rösti 300
Putenröllchen mit Zitronenthymianschaum 294

Q

Quarkknödel mit Zwetschgen 384
Quarkschmarren mit Preiselbeeren 410

R

Räucherforellentörtchen auf Tomaten-Rucola-Salat 38
Räucherlachs im Kartoffelbackteig mit mariniertem Blumenkohl und Kresseöl 118
Rehmedaillons mit Selleriepüree und Thymianbutter 362
Rehschnitzel mit Rosenkohlpüree und Pfifferlingrahm 364
Reisrollen, frittierte, auf Garnelen-Mango-Relish 126
Ricottaklößchen 78
Riesengarnelen in Kartoffelspaghetti 123
Rinderbouillon mit Kräuterfrittaten 84
Rindercarpaccio mit gemischten Kräutern 28
Rinderfilet auf Portwein-Schalotten-Butter 329
Risottodukaten, gebratene, mit Pfifferlingragout 192
Roh marinierter Lachs mit Avocado 33
Rohkostsalat 240
Rosenkohlpüree 364
Rosmarin-Creme-Caramel 395
Rosmarin-Lamm-Spießchen mit Tsatsiki 140
Rotbarbe, gebratene, auf Bouillabaisse-Gemüse 225
Rotbarbe, gebratene, auf Knoblauchspaghetti 250
Rote-Bete-Kartoffel-Carpaccio mit Waller 44
Rote-Bete-Suppe mit Wasabischaum 96
Rotkrautsalat 136
Rotweinhuhn mit Tomaten-Pilz-Sauce 284
Rouladen, mit Frühlingszwiebeln gefüllte, auf Stampfkartoffeln 334
Rucolapesto 40
Rucolasalat 282
Rumpsteak mit Maronenkruste und rahmigem Kürbisgemüse 330

S

Sachertorte, Lafers, mit Aprikosenkonfitüre 432
Saiblingsstrudel auf Schwarzwurzelragout 210
Salat vom Serviettenknödel mit Tomaten 106
Salat von Zuckerschoten mit gebratenen Garnelen 10
Saltimbocca mit Salbeispaghetti 320
Sardinen, gebackene, mit Marinade 122
Sauerbraten vom Reh mit Preiselbeersauce 366
Schnitzel, Wiener, mit Bratkartoffeln 318
Schokoladenmousse, zweierlei, mit Aprikosenragout 382
Schokoladenrehrücken mit Aprikosenfüllung 434
Schokoladensauce 418
Schokoladentascherln mit Schokoladensabayon 414
Schokoladentorte mit Himbeeren 421
Scholle, gebratene, mit Kräuterkartoffeln 221

Schollenfilets, panierte, mit Paprikaschaum und Knoblauchnudeln   218
Schupfnudeln   324
Schwarzwurzelragout   210
Schweinekrustenbraten mit Krautsalat   344
Schweinerollbraten mit Kümmelsauce   346
Seelachs mit Tomatenkruste auf Spinatgemüse   224
Seeteufel, gedämpfter, mit Rohkostsalat und Macadamianuss-Dressing   240
Seeteufelmedaillons mit Pestokruste und geschmorten Paprika   226
Seeteufelsatés, gegrillte, auf Papaya-Zuckerschoten-Salat   248
Seezungenröllchen aus dem Aromadampf   251
Sellerie-Kirsch-Tarte mit Spinat   181
Sellerieschaumsüppchen mit Croûtons   91
Sherrycreme mit Portweinfeigen   374
Spanferkelrücken, marinierter, mit Pilzen aus dem Wok   348
Spargelpizza mit Tomaten und Basilikum   100
Spargelrouladen, überbackene, mit Limettenhollandaise   166
Spargelsalat mit gebackenem Ei   27
Spargel-Speck-Spieße mit Weißweinsabayon   142
Spargelsticks mit Walnüssen und Parmesan   56

Spargeltarte mit Basilikum und Parmaschinken   177
Spargeltorte mit gekochtem Schinken   168
Spinat-Oliven-Gnocchi mit Parmesan   104
Spitzkohl   328
Spitzmorcheln, rahmige   216
Steinbutt in Limettenkruste mit gegrillter Mango und Pekannuss-Chili-Sauce   222
Steinpilzrisotto mit Balsamico bianco   187
Streuselkuchen von eingelegtem Gemüse mit Olivenölschaum   172
Strudel vom Damhirschrücken mit Rahmwirsing   368
Süße Krapfenburger mit Früchten   426
Sushi-Auswahl mit Saibling und Thunfisch   34

T
Tafelspitz mit Apfelmeerrettich und Bouillonkartoffeln   340
Tagliatelle mit Heilbuttbolognese   191
Terrine von gegrilltem Gemüse mit Rucolapesto   40
Thunfisch, gegrillter, mit Couscous-Gemüse-Salat   256
Thunfischröllchen mit Rettich und Wasabi   37
Thunfisch-Sashimi mit Garnelentempura   262
Thunfischtatar auf Rucolasalat mit glasierten Shiitakepilzen   22
Tintenfischragout mit grünen Nudeln   264

Tomaten, gefüllte, mit Basilikumkruste   103
Tomaten-Ananas-Brotsalat mit Poulardenbruststreifen   16
Tomatenessenz mit Ricottaklößchen   78
Tomatenschaum, weißer, mit gegrillten Langostini-Calamari-Spießen   42
Topfenknödel mit Rhabarberkompott   404
Topfensoufflé mit Himbeeren   406
Tortillakörbchen mit buntem Reissalat   68
Truthahnrouladen mit Spargel und Weißweinsauce   296

U
Überbackene Kräutergnocchi mit Paprikaschaum   162
Überbackene Lachscannelloni mit Mangoldgemüse   228
Überbackene Lachsforellenfilets mit Brunnenkressesalat   230
Überbackene Spargelrouladen mit Limettenhollandaise   166
Unter der Haut gefülltes Perlhuhn mit Limettenspitzkohl   272

W
Wachteln auf Zitronengraspolenta   287
Waller im Sud auf Gemüseragout   252
Wan Tans mit asiatischen Nudeln   144
Warmer Kartoffelschaum mit Orangenlachs   128
Weihnachtsstollen, geeister, mit Rum   391

Weißer Tomatenschaum mit gegrillten Langostini-Calamari- Spießen 42
Wiener Schnitzel mit Bratkartoffeln 318
Wirsingrahmgemüse, getrüffeltes 314
Würzge Entenbouillon mit Rotkohl-Wan-Tans 82

Z

Zander, gebratener, auf grünem und weißem Petersilienwurzelpüree 246
Zander, gebratener, mit Haselnussvinaigrette 214
Zander, gebratener, mit getrüffeltem Rahmwirsing und Zwiebelmarmelade 244
Zanderfilet im Asiasud mit Süßkartoffeln 127
Zanderfilet mit Kartoffelkruste auf Rahmsauerkraut 212
Ziegenkäse im Blätterteig mit rotem Zwiebelconfit 58
Ziegenkäsebällchen auf Apfel-Trauben-Salat 54
Ziegenkäsecreme in Parmesanhippen 51
Zitronengrasessenz mit Wirsingbällchen 74
Zucchini, gefüllte, mit Feta und Hackfleisch 180
Zweierlei Schokoladenmousse mit Aprikosenragout 382
Zwetschgenknödel mit Vanillesauce 407
Zwiebelconfit, rotes 58
Zwiebeln, gefüllte, im Speckmantel mit Artischocken-Steinpilz-Ragout 164
Zwiebelrostbraten mit Asia-Gemüse 338

Bildnachweis

Die Rezeptfotos stammen bis auf folgende von Michael Wissing:

Jörg Lehmann:
93, 139, 289, 369, 387

Mathias Neubauer:
21, 47, 63, 67, 69, 83, 97, 106, 107, 135, 245, 247, 249, 343, 393, 394, 417, 427

Abkürzungen in den Rezepten

Damit mehr Platz für Erklärungen bleibt, wurden in den Rezepten einige Begriffe abgekürzt:
EL = Esslöffel (gestrichen)
TL = Teelöffel (gestrichen)
Msp. = Messerspitze
g = Gramm (1000 g = 1 kg)
kg = Kilogramm
ml = Milliliter (1000 ml = 1 l)
l = Liter
mm = Millimeter (10 mm = 1 cm)
cm = Zentimeter

Besuchen Sie mich!

Kontakt mit meinen Lesern, Zuschauern und Fans ist mir sehr wichtig, denn er bereichert alle. Egal ob Sie sich über etwas Bestimmtes informieren oder mir schreiben möchten, auf meiner Site im Internet finden Sie viele interessante Dinge: www. johannlafer.de.
Natürlich würde ich mich sehr freuen, Sie auch einmal in einem meiner beiden Restaurants am Fuße des Hunsrücks begrüßen zu können. In Johann Lafer's Stromburg in 55442 Stromberg können Sie meine kulinarischen Kreationen genießen. Und wenn Sie einmal Lust auf einen Kochkurs haben, kontaktieren Sie das Forum für Kochkultur und Lebensart, Hauptstraße 3 in 55452 Guldental.